Rodney Huddleston
Geoffrey K. Pullum

「英文法大事典」シリーズ

【編集委員長】畠山雄二
【監訳】藤田耕司・長谷川信子・竹沢幸一

7

The Cambridge Grammar of the English Language

関係詞と比較構文

岩田彩志
田中秀毅
藤川勝也
辻早代加
［訳］

開拓社

The Cambridge Grammar of the English Language

by Rodney Huddleston and Geoffrey K. Pullum

Copyright © Cambridge University Press, 2002
Japanese edition © Yuji Hatakeyama et al., 2018

Japanese translation rights arranged with
the Syndicate of the Press of the University of Cambridge, England
through Tuttle-Mori Agency, Inc., Tokyo.

『英文法大事典』の刊行にあたって

　英語をネタにして生計を立てている人の間で 'CGEL' といったら2つのものが思い浮かべられるであろう．*A Comprehensive Grammar of the English Language* (Quirk et al. (1985)) と *The Cambridge Grammar of the English Language* (Rodney Huddleston and Geoffrey K. Pullum (2002)) である．'CGEL' と聞いてこの2つが思い浮かべられないような人はモグリの英語ケンキュウシャといってもいいであろう．それぐらい，この2つの CGEL は英語をネタにして生計を立てている人（すなわち英語の教育者ならびに研究者）の間ではバイブル的な存在になっている．ちょうど，ちゃんと受験英語をやった人にとって『英文法解説』（江川泰一郎）が受験英語のバイブル的参考書であるように．

　さて，この2つの CGEL であるが，*The Cambridge Grammar of the English Language* は，*A Comprehensive Grammar of the English Language* を踏み台にしてつくられている．踏み台とされた *A Comprehensive Grammar of the English Language* であるが，これはすでに一定の，そして非常に高い評価を受けており，英文法の「標準テキスト」となっている．しかし，*The Cambridge Grammar of the English Language* の編者の1人である Huddleston が，*Language*, Vol. 64, Num. 2, pp. 345–354 で同書を評論しているように，*A Comprehensive Grammar of the English Language* (Quirk et al. (1985)) には少なくない，しかも深刻な問題がある．

　Huddleston のいうことをそのまま紹介すれば，*A Comprehensive Grammar of the English Language* (Quirk et al. (1985)) は 'It will be an indispensable sourcebook for research in most areas of English grammar. Nevertheless, there are some respects in which it is seriously flawed and disappointing. A number of quite basic categories and concepts do not seem to have been thought through with sufficient care; this results in a remarkable amount of unclarity and inconsistency in the analysis, and in the organization of the grammar. (CGEL (Quirk et al. (1985)) は英文法を学ぶにあたり，ほとんどの分野において，今後なくてはならない，そして何か調べたいときはまず手にしないといけないものとなるでしょう．でも，CGEL (Quirk et al. (1985)) には看過できないミスや読んでいてガッカリするところがあり

ます．かなり多くの基本的な文法範疇や概念が精査された上で使われているとは思えないところがあるのです．そして，その結果，分析にかなり多くの不明瞭さや不統一が見られ，英文法全体の枠組みもぼんやりして一貫性のないものになってしまっているのです)' なのである（同評論 p. 346 参照）．

　A Comprehensive Grammar of the English Language (Quirk et al. (1985)) を批判した Rodney Huddleston が Geoffrey K. Pullum といっしょにつくった本，それが *The Cambridge Grammar of the English Language* (Rodney Huddleston and Geoffrey K. Pullum (2002)) である．このような経緯からもわかるように，*The Cambridge Grammar of the English Language* は *A Comprehensive Grammar of the English Language* を凌駕したものとなっている．*The Cambridge Grammar of the English Language* がまだ刊行されていない段階で *A Comprehensive Grammar of the English Language* が世界最高峰の英文法書であったように，*The Cambridge Grammar of the English Language* が刊行され，それを凌駕する英文法書がいまだ出ていない今日，*The Cambridge Grammar of the English Language* が今ある世界最高峰の英文法書であるといっても過言ではない．

　さて，そのような世界最高峰の英文法書 *The Cambridge Grammar of the English Language* (Rodney Huddleston and Geoffrey K. Pullum (2002)) であるが，編者の Rodney Huddleston と Geoffrey K. Pullum は，ともに，広い意味での生成文法学派の研究者である．ただ，Huddleston はもともと Halliday 派の機能文法の研究者であったし，Pullum は一般化句構造文法 (GPSG) の創始者の1人でもある．このことからわかるように，*The Cambridge Grammar of the English Language* は生成文法系の編者によってつくられてはいるものの，言語をさまざまな観点から眺められる，そういったバランスのとれた編者によってつくられている．誰が読んでも，そしてどんな立場の人が読んでも，さらに素人ばかりでなくプロが読んでもいろいろ学べる世界最高峰の英文法書，それが *The Cambridge Grammar of the English Language* なのである．

　上で触れたように，*The Cambridge Grammar of the English Language* は生成文法的なバックボーンとツールを用いて書かれている．しかし，あくまで英語という言語の記述がメインでテクニカルな説明はなされていない．生成文法や機能文法，そして認知言語学や一般化句構造文法などすべての現代言語学の文法理論を通してどれだけ英語を記述できるか，そしていかにして英語の真の姿に向き合えるか，そのような目的をもって書かれたものが *The Cam-*

bridge Grammar of the English Language だともいえる．

　The Cambridge Grammar of the English Language では，これまで生成文法などで等閑視されてきた言語事実がたくさん紹介されている．たとえば，いわゆる破格文がいろいろ紹介されているが，文法から逸脱したこのような文をいかに分析したらいいか，生成文法をはじめ認知言語学や機能文法，そして一般化句構造文法（GPSG）の後継者である主辞駆動句構造文法（HPSG）にとって大きな課題となるであろう．このように，The Cambridge Grammar of the English Language では破格文をはじめ，いわゆる規範文法を否定する例がたくさん紹介されているが，その意味でも，The Cambridge Grammar of the English Language は規範文法だけでなく理論言語学にも非常にチャレンジングなものとなっている．

　本気で英語を勉強したり，真摯に英語に向き合ったり，さらには英語学を極めようと思っている人にとって避けては通れない本，それが The Cambridge Grammar of the English Language であるが，原著を読んだことがある人ならわかるように，かなり骨の折れる本である．骨が折れる理由は 2 つある．1 つは分量である．1860 ページあり，しかも重量が 3.1kg もある．これだけの分量を読むのは文字通り骨が折れる．

　残るもう 1 つの骨が折れること，それは，The Cambridge Grammar of the English Language の英文と内容のレベルの高さである．The Cambridge Grammar of the English Language が英語ネイティブを読者として想定していることもあり，英語非ネイティブのためにやさしい英語を使って書かれてはいない．さらに内容もいっさい妥協せずクオリティの高いものになっている．ことばをことばで説明するというメタ言語的な内容も多いだけに，高度な英文読解力と論理的思考力が読み手に要求される．

　骨を 2 つ折らないと The Cambridge Grammar of the English Language は読むことができない．暇人ならともかく，そしてかなり高い英語力がある人ならともかく，英語にあまり自信のない人が膨大な時間をかけて骨を 2 本も折るのはかなり酷なことである．そもそも，骨を 2 本折ったところで正しく読めていないのであればそれこそ骨折り損というものである．

　そこで，皆さんの代わりに骨を折ってやろう！ということで刊行されたのが本シリーズ『英文法大事典』全 11 巻である．本シリーズを刊行するにあたり，合計 104 本の骨が折られることになった．つまり，本シリーズ『英文法大事典』全 11 巻を刊行するにあたり，総勢 52 名の方に参戦していただくことになった．

The Cambridge Grammar of the English Language を完訳するという無謀とも思えるプロジェクトに参加して下さった 52 名の方々には心から感謝する次第である．まず，監訳者の藤田耕司氏と長谷川信子氏，そして竹沢幸一氏の3氏に心から感謝申し上げる．各氏の厳しい原稿チェックがなければこれほどハイクオリティのものを世に出すことはできなかった．ちなみに，本シリーズはどの巻も 10 回以上のチェックを経た後に刊行されている．

　各巻の責任訳者にも感謝申し上げたい．各巻のタイトルならびに責任訳者は次のとおりであるが，各巻の共訳者をうまくとりまとめていただいた．

- 第 0 巻『英文法と統語論の概観』（本田謙介）原著 1 章と 2 章の翻訳
- 第 1 巻『動詞と非定形節，そして動詞を欠いた節』（谷口一美）原著 3 章と 14 章の翻訳
- 第 2 巻『補部となる節，付加部となる節』（木口寛久）原著 4 章と 8 章の翻訳
- 第 3 巻『名詞と名詞句』（寺田寛）原著 5 章の翻訳
- 第 4 巻『形容詞と副詞』（田中江扶）原著 6 章の翻訳
- 第 5 巻『前置詞と前置詞句，そして否定』（縄田裕幸）原著 7 章と 9 章の翻訳
- 第 6 巻『節のタイプと発話力，そして発話の内容』（松本マスミ）原著 10 章と 11 章の翻訳
- 第 7 巻『関係詞と比較構文』（岩田彩志）原著 12 章と 13 章の翻訳
- 第 8 巻『接続詞と句読法』（岸本秀樹）原著 15 章と 20 章の翻訳
- 第 9 巻『情報構造と照応表現』（保坂道雄）原著 16 章と 17 章の翻訳
- 第 10 巻『形態論と語形成』（今仁生美）原著 18 章と 19 章の翻訳

いうまでもなく，各巻の訳者の方たちにも心から感謝申し上げる．根気と集中力と体力と知力のいる翻訳作業，本当にご苦労さまでした．そして，この巨大プロジェクトに参加してくださり，ありがとうございました．

　最後になるが，開拓社の川田賢氏に心から感謝申し上げる次第である．訳者の人選など，そして本つくりのプロセスなど，すべて私のやりたいようにやらせてもらった．気持よく仕事をやらせてくれた川田氏の懐の深さに感謝する次第である．

　なお，本シリーズ『英文法大事典』は *The Cambridge Grammar of the English Language* の完訳ということもあり，読者の利便性を考えて意訳しながらも，原著を忠実に訳しています．原著の例文には，ところによって，タ

ブー語やののしり語などの表現が含まれている場合もありますが，これも英語という言語の特徴的な部分でもあり，それらも忠実に訳しています．読者諸氏にはこの点どうぞご理解いただければと思います．

　読者諸氏には，ぜひ，本シリーズ『英文法大事典』全11巻を通読していただき，世界最高峰の英文法書 *The Cambridge Grammar of the English Language* (Rodney Huddleston and Geoffrey K. Pullum (2002)) を堪能していただきたい．そして，英語の教育と研究に大いに役立てていただきたい．

編集委員長　畠山　雄二

第 7 巻　関係詞と比較構文

まえがき

本巻は，*The Cambridge Grammar of the English Language* (CGEL) の第 12 章 (Relative constructions and unbounded dependencies) と第 13 章 (Comparative constructions) を翻訳したものである．それぞれの章が，本巻の第 I 部と第 II 部に対応している．

　原著は，独特の用語を用いた独自の説明を行っていることで有名だが，本巻でもその独自性が遺憾なく発揮されている．例えば第 I 部では relative construction を扱っているが，「要するに関係節のことか」と思って読み進めると，のっけから「関係節」と呼ぶべきでない，と書かれていてまず意表を突かれる．Huddleston and Pullum が言うには，I agree with most of the things that your father was saying. の下線部は確かに節だが，I agree with most of what your father was saying. の下線部は名詞句である．だからすべてをひっくるめて呼ぶには relative clause（関係節）ではなく relative という用語にすべきだ，というのである（そのため本巻では，「関係詞」という訳語をあてている）．

　また学校文法で習った「制限的 vs. 非制限的」の区別も，「統合型 vs. 補足型」という呼び方をすべきである，と述べられている．さらにびっくりするのは，This is the letter which drew our attention to the problem. の which は関係代名詞だが，This is the letter that drew our attention to the problem. の that は関係代名詞ではない，というくだりである．しかしいずれも，読み進めるうちに「なるほど！」と思わされてしまう．

　第 I 部の最後の章で取り上げられている非局所的依存関係構文 (Unbounded dependency construction) とは，This is the book which she recommended. のように，先行詞がもともとあった位置（この場合は recommended の目的語）から離れている現象を指している．英語学の世界では数多くの論文が書かれている，かなり難易度の高い分野なのだが，それを非常にコンパクトにまとめているところにも，「さすが！」と思わざるを得ない．

　第 II 部では比較構文を扱っている．しかしここでも，Huddleston and Pullum の独自の理論が展開されている．比較と言えば，真っ先に Kim is older than Pat. のような例文を思い出す人が多いだろう．そして「原級・比較級・最上級」と 3 段階あるんだったなーと．しかしこの部では，このような例だけ

でなく，I took a different bus from last time. における different-from や I took the same bus as last time. における same-as も，比較表現の一部として取り上げている．また Ed is older than his brother. という文を見て何も驚かない人でも，Ed is more old than middle-aged. という文を見せられると，「あれっ？」と思うだろう．この文は「彼は middle-aged というよりも，old だ」という意味であり，メタ言語比較（metalinguistic comparison）と呼ばれる現象である．

また第 II 部の特徴として，比較級・最上級そのものでなくても，比較に関係する語なら，片っ端から取り上げていることが挙げられる．だから She would rather live in danger than die of loneliness and boredom. における rather, She is like her mother. の like, As far as I know の as は言うに及ばず，such advice as you give の such や，果てはかつて受験英語でもてはやされた no sooner ... than までも登場する．数多くのイディオムが，実は比較表現として分析可能であることを知るのは，英文法を学ぶ者にとっては，大いなる知的楽しみであろう．

本シリーズは，基本的に各巻がそれだけで完結して読めるように，との方針で編集されている．冒頭にも書いたように，原著には独自の用語の体系があるのだが，それをいちいち正確に訳出しようとすると，この編集方針と衝突してしまいかねないことが，幾度もあった．そのため，本巻の内容を理解するのに直接関係しない場合には，原著の用語の独自性には目をつぶり，英語学の世界で一般的な用語を用いることにした箇所もある．また中には，かなり原文を意訳して，原文の字面から離れている箇所もある．それもこれもひとえに「読みやすさ」を追及した結果である．

また原書の魅力の 1 つに，イキのいい例文をこれでもかと多用している点が挙げられる．本巻でもその面白さが伝わるようにと努力してあるが，あまりにもイキが良すぎて，意味を取りづらいところが多々あったのも事実である．訳者の側での見落としや間違いがあるかもしれない．読者各氏からのご叱責・ご鞭撻を待つのみである．

第 7 巻責任訳者　岩田　彩志

第 7 巻　関係詞と比較構文

目　次

『英文法大事典』の刊行にあたって　　iii
まえがき　　ix
例の提示に関する但し書き　　xv

第 I 部　関係詞構文と非局所的依存関係
Rodney Huddleston, Geoffrey K. Pullum and Peter Peterson

第 1 章　用語の整理 ··· 2

第 2 章　関係詞構文の種類 ··· 3
  2.1　形式上のタイプ：wh, that, ゼロ関係詞 ························ 3
  2.2　関係上のタイプ：統合・補足・分裂・融合 ······················ 4
  2.3　定形性 ·· 8

第 3 章　関係詞節の形式 ··· 9
  3.1　関係詞化 ·· 9
  3.2　関係詞語，関係詞句，素性の拡がり ··························· 14
    3.2.1　タイプ I：前置詞の補部から前置詞句へ（behind which） ··· 16
    3.2.2　タイプ II：名詞の前置詞句補部から名詞句へ（the result of which）·· 16
    3.2.3　タイプ III：前置詞句から形容詞句へ（prominent among which）···· 20
    3.2.4　タイプ IV とタイプ V：名詞句から不定形へ
        （to refute which, passing which） ················· 21
    3.2.5　タイプ VI：属格の whose から名詞句へ（whose essay） ······ 22
    3.2.6　タイプ VII：決定詞の which から名詞句へ（which suggestion） ···· 23
  3.3　何が関係詞化できるか ······································ 25
  3.4　埋め込み節内の要素の関係詞化 ······························ 29
  3.5　形式上のタイプ：wh 関係詞・that 関係詞・ゼロ関係詞 ··········· 31
    3.5.1　who と which ·· 32

  3.5.2 whose ·· 34
  3.5.3 ほかの関係詞語 ·· 36
  3.5.4 wh 構文と非 wh 構文のどちらを選ぶか ····················· 40
  3.5.5 非 wh 関係詞：that の有無 ··································· 45
  3.5.6 that は従属節を導く要素（関係代名詞ではない）············ 49

第 4 章 統合関係詞節と補足関係詞節の区別 ···················· 52
 4.1 主な統語的違い ·· 54
 4.2 意味と用法 ·· 61
 4.3 前後の位置関係 ·· 67

第 5 章 不定詞関係詞節 ··· 70

第 6 章 融合タイプの関係詞構文 ··································· 73
 6.1 融合関係詞は句であり，節ではない ································· 74
 6.2 融合関係詞と wh 疑問節との比較 ··································· 78
 6.3 統語分析 ·· 84
 6.4 融合構文における関係詞語 ··· 85

第 7 章 非局所的依存関係構文 ······································ 96
 7.1 定義と分類 ·· 96
 7.2 空所と先行詞 ·· 102
 7.3 空所の位置 ··· 113
 7.4 入れ子状の依存関係 ·· 125
 7.5 寄生的空所 ··· 126

第 II 部 比較構文
Rodney Huddleston

第 1 章 まえがき ·· 130
 1.1 2 つの分類基準：「尺度的」対「非尺度的」，「同等」対「非同等」·········· 130
 1.2 項比較と集合比較 ·· 134
 1.3 比較補部，比較導入要素，比較句 ·································· 138

第 2 章　比較節 ･･･ 144
　2.1　比較節の縮約 ･･･ 146
　2.2　than/as＋単一の要素（Bob is as generous as Liz.）･･････････ 157
　2.3　比較節と主節の類似と対比 ･･･････････････････････････････ 167
　2.4　比較句 ･･･ 170

第 3 章　メタ言語比較（more apparent than real）･･･････････････ 175

第 4 章　尺度的項比較 ･･ 178
　4.1　非同等比較を導入する主な要素 ････････････････････････････ 178
　　4.1.1　more と less：「分析的標識」対「屈折形」･･････････････ 178
　　4.1.2　程度を表す決定詞の比較級 ･･････････････････････････ 186
　4.2　尺度的非同等比較を導入する要素の周辺的メンバー
　　　　（rather, prefer, superior）･･････････････････････････････ 189
　4.3　同等を表す尺度的比較：as, so, such ･･････････････････････ 194
　4.4　修飾 ･･･ 195
　　4.4.1　程度の修飾 ･････････････････････････････････････ 195
　　4.4.2　the による修飾 ･･････････････････････････････････ 197
　4.5　比較のイディオムと再分析 ･･･････････････････････････････ 199
　4.6　相関比較構文 ･･･ 205

第 5 章　非尺度的比較 ･･ 210
　5.1　same ･･ 211
　5.2　similar ･･･ 218
　5.3　such ･･ 221
　5.4　different, other, else ･･････････････････････････････････ 224
　5.5　as ･･ 230
　5.6　like ･･ 245
　　5.6.1　like＋名詞句補部 ････････････････････････････････ 245
　　5.6.2　like＋定形節 ･･･････････････････････････････････ 253
　　5.6.3　他の構文 ･･････････････････････････････････････ 254
　　5.6.4　unlike ･･ 259

第 6 章　尺度的集合比較 ･･････････････････････････････････････ 261
　6.1　原級，比較級，最上級 ･･････････････････････････････････ 261
　6.2　集合比較における比較級 ････････････････････････････････ 263

6.3 最上級 …………………………………………………… 266
6.3.1 屈折的最上級と分析的最上級 ………………………… 266
6.3.2 最上級でない most の用法 …………………………… 268
6.3.3 絶対最上級と相対最上級 ……………………………… 271
6.3.4 最上級句の構造 ………………………………………… 273

文献情報：もっと知りたい人のために ……………………… 279

参考文献 …………………………………………………………… 289

索　　引 …………………………………………………………… 299

原著者・編集委員長・監訳者・訳者紹介 …………………… 306

例の提示に関する但し書き

太字イタリック体：屈折形態素を取り除いた語彙素を表している．
　例）動詞 ***go***

二重引用符：意味や命題を表している．

一重下線・二重下線と角カッコ：例文の一部を強調している．

スモールキャピタル：焦点ストレスを表している．
　例）I DID tell you.

矢印：↗は上昇ピッチのイントネーションを示し，↘は下降ピッチのイントネーションを表している．
　例）Is it a boy ↗ or a girl ↘ ?

＿＿：文中の空所を表している．
　例）Kim bought ＿＿.

・：語中の形態論的な区切りないし構成素を表している．
　例）work・er・s，接尾辞・s

下付き文字：照応語とその先行詞の関係を表している．
　例）Jill$_i$ said she$_i$ would help. では，she は Jill を指していること表している．

例文を解釈するにあたっての文法性を以下の記号で表している．
　　* 非文法的　　　　　　　　　　例）*This books is mine.
　　\# 意味的ないし語用論的に変則的　例）#We frightened the cheese.
　　% ある方言でのみ文法的　　　　　例）%He hadn't many friends.
　　? 文法性が疑わしい　　　　　　　例）?Sue he gave the key.
　　! 非標準的　　　　　　　　　　　例）!I can't hardly hear.

xv

スラッシュ記号：選択肢の区切りを表している．
- 例) The picture seemed excellent / distorted. は The picture seemed excellent. と The picture seemed distorted. の2例をまとめた書き方となっており，I asked you not to leave / *to don't leave until tomorrow. は I asked you not to leave until tomorrow. と *I asked you to don't leave until tomorrow. をまとめた書き方になっている．選択肢が1語である場合を除き，スラッシュの前後にはスペースを置いている．

丸カッコ：随意的な要素を表している．
- 例) The error was overlooked (by Pat). は The error was overlooked by Pat. と The error was overlooked. の2例をまとめた書き方になっている．

会話中のAやB：異なる話者を示している．
- 例) A: Where's the key? B: It's in the top drawer.

専門家向けの解説：
　研究者向けの解説はフォントをゴシック体にして網をかけている．この部分は本文の分析を支持する言語学的な議論となっている．読み飛ばしても本文の流れを理解する上で支障はない．

第I部

関係詞構文と非局所的依存関係

第1章　用語の整理

本章では伝統的に**関係節** (**relative clause**) とよばれているものを扱う．ただし本巻では，関係節でなく**関係詞構文** (**relative construction**) という，より一般性のある用語を用いる．(1i) の下線部の構造を関係節とよぶのは理にかなっているものの，(1ii) の下線部のような類の構造を関係節とよぶのは誤解を招きかねないからである．

(1) i.　I agree with most of the things that your father was saying.　［節］
　　　　（私は，あなたの父親が言っていたことのほとんどに賛同する）
　　ii.　I agree with most of what your father was saying.　　　　［名詞句］
　　　　（私は，あなたの父親が言っていたことのほとんどに賛同する）

これら2つの文は等価である．ただし，(1ii) の what your father was saying は名詞句である．(1i) の関係節 that your father was saying ではなく，それを含むより大きな名詞句の the things that your father was saying に対応している．実際に，あとでみるように what your father was saying を名詞句として扱うべき統語的・意味的理由がある．

よって，本巻では「関係詞構文」という用語で，(1) の下線部の両方を指すことにする．「関係節」は (1i) のような場合を指すための，より特定的な用語である．ただし，単に「関係詞」(relatives) とよんで，わざわざ「構文」や「節」と言わないこともよくある．[1]

---

[1] 訳者注：Huddleston and Pullum の意図を汲んで，以下では relative clause も「関係節」でなく，「関係詞節」と訳していくことにする．

第 2 章　関係詞構文の種類

本節では，これ以降の節で詳細に論じる，さまざまなタイプの関係詞構文について概観する．まず，関係詞を区別するための 2 つの主要な基準により，**形式上のタイプ**（**formal types**）と**関係上のタイプ**（**relational types**）とよぶものを区別する．

　形式上のタイプは，who, which などをとるのか，that をとるのか，それとも「空所（gap）」をとるのか，という三択の意味で区別される．

　関係上のタイプは，その外部的な統語的特性に基づいて区別される．これはつまり，関係詞構文が，それを含みこむ，外側のより大きな構造と，どのように関係しているか，ということである．伝統的に制限的関係詞・非制限的関係詞という名称でよばれてきた区別が，ここに当てはまるが，本巻は異なる用語を用いる．ここに，分裂関係詞（cleft relative）と融合関係詞（fused relative）の 2 つのタイプがさらに加わる．

　これらの主要な区別に加えて，より一般的な，定形か非定形かの区別も導入する必要がある．ほとんどの関係詞構文は定形節であるが，一定の条件のもとでは不定詞関係詞（および主要でないタイプの関係詞）が許される．

2.1　形式上のタイプ：wh，that，ゼロ関係詞

なぜ関係詞節とよばれるかと言えば，その形式によって先行詞に「関係」づけられているからである．関係詞節は，その構造内に照応的要素を含み，その解釈は先行詞によって決まる．この照応的要素は，明示的に現れる場合と，そうでない場合とがある．明示的な場合には，関係詞語（who, whom, whose, which など）のどれかが，関係詞節の最初の構成素として（あるいはその内部

に）現れる．このタイプの節を，**wh 関係詞**とよぶ．**非 wh 関係詞**では，照応要素が形をもっておらず空所である．このタイプは，that の有無によって，さらに **that 関係詞**と**ゼロ関係詞**とに区別される．[1]

(1) i. 　　　　　　　　　　　　　　　　which you don't want.　　[wh 関係詞]
　　ii. He'll be glad to take the toys { that you don't want.　[非 wh : that 関係詞]
　　iii.　　　　　　　　　　　　　　　　you don't want.　　　[非 wh : ゼロ関係詞]
　　　　　（彼は，君のいらないおもちゃを喜んでもらうだろう）

(1i) では toys が代名詞 which の先行詞であるのに対して，(1ii, iii) ではそのような代名詞がなく，want の意味上の目的語が省略されているだけである．本巻では，(1ii) の that は，単に従属節を導入する要素であると考える．伝統文法のように，関係代名詞であるとは考えない．それは，内容節にみられる，節従属 (clause subordination) の標識と同じである．that 関係詞とゼロ関係詞の区別は，拡充した平叙内容節 (You said that you don't want the toy.) とゼロ平叙内容節 (You said you don't want the toy.) の区別に似ている．このように that を扱うことを支持する議論は，3.5.6 節で示す．

2.2　関係上のタイプ：統合・補足・分裂・融合

関係詞は，それを含むより大きな構造とどのような関係にあるかによって，4つのタイプに区別される．

(2) i. The boys who defaced the statue were expelled.　　　　［統合関係詞］
　　　　（彫像を汚した少年らは，追い出された）
　　ii. My father, who retired last year, now lives in Florida.　［補足関係詞］
　　　　（私の父は，昨年定年退職して，今はフロリダに住んでいる）
　　iii. It was Kim who wanted Pat as treasurer.　　　　　　　［分裂関係詞］
　　　　（パットを会計係にほしかったのは，キムだった）
　　iv. What you say is quite right.　　　　　　　　　　　　　［融合関係詞］
　　　　（君が言うことは，まったく正しい）

(2i-iii) の下線部が節であるのに対して，(2iv) の下線部は名詞句である．ただし，あとでみるように，融合関係詞が前置詞句になることもある．

---

[1] ゼロ関係詞節は「接触節 (contact clause)」ともよばれる．

■ 統合関係詞節

関係詞で最も中心的かつ頻繁に用いられるのは，**統合関係詞 (integrated relative)** である．統合関係詞は通常，名詞句の内部で修飾要素として機能する．たとえば，(2i) では who defaced the statue が，代名詞 who の先行詞である boys を修飾している．統合関係詞構文は時に，名詞以外の主要部を修飾することがある．形容詞の最上級 (He's now the fattest he's ever been. (彼は今，これまでで一番太っている)) や，「疑問前置詞」(interrogative preposition) (Where can we eat that isn't too expensive? (あまり値段が高すぎないところでは，どこで食事ができるだろうか)) などがそうした例である（この最後の例では，関係詞節が先行詞のすぐ後になく，後置されている）．

なぜ統合関係詞とよばれるかと言えば，韻律的にも，情報内容の観点からも，関係詞を含む構造の中に統合されているからである．典型的な統合関係詞は，修飾する主要部名詞が表すものを限定する働きをし，しばしば「制限的関係詞 (restrictive relative)」とよばれる．たとえば boys who defaced the statue（彫像を汚した少年）の集合は，boys（少年）の集合よりも小さくなる．ここでは，関係詞節で表される情報が，対象となっている少年の集合範囲を制限しているという点で，主節で表現されている情報にとって必須である．

■ 補足関係詞

補足関係詞節 (supplementary relative clause) は，先行詞について情報を付け加える．この付け加えられる情報は，関係詞を含む節に完全には統合されておらず，また先行詞によって表される集合の範囲を定めるのに不可欠でもない．(2ii) で，who の先行詞は名詞の father（父）ではなく，名詞句の my father（私の父）である．この名詞句だけで，すでにただ 1 人の人を指している．だから who retired last year（昨年退職した）という節は，指示対象を決定する働きをしていない．単に，指示対象について，さらに情報を追加しているだけである．この種の関係詞で表される情報は，補足的で，残りの文の情報とは別なものとして提示されている．このことは，関係詞節が典型的に，音調あるいはコンマによって，残りの部分から区別されるということに反映されている．

補足関係詞が統合関係詞と区別されるもう 1 つの点は，ずっと広い範囲のものを先行詞にできる，ということである．これは，以下の例で明らかである．

(3) i. Pat is afraid of snakes, which I'm sure Kim is too. ［形容詞句］
    (パットはヘビを怖がっているが，きっとキムもそうだと思う)

ii. Pat is afraid of snakes, which doesn't surprise me at all.　　　［節］
　　　　　（パットはヘビを怖がっているが，それは私にとってまったく驚くべきことではない）

ここでの which の先行詞は，(3i) では形容詞句になり，(3ii) では節全体になる．そして，関係詞節はそれぞれ I'm sure Kim is afraid of snakes too. （きっとキムもヘビを怖がっていると思う）や That Pat is afraid of snakes doesn't surprise me at all. （パットがヘビを怖がっていることは，私にとってまったく驚くべきことではない）と解釈される．もっと言うと実は，先行詞が関係詞と統語的につながっていないことさえある．講演中に，講師があるテーマを終えてつぎのテーマに移るときに，補足関係詞を用いて Which brings me to my next point （そこでつぎの重要な点ですが）という場合がこれに当たる．

■ 分裂関係詞

it 分裂文において，前景化された要素の後ろに生じる節を，**分裂関係詞節 (cleft relative clause)** とよぶ．以下の一連の例をみてみよう．

　(4)　i. Kim wanted Pat as treasurer.　　　　　　　　　　［非分裂文］
　　　　　（キムはパットを会計係にほしかった）
　　　ii. It was Kim who wanted Pat as treasurer. (= (2iii))
　　　　　（パットを会計係にほしかったのは，キムだった）　　　　　　［分裂文］
　　　iii. It was Pat that Kim wanted as treasurer.
　　　　　（キムが会計係にほしかったのは，パットだった）

(4i) の例は，分裂文になっていない，通常の節であり，(4ii) と (4iii) は，それに対応する分裂文である．下線部が分裂関係詞であり，機能面はもとより，ある観点については内部構造の面でも，統合関係詞と異なる．なぜ分裂文とよばれるかと言えば，より基本的な構造を 2 つの部分に「分裂」させているからである．そして分裂された一方が前景化され，もう一方が背景化される．(4ii) では Kim が前景化され，wanted Pat as treasurer が背景化されている．一方，(4iii) では前景化されているのが Pat で，背景化されているのが Kim wanted as treasurer である．分裂構文はこのシリーズの第 9 巻で扱うので，本章では軽くふれるに留める．

■融合関係詞

最後に**融合関係詞**（**fused relatives**）について考察する．この関係詞は常に wh タイプである．

(5) i. <u>What he did</u> was quite outrageous.
（彼がしたことは，ひどすぎた）
ii. <u>Whoever devised this plan</u> must be very naive.
（この計画を立てたのが誰であれ，愚直であるに違いない）
iii. You can buy <u>whichever car appeals to you most</u>.
（一番気に入った自動車はどれであれ，買ってかまわない）

統語的な観点から言えば，融合関係詞は 4 種類の関係詞構文の中で最も複雑である．他の関係詞構文では関係詞節と先行詞を分離できるが，融合関係詞ではできない．たとえば，以下の例を比べてみよう．

(6) i. It would mean abandoning <u>that</u> <u>which we hold most dear</u>. ［先行詞＋節］
（それは，私たちが最も愛おしいと思っているものをあきらめる，ということを意味することになってしまう）
ii. It would mean abandoning <u>what we hold most dear</u>. ［融合関係詞節］
（それは，私たちが最も愛おしいと思っているものをあきらめる，ということを意味することになってしまう）

これらの文は，意味的に等価である（ただし，(6i) はとても堅い言い方であるが）．統語的には，(6i) の that は先行詞で，which we hold most dear がそれを修飾している統合関係詞節である．しかし (6ii) では，what が that と which を組み合わせたものに対応する．だから，どれが先行詞で，どれが関係詞節か，を区別して示すことができない．そこで，「融合（fused）」という用語を用いるわけである．

(5) の融合関係詞は名詞句であるが，where と when に基づく融合関係詞は前置詞句である．

(7) i. Put it back <u>where you found it</u>.
（それを，みつけた場所に戻しなさい）

ii. He still calls his parents <u>whenever he is in trouble</u>.[2]
（彼は，今でも困ったときは，いつも両親に電話する）

融合関係詞は，統合関係詞・補足関係詞・分裂関係詞と性質が非常に異なるため，別に扱うことにする．詳しい議論は第6節で行う．

2.3 定形性

関係詞構文の大部分は定形であるが，統合関係詞では不定詞で，wh 型や関係詞語のないものもある．(8) の下線部は，不定詞の関係詞節である．

(8) i. She found a good place <u>from which to watch the procession</u>.
 ii. She found a good place <u>to watch the procession from</u>.
（彼女は，行進をみるのによい場所をみつけた）

非定形の構造で関係詞に似たものは，ほかにもいろいろある．たとえば，anyone <u>knowing his whereabouts</u>（彼のゆくえを知る人）や those <u>killed in the accident</u>（その事故で亡くなった人々）のように，現在分詞や過去分詞によって名詞を修飾するものがある．これらの構造は，このシリーズの他の巻（第1巻）で論じる．

---

[2] 関連文献にみられる，「融合関係詞」に相当する用語としては，「自由関係詞（free relative）」，「主要部のない関係詞節（headless relative clause）」，「名詞関係詞節（nominal relative clause）」がある．「節（clause）」を組み込んだ用語は，すでに述べた理由により問題がある．加えて，「名詞（nominal）」とするのも十分に一般的とはいえない．where や when といった前置詞の例が扱えなくなってしまうからである．また，「主要部がない（headless）」とするのも，誤解を招きやすい．主要部（＝先行詞）は欠けているのではなく，修飾節の一部と融合しているだけである．

第 3 章　関係詞節の形式

関係詞節は，すでに述べたように，照応関係に基づいて，関係詞節を先行詞と結びつけるような要素を含む（この要素は明示的に現れるものと，そうでないものとがある）．もちろん，他の種類の節でも照応的要素を含むことはある．たとえば，I lent Jill my bicycle last week [and she hasn't returned it yet]．（私は先週，ジルに自分の自転車を貸したが，彼女はまだ返してくれない）で，2 つ目の節の she と it は，最初の節の Jill と my bicycle と，それぞれ照応関係を結んでいる．しかし，この照応関係はこうした構造では偶発的にすぎない．独立節と独立節を等位接続している同じ統語構造の次の文では，照応要素はない．I lent Jill my bicycle last week [and now there's a bus strike]．（私は先週，ジルに自分の自転車を貸したが，今はバスのストライキが起こっている）には，照応的な要素がないけれども，統語構造は同じで，独立節と独立節を等位接続している．それに対し，関係詞節にとって，照応関係は本質的な特性である．関係詞がほかの節と異なるのは，照応関係が特定の方法で構文に組み込まれているということである．中心的な統合関係詞では，先行詞が主要部であり，関係詞節によって修飾されている．そして照応要素そのものが独自の特性をもっている．wh 関係詞では，who, which などが，主節に現れる照応要素（＝先行詞）とは別に現れている．これらの wh 語は疑問詞と同じ形をしているが，疑問詞は照応的でない．非 wh 関係詞では，照応的要素が空所になるが，これも生じる位置や解釈について，ほかの照応的な空所とは異なる．

3.1　関係詞化

関係詞節において不可欠な照応的要素を，ここでは**関係詞化された要素（rela-**

tivized element) とよぶ．関係詞節が，対応する独立節と形式的に異なるのは，第一にこの関係詞化された要素があるかどうかである．まず，関係詞化された要素が主語の場合を考えてみよう．

(1) i. A letter drew our attention to the problem. ［独立節］
(一通の手紙が，私たちの注意をその問題に向けさせた)
ii. This is the letter$_i$ [which$_i$ drew our attention to the problem].
［wh 関係詞］
iii. This is the letter$_i$ [that ___$_i$ drew our attention to the problem].
［that 関係詞］
(これが，私たちがその問題に注意を向けるきっかけになった手紙である)

(1i) は独立節であり，通常の名詞句の a letter を，主語としてとっている．これに対して wh 関係詞では，主語が which であり，(1ii) ではこの関係代名詞が先行詞の letter と照応的に結びついている．このことは，同一の下付き指標 i で示してある．(1iii) では，that が従属節を導入しているが，主語位置は空所である．しかし，やはり先行詞の letter と照応関係がある．このことは，空所を表す記号に同一の指標をつけることで示してある．定冠詞を無視すれば，(1i) と (1ii) の意味は，どちらもおおよそ「これが手紙 x である + x は私たちの注意をその問題に向けさせた (This is letter x; x drew our attention to the problem.)」と表される．このように，1つの変項が2回生じる意味をもつことが，あらゆる関係詞構文の本質的かつ独自の特性である．

本巻では，which の先行詞と空所が，the letter ではなく letter であるという立場をとる．というのも，the は letter which/that drew our attention to the problem という小名詞句[1]にかかっているからである．letter (手紙) ではなく，letter which/that drew our attention to the problem (私たちの関心をその問題に向けた手紙) 全体で，対象となるものの記述が済み，そこで初めて定冠詞 the をつけることができる (第3巻参照)．

非 wh 関係詞節で主語を関係詞化した場合にはほぼすべてそうであるように，(1iii) では that を省略できない．すなわち，ゼロ関係詞にして *This is the letter drew our attention to the problem. とすることはできない．ただし，目的語が関係詞化される場合には，that がなくてもよい．そのため，全部で3つのタイプがあることになる．

---

[1] 訳者注：「小名詞句」については，第4章の注1を参照のこと．

第 3 章 関係詞節の形式

(2) i. My neighbour gave me <u>some advice</u>.　　　　　　　　［独立節］
（隣人は私に助言をくれた）
  ii. I accepted the <u>advice</u>$_i$ [which$_i$ my neighbor gave me].［wh 関係詞節］
 iii. I accepted the <u>advice</u>$_i$ [that my neighbor gave me ___$_i$].
　　　　　　　　　　　　　　　　　　　　　　　　　　　［that 関係詞節］
 iv. I accepted the <u>advice</u>$_i$ [my neighbour gave me ___$_i$].
　　　　　　　　　　　　　　　　　　　　　　　　　　　［ゼロ関係詞節］
（私は，隣人がくれた助言を受け入れた）

(1) と同じく，(2i) の独立節は直接目的語として通常の名詞句をとっているが，関係詞節はそのような直接目的語をとっていない．(2ii) の wh 関係詞節には，やはり関係代名詞として which が含まれている．しかし非 wh 関係詞節の (2iii, iv) では，目的語の位置に空所があるだけである．(1) と同じように，意味表示には変項が 2 回生じて，「私は助言 x を受け入れた＋私の隣人が x を私に与えた (I accepted advice x; my neighbor gave me x)」のようになる．

■中核部より前への前置

(2ii) では which が，**中核部より前（prenuclear）**の位置に生じている．つまり，節の中核となる，主語＋述語の構造よりも前の位置に生じている．形式的には，gave me の後に空所があり，非 wh 関係詞節と同じである．両者の違いは，(2iii, iv) では空所が先行詞の advice と直接的に関係づけられているのに対して，(2ii) では which を介して間接的に関係づけられている点である．よって，例文 (2ii) は (3) のように表すことができ，その構造は (4) のようになる．

(3) I accepted the <u>advice</u>$_i$ [which$_i$ my neighbour gave me ___$_i$].

(4)

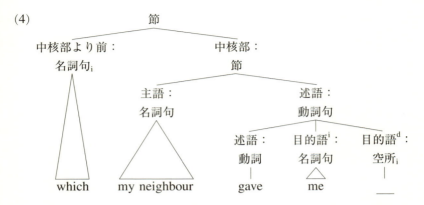

　最初の例では，図が示すように，目的語の機能を担うのは空所である．しかし，中核部より前の位置で，空所に結びつけられている要素 which が，その空所の機能を担うものとして解釈される．よって二次的・派生的な意味で，which は目的語の機能をもつといえる．したがってこの説明では，which が関係詞節の目的語であるということになる．この点は，伝統文法と同じである．

■「関係詞節」対「内容節」

(1)，(2) の例は，関係詞化が起こることによって，関係詞節がどのように独立節と異なるのかを示している．また，関係詞化された要素が必ずなければならない（明示的に現れる場合とそうでない場合とがあるが）という点で，関係詞節は内容節（通常の従属節のこと）とも異なる．

(5) i. a. They ignored the suggestion$_i$ [that Kim made ＿$_i$]．　［関係詞節］
　　　　　（彼らは，キムがした忠告を無視した）
　　　b. They ignored the suggestion [that Kim cheated]．　　［内容節］
　　　　　（彼らは，キムがカンニングしたという忠告を無視した）
　　ii. a. Focus on the question$_i$ [which$_i$ your brother raised ＿$_i$]．
　　　　　　　　　　　　　　　　　　　　　　　　　　　　　　　　　［関係詞節］
　　　　　（あなたの弟が提起した問題に，集中しなさい）
　　　b. Focus on the question [which of them stood to gain by it]．
　　　　　　　　　　　　　　　　　　　　　　　　　　　　　　　　　［内容節］
　　　　　（彼らのうち誰が，それで得をしそうだったか，という問題に集中しなさい）

(5ia) の非 wh 関係詞では，目的語位置の空所が，先行詞の suggestion と照応的に結びついている．そのため，キムが何か忠告をした，と理解される．よって，ここでも冠詞を無視すると，「彼らは忠告 x を無視した＋キムが x をした (They ignored suggestion *x*; Kim made *x*)」という意味になり，同一の変項が 2 回生じている．しかし，(5ib) の内容節には空所がなく，従属節が単に「キムがカンニングした (Kim cheated)」という命題を表していると理解される．(5ii) についても同様である．ただしここでは関係詞が wh タイプであり，また内容節が平叙節でなく wh 疑問節である．[2] (5iia) では，君の弟が問題を提起したことがわかる．そこで「問題 x に集中しなさい＋あなたの弟が x を提起した (Focus on the question *x*; your brother raised *x*)」という意味になる．しかし，(5iib) の内容節は単に「彼らのうち誰が，それで得をしそうだったか (Which of them stood to gain by it?)」と理解される．(5iia) では，which が照応的で関係詞であるが，(5iib) では which が非照応的で疑問詞である．

従属節の動詞が，他動詞としても自動詞としても用いることができる場合には，関係詞構文と内容節構文とであいまいになる．

(6) They rejected the idea [that we had advanced].

〔関係詞節または内容節〕
(関係詞節の解釈：彼らは，私たちの提示した考えを拒絶した)
(内容節の解釈：彼らは，私たちが前進したという考えを拒絶した)

関係詞の解釈では，関係詞化された目的語（＝空所）があり，idea がその先行詞である．つまり，私たちがある考えを提案したのである．よって「彼らは x（＝考え）を拒絶した＋私たちは x を提案した (They rejected the idea *x*; we had advanced *x*)」という意味になる．一方，内容節の解釈では，that は通常の節（名詞 idea の補部）を導入する．そして「彼らは『私たちが前進した』という命題を拒絶した (They rejected the proposition "We had advanced")」という意味になる．

関係詞節を内容節から区別する要因は，ほかにもある．まず第一に，名詞句構造で，関係詞は修飾要素として機能するが，内容節は補部であり，ごく一部の名詞とだけ共起する．上にあげた例では suggestion（忠告），question（問題），idea（考え）があるが，ほかにも fact（事実），news（知らせ），belief（信念），

---

[2] 疑問節の場合は，主要部名詞の後に，しばしば前置詞 (of または as to) が現れる．

concern（懸念），proposal（提案）などがある．しかし，cat（猫），boy（少年），health（健康），energy（精力）などの多数の名詞は，関係詞のみを許し，内容節を許さない．つぎに，内容節では関係詞のように wh 形と that 形が交替しない．たとえば，(6) で that を which で置き換えると，あいまい性が消えて関係詞節の解釈だけになる．内容節では，that の後に平叙節が続くが，which, who などは wh 疑問節にだけ生じる．その場合は，question のような名詞に続く．

3.2 関係詞語，関係詞句，素性の拡がり

wh 関係詞の最初に現れる句を，**関係詞句 (relative phrase)** とよぶことにする．関係詞句は，主語もしくは中核部より前の位置に現れる．**単純 (simple)** 関係詞句では，関係詞語（who, whom, which, where など）だけで関係詞句が成り立っている．これに対して，**複合 (complex)** 関係詞句では，関係詞語にほかの要素が組み合わさっている．以下を比べてみよう．

(7) i. I can't find the book [which he recommended ___].　　［単純］
　　　（私は，彼が勧めてくれた本をみつけられない）
　　ii. We've never met the people [whose house we are renting ___].
　　　（私たちは，私たちが借りている家の持ち主に会ったことがない）　［複合］
　　iii. We admired the skill [with which she handled the situation ___].
　　　（私たちは，彼女がその状況をとり仕切った手際のよさを称賛した）

(7ii, iii) では，ほとんどの複合関係詞句の場合と同様に，関係詞化された要素以外のものが関係詞句に含まれている．たとえば (7ii) で，中核部より前の位置にある関係詞句は名詞句の whose house であるが，関係詞化されているのは，この名詞句内の決定詞である whose だけである．つまり，whose だけが先行詞の people に基づいて解釈されている．そのため，文の中核部の目的語位置にある空所は，(7i) のように先行詞と同一指標になってはいない．むしろ，whose は people と，空所は whose house と，それぞれ別々の指標によって関連づけられている．というのも，renting の目的語として理解されるのは whose house だからである．(7iii) でも同様である．ただしこちらでは，空所が照応的に結びついているのは，名詞句でなく前置詞句である．よって，照応上の結びつきは (8) のように表される．(8ii, iii) では，外側の角括弧が関係詞節を，内側の角括弧が複合関係詞句を，それぞれくくっている．

第 3 章　関係詞節の形式

(8) i. I can't find the book$_i$ [which$_i$ he recommended ___$_i$].
　　　（私は，彼が勧めてくれた本をみつけられない）
　　ii. We've never met the people$_i$ [[whose$_i$ house]$_j$ we are renting ___$_j$].
　　　（私たちは，私たちが借りている家の持ち主に会ったことがない）
　　iii. We admired the skill$_i$ [[with which$_i$]$_j$ she handled the situation ___$_j$].
　　　（私たちは，彼女がその状況をとり仕切った手際のよさを称賛した）

非 wh 関係詞には，関係詞句がない．そのため，(7ii, iii) の wh 関係詞に対応する非 wh 関係詞はありえない．

(9) i. I can't find the book [that he recommended].
　　　（私は，彼が勧めてくれた本をみつけられない）
　　ii. *We've never met the people [that's house we are renting].
　　　（私たちは，私たちが借りている家の持ち主に会ったことがない）
　　iii. *We admired the skill [with that she handled the situation].
　　　（私たちは，彼女がその状況をとり仕切った手際のよさを称賛した）

どのような場合に複合関係詞句が許されるか，を説明するために，我々は「関係詞の素性が，より大きな構成素へ拡がっていく (upward percolation)」という考え方をする．たとえば (7ii) では，関係詞の素性が，決定詞の whose からより大きな名詞句の whose house へと拡がっていることになる．また (7iii) では，関係詞の素性が，名詞句の which から前置詞句の with which へと拡がっていることになる．この考え方は，第 6 巻で扱う複合疑問詞句の構造にも適用できる．しかしこの現象は，関係詞のほうが，はるかに適用範囲が広い．関係詞では，7 種類の素性の拡がり方がある．うち 5 つでは右側の要素から，残り 2 つでは左側の要素から，関係詞の素性が全体へと拡がっていることになる．

(10)

タイプ	素性の出発点	拡がった対象	例
I	前置詞の補部	前置詞句	behind which
II	前置詞句	名詞句	the result of which
III	前置詞句	形容詞句	prominent among which
IV	名詞句	不定詞	to refute which
V	名詞句	現在分詞	passing which
VI	属格の whose	名詞句	whose essay
VII	決定詞の which	名詞句	which suggestion

以下では，これらのタイプを順にみていくことにする．適宜，独立節構造の例と対比させ，その句の基本的な関係詞節になっていない形式を示す．

3.2.1　タイプ I：前置詞の補部から前置詞句へ (behind which)
一般に，このタイプでは，素性が必ずしも拡がらなくてよい．

(11) i.　Kim was hiding <u>behind the curtain</u>.　　　　　　　［独立節］
　　　　　（キムは，カーテンの後ろに隠れていた）
　　ii.　the curtain ｛[<u>behind which</u> Kim was hiding]　［素性が拡がっている］
　　iii.　　　　　　　[<u>which</u> Kim was hiding <u>behind</u>]　［素性が拡がっていない］
　　　　　（キムが後ろに隠れていたカーテン）

(11ii) で，関係詞句は前置詞句の behind which であり，関係詞の素性が名詞句の which から，その名詞句を補部としてとる前置詞句に拡がっている．その結果，前置詞が名詞句補部と一緒に前置されている．(11iii) で，関係詞句は which だけで，今度は前置詞の補部だけが前置され，前置詞は**残置される (stranded)**．どちらの可能性が，どのような場合により好まれるかについては，このシリーズの他の巻（第5巻）で論じる．

3.2.2　タイプ II：名詞の前置詞句補部から名詞句へ (the result of which)
タイプ II は，常にタイプ I と一緒になって適用される．その結果，関係詞の素性が名詞句から前置詞句に，そしてさらにより大きな名詞句へと，拡がっていく．

(12) i.　She's just sat her final exam, [<u>the result of which</u> we expect next week].
　　　　（彼女はちょうど期末試験を受けたところで，その結果は来週わかる）
　　ii.　She investigated all the complaints, [<u>most of which</u> were well founded].
　　　　（彼女はすべての苦情を調査したが，そのほとんどは根拠がしっかりしていた）
　　iii.　They are members of an association [<u>the first and most precious principle of which</u> is mutual trust].
　　　　（彼らは，最も大切な原則が相互の信頼関係である協会の会員である）
　　iv.　Police are looking for a Ford Escort [<u>the licence number of which</u> ends in 7].

（警察は，車両ナンバーの末尾が7である，フォードのエスコートを探している）

ひときわ出現頻度が高い前置詞は of で，of をとる構造は，統合関係詞（(12iii, iv)）よりも補足関係詞（(12i, ii)）で頻繁にみられる．(12ii) の例では，of which が部分関係を表しており，これは非常に一般的である．

タイプ I と同様，タイプ II でも，素性は拡がってもよいし，拡がらなくてもよい．そのため，つぎの3つの可能性があることになる．

(13) i. He already knows the answers to the problems.　　　［独立節］
　　　　（彼は，すでにその問題の答えを知っている）
　　ii.　　　　　　　[the answers to which he already knows].
　　　　　　　　　　　　　　　　　　　　　　　［タイプ I とタイプ II］
　　iii. problems　[to which he already knows the answers].
　　　　　　　　　　　　　　　　　　　　　　　［タイプ I のみ］
　　iv.　　　　　　[which he already knows the answers to].
　　　　　　　　　　　　　　　　　　　　　　　［タイプ I の適用なし］
　　　（彼がすでに答えを知っている問題）

(13ii) では，which から前置詞句の to which へ素性が拡がり（タイプ I），そこから名詞句の the answers to which へと，さらに素性が拡がっている（タイプ II）．(13iii) のパターンでは，タイプ I のみが適用され，目的語である名詞句の前置詞補部だけが前置されている．(13iv) のパターンでは，単純関係詞句になっており，素性は拡がらずに which だけにとどまっている．

■ どのタイプを選ぶか，にかかわるいくつかの要因

(13ii) のように2段階に渡って素性が拡がるのには，いくつかの要因がかかわっている．まず，形式ばった文体で起こりやすい．さらに，以下の要因がある．

・前置詞残置は通常，主語の最後では許されない

(14) i. a.　　　　　　　　　　　　　　　[the purpose of which escapes me].
　　　b. He came up with a strange plan, [of which the purpose escapes me].
　　　c.　　　　　　　　　　　　　　　*[which the purpose of escapes me].
　　　（彼は奇策を思いついた．その目的が私には理解できない）

ii. a. He came up with a strange plan, {[the purpose of which I don't understand].
   b.   [of which I don't understand the purpose].
   c.   ?[which I don't understand the purpose of].

(彼は奇策を思いついた．その目的が私には理解できない)

(14i) と (14ii) のどちらでも，(c) の例文では，より大きな名詞句の中の which が前置され，of が残置されている．(14ic) では名詞句が主語であり，文法性はかなり低い．一方 (14iic) では，名詞句が目的語であり，容認性はずっと高い．この例は，非文法的というよりも，文体的にお粗末という感じである．

・部分詞の **of** は残置されない

部分詞の of 句を含む構造では，素性が，通常少なくとも 1 段階は拡がる．

(15) i.   She hadn't kept copies of her letters, {[only five of which he'd answered].
     ii.   [of which he'd answered only five].
     iii.   *[which he'd answered only five of].

(彼女は自分の手紙のコピーを保管しておらず，そのうちのわずか 5 通に彼が返信した)

・情報の重要度

主な要因は，情報のまとめ方 (information packaging) にかかわっている．つまり，どの部分が重要な情報かということである．たとえば，以下の例文を比べてみよう．

(16) i. I sympathise with such complaints, [of which we receive many].
        (私はそういう苦情を十分に理解できる．我が社にもこういう苦情がよく来る)
     ii. I sympathise with such complaints, [many of which I investigate myself].
        (私はそういう苦情を十分に理解できる．その多くを，私は自分で調査する)

(16i) の最も自然な解釈では，一番伝えたい情報は，苦情が多いことである．many は通常の目的語の位置にあり，主強勢を受けているから，新情報の焦点となっている．これに対して，many of which we received のように many が

前に来て，receive に強勢が置かれると，「その多くは，受け取った（一部は受け取らなかった）」という意味になる．すなわち，一部の苦情は紛失したかどこかへ行ってしまった，ということになる．あるいは，we に強勢があると，「その多くは，私たちが受け取った（一部の苦情は，ほかの人が受け取った）」ということになる．(16ii) では，many が補部と一緒に前置され，「私がみずから苦情を調査する」ことが，一番伝えたい情報になる．

そうすると，一般的に言って，ある要素を前置した結果，関係詞句に続く中核部の内容が乏しくなってしまう場合には，そのような前置はできない．

(17) i. a. They are striving to explain phenomena [of which we have little or no direct knowledge].
（彼らは，いくつかの現象について説明しようと奮闘しているが，それについて私たちは，直接的にはほとんど知らない，もしくはまったく知らない）
b. #They are striving to explain phenomena [little or no direct knowledge of which we have].
ii. a. Her first loyalty is to the programme [of which she is director].
（彼女の第1の忠誠心は，自分が監督をしている番組に向けられている）
b. *Her first loyalty is to the programme [director of which she is].

(b) の例が容認されないのは，中核部より前にある関係詞句の内容と，それに続く中核部の内容が，まるでバランスがとれていないからである．また (17iib) では，director が叙述補部の主要部である．叙述補部として機能している名詞句に，そもそもこのように素性が拡がっていくかどうかは，疑わしい．とくに動詞が be では，なおさらそうである．よってこの文は，「不適切」ではなく「非文法的」とした．

■ 関係詞の素性が拡がるのは，一度きりでない
前置詞句を補部としてとっている名詞句自体が，前置詞の補部になることもある．そのため，タイプ II の素性の拡がりがあった後で，タイプ I を適用し，さらにタイプ II を適用することが可能である．ようするに，繰り返して素性を拡充させることができる．つぎの例を比べてみよう．

(18) i. He was wearing a tall black sheepskin hat [from the top of which dangled a little red bag ornamented by a chain of worsted lace and tassels].　　　　　　　　　　　　　　　[I+II+I]

(彼はシープスキン製の黒いシルクハットをかぶっていた．そのトップクラウン（帽子の天井）からは，梳毛（ウーステッド）レースのチェーンとタッセル（ふさ）で装飾されていた赤い小袋が，ぶら下がっていた）

ii. They will be involved in several other projects, [one of the most important of which will be to find ways to use the new superconductor in chips that can provide the brains of a new generation of supercomputers].　　　　　　　　　[I+II+I+II]

(彼らはいくつかの，ほかの計画にかかわるだろう．その最も重要なものの1つは，新たな超伝導体を，新世代のスーパーコンピューターの頭脳に用いられるチップに使う方法を探すことである)

(18i) では関係詞の素性が，まず which から前置詞句の of which に拡がり，さらに名詞句の the top of which へと進み，最後に前置詞句 from the top of which 全体に行き渡る．(18ii) では，名詞句から前置詞句へ，前置詞句から名詞句へ，名詞句から前置詞句へ，そして前置詞句から名詞句へと，4段階で関係詞の素性が拡がっている．

3.2.3　タイプ III：前置詞句から形容詞句へ (prominent among which)

(19) i. The many varieties of mammalian skin secretions perform a wide range of functions, [prominent among which is sexual attraction].

(ほ乳類のさまざまな皮膚分泌液は幅広い機能をはたすが，その中で顕著なものが，性的誘因である)

ii. Several MPs were interviewed, [chief among whom was the Chancellor of the Exchequer, Douglas Durack].

(何人かの国会議員が尋問されたが，主な者として財務大臣のダグラス・デュラック氏がいた)

このタイプはまれであり，かなり限られた場合にしか許されない．一般的には，関係詞の前置詞句を含む形容詞句の主要部は，(19) のように関係詞と一緒に前置されることはなく，通常の叙述補部の位置に残る．たとえば，He had received a savage sentence for a crime of which he might quite possibly have been innocent.（彼は，実は無罪だったかもしれない犯罪のかどで，過酷な判決を受けた）や It concerns a part of the business for which I am no longer responsible.（それは，事業の中で，私がもはや責任を負わない部分とかかわりがある→もうそれは私の担当業務でない）では，innocent や responsible が前置されていない．これは，3.2.2 節で扱った情報のまとめ方にかかわっている．形容詞を前置すると，関係詞句とその後の節とで，内容がアンバランスになってしまう．では，なぜ (19) では形容詞を前置できるかと言えば，(19) では（どちらもよく似た意味を表しているが），主語が後置されていることにカギがある．主語が，関係詞節内で一番大事な情報であり，だからこそ後置されている．その結果，形容詞が前置されることになる．

　タイプ III は，補足関係詞のみでみられる．(19ii) では，必ずこのように素性が拡がっていかなければならないが，(19i) は，多少不自然だが，among which sexual attraction is prominent とすることも可能である．

3.2.4　タイプ IV とタイプ V：名詞句から不定形へ (to refute which, passing which)

■ タイプ IV：不定詞──補足関係詞のみ

(20)　i.　I felt the need of a better knowledge of Hebrew and archaeology to refute a higher criticism of the Bible.　　　　　　［独立節］
（私は，聖書の科学的批評に反論するには，ヘブライ語と考古学のより深い知識が必要だと思った）

　　　ii.　I became disturbed by a 'higher criticism' of the Bible, [to refute which I felt the need of a better knowledge of Hebrew and archaeology].　　　　　　　　　　　　　　　　　　　　［タイプ IV］
（私は聖書の「科学的批評」に当惑した．それに反論するにはヘブライ語と考古学のより深い知識が必要だと思った）

このタイプはまれである．目的を表す付加詞か，目的のような意味を表す補部の不定詞でしか，許されない．たとえば，to please whom he had striven so hard（その人を喜ばせようと，彼は懸命に試みた）はよいけれども，*to please whom he had wanted so desperately（その人を彼はとても喜ばせたかった）は許されない．この意味を表すには whom/who he had so desperately wanted to please とするしかない．

不定詞が in order の補部である場合には，タイプ IV は必ずタイプ I と組み合わされる．

(21) Here is Dr Van Buren, [in order to interview whom Phelps says he was prepared to fly to Copenhagen].
（こちらはヴァン・ブレン博士です．フェルプスは彼に会って話を聞くために，コペンハーゲンに飛ぶつもりだったと言っている）

■ タイプ V：現在分詞──補足関係詞のみ

(22) They take a rigorous examination, [passing which confers on the student a virtual guarantee of a place at the university].
（学生は厳しい試験を受け，それに通れば入学が事実上，保証される）

これもまた，非常にまれで，文体的にとても堅い．ただし，speaking/talking of which/whom（〜と言えば）といった表現は別で，これらは後につづく主題を示すために用いられる表現である．

3.2.5 タイプ VI：属格の whose から名詞句へ（whose essay）

関係詞の whose は，名詞句構造において主語の決定詞として機能し，必ず関係詞素性が拡がる．

(23) i. He plagiarized the student's essay. ［独立節］
（彼は，その学生のレポートを盗用した）
ii. the student { [whose essay he plagiarised] ［タイプ VI］
iii. *[whose he plagiarised essay] ［タイプ VI の適用なし］
（彼がそのレポートを盗用した学生）

タイプ VI は，タイプ I と組み合わせることができ，よって，タイプ II とも組み合わせることができる．

(24) i. I hadn't yet met the people [in whose house I would be staying].
（私は，自分が滞在することになる家の所有者に，まだ会っていなかった）
ii. She was lecturing on Tom Roberts, [an exhibition of whose work can currently be seen at the National Art Gallery].
（彼女はトム・ロバーツについて講義していたが，彼の作品展は現在，ナショナル・アート・ギャラリーでみることができる）

iii. You sometimes find yourself unable to describe the physical appearance of someone [with the very texture of whose thought you are familiar].
(時として，自分がその人の考えの，まさに「肌ざわり」はよくわかっているのに，そういう人の身体的特徴を言い表せないことに気づく)

各例における関係詞素性の拡がりは，それぞれ (24i) はタイプ VI＋タイプ I，(24ii) はタイプ VI＋タイプ I＋タイプ II，(24iii) はタイプ VI＋タイプ I＋タイプ II＋タイプ I という段階をふんでいる．

3.2.6　タイプ VII：決定詞の which から名詞句へ (which suggestion)

which が代名詞でなく決定詞である場合は，必ず決定詞が含まれる名詞句全体へ，関係詞の素性が拡がる．

(25) i. They all enthusiastically endorsed this suggestion.　　［独立節］
(彼らはみんな，熱烈にこの提案を支持した)
ii. I said that it might be more efficient to hold the meeting on Saturday morning, [which suggestion they all enthusiastically endorsed].　　［タイプ VII］
(土曜日の午前中に会議を開くほうが効率的かもしれないと，私は言った．その提案を，彼らはみんな熱烈に支持した)
iii. *… [which they all enthusiastically endorsed suggestion].
［タイプ VII の適用なし］

決定詞の which は，これだけでは句になっていないから，which が依存する主要部から切り離すことができない．これは，(25iii) の例から明らかである．(25ii) において，関係詞化されているのは，目的語名詞句全体の which suggestion であると考えられる．この which suggestion の解釈は，先行詞 (it might be more efficient to hold the meeting on Saturday morning (土曜日の午前中に会議を開くのがより効率的だろう)) によってもたらされる．ただし，関係詞がこの内容を suggestion (提案) とまとめているだけであって，先行詞内のどこにも，suggestion という語は見当たらない．よって，二重変項を用いて意味を表すと，「私は x (＝土曜日の午前中に会議を開くのがより効率的だろう) と言った＋彼らはみんな熱烈に提案 x を支持した (I said x (＝it might be more efficient to hold the meeting on Saturday morning); they all enthusiastically endorsed suggestion x)」となる．関係詞の素性が拡がっても，関係詞句のほうが関係詞化された要素より大きくならないのは，このタイプだけである．

タイプ VII は，補足関係詞のみにみられる．さらに例をあげておこう．

(26) i. They refuse to support the UN's expenses of maintaining the UN Emergency Force in the Middle East as a buffer between Egypt and Israel, and the UN troops in the Congo, [which expenses are not covered by the regular budget].
(彼らは，エジプトとイスラエルの対立を緩和する中東の国連緊急軍と，コンゴ共和国の国連軍とを維持する費用を援助するのを拒んでいる．これらの経費は通常予算でまかなわれていない)

ii. I may be late, [in which case I suggest you start without me].
(私は到着が遅れるかもしれないが，そのときは私抜きで始めてください)

iii. I will return at 3 pm, [by which time I expect this room to be tidy].
(私は午後3時に戻ってくるけれど，それまでにこの部屋はかたづいているわよね)

iv. Both horses, broken and trained by different trainers, were blundering jumpers until they were seven, [at which age they began to outgrow their carelessness].
(どちらの馬も，ケガをして別々の調教師に調教されたが，7歳になるまでジャンプでヘマをしてばかりだった．しかしそれ以降は，不注意による失敗をしないようになっていった)

v. She has to comment on him standing there, and later, when the soldiers march away, has to tell him not to move yet—[neither of which remarks should be so obtrusive that the soldiers might notice them, but both of which should be clearly heard by the audience].
(彼女は，彼がそこに立っていることにコメントしなければならず，また後になって，兵隊が行進してその場を去っても，まだそこにいるように彼に言わなければならない．どちらのセリフも，ひどく目立って兵隊が気づいてしまうようではいけないが，どちらのセリフも，観客にはっきり聞こえなければならない)

第 3 章　関係詞節の形式　25

(26i) のように，which + 名詞が主語になっているような例は，かなりまれで形式ばっており，ほとんど古風と言ってもいいくらいである．which + 名詞の前に前置詞が付く場合のほうが，ずっと一般的である．そして，(26ii, iii) のように，case (～の場合) や time (～の時) といった，広い範囲のものを表せる名詞の場合に，こうなりやすい．(26v) では，関係詞素性の拡がりが 3 段階で起こっている．つまり，タイプ VII (which remarks)，タイプ I (部分の of which remarks)，タイプ II (名詞句全体) である．

3.3　何が関係詞化できるか

この節では，関係詞節において関係詞化できるさまざまな要素について，手短に概観する．この段階では，まだ wh 関係詞，that 関係詞，ゼロ関係詞を区別しないで，話を進める．

(a)　主語

(27)　i.　A man came to dinner.
　　　　　（1 人の男が夕食に訪れた）
　　ii.　The man$_i$ [who$_i$ came to dinner] turned out to be from my home town.
　　　　　（夕食に訪れた男が，私と出身が同じであることがわかった）

(b)　目的語

(28)　i.　a.　She received a letter from the Governor.　　　［直接目的語］
　　　　　　　（彼女は，知事から手紙を受け取った）
　　　　b.　This is the letter$_i$ [that she received ___$_i$ from the Governor].
　　　　　　　（これが，彼女が知事から受け取った手紙である）
　　ii.　a.　He showed a student the exam paper.　　　［間接目的語］
　　　　　　　（彼は，学生にその試験問題をみせた）
　　　　b.　*The student$_i$ [whom$_i$ he showed ___$_i$ the exam paper] informed the police.
　　　　　　　（彼が試験問題をみせた学生は，警察に通報した）

直接目的語は関係詞化できるが，通常，間接目的語は関係詞化できない．

(c) 叙述補部

(29) i. a. She is a scholar.
(彼女は学者です)
b. Her book displays the fine sceptical intelligence of the scholar$_i$ [she is ___$_i$].
(彼女の著書からは，彼女という学者の，簡単には物事を信じない，優れた知性が読みとれる)

ii. a. They consider it a good investment.
(彼らは，それが有利な投資だと考えている)
b. ?I don't think it is the good investment$_i$ [they consider it ___$_i$].
(私は，それが彼らの考えているような有利な投資だと思わない)

叙述名詞句の関係詞化は比較的まれで，ほぼ完全に主語叙述タイプに限られる．すなわち，(29ib) のように主語が叙述の対象になるものである．(29iib) の例では目的語が叙述の対象になっているが，本当に容認可能であるかどうかは疑わしい．they consider it to be ___ としたほうが，はるかに普通だろう．

統合関係詞では，先行詞が定名詞句でないものに生じるのは，非常にまれである．(29) では，先行詞が定名詞句の the scholar she is であるが，不定名詞句の #a scholar she is がふさわしくなる文脈は，考えにくい．ただし，適切な文脈では不定名詞句も可能になる．たとえば Harry is basically a fat man searching for a thin man that he once used to be. (ハリーは，ようするに，かつてのようにやせたいと思っているおデブさんだ) は，何ら統語的に逸脱していない．

(d) 前置詞の補部

(30) i. He was trying to cut it with a penknife.
(彼は，ペンナイフでそれを切ろうとしていた)
ii. The penknife$_i$ [that he was trying to cut it with ___$_i$] was blunt.
(彼がそれを切ろうとしていたペンナイフは，切れ味が鈍かった)

wh 関係詞ならば，The penknife with which he was trying to cut it. のように，前置詞を補部と一緒に前置することができる．ここでは，3.2 節で解説したように，関係詞の素性がより大きな構造へ拡がっている．そのため関係詞化されて which になっても，前置詞の補部であることに変わりはないから，with which いう複合関係詞句になる．

第3章 関係詞節の形式

(e) 付加詞とそれに関連する補部

(31) i. We met Kim at the races <u>one day</u>.
（私たちはある日，競馬場でキムに会った）
ii. Do you remember the <u>day</u>$_i$ [we met Kim at the races ___$_i$]?
（私たちが競馬場でキムに会った日のことを覚えていますか）

(31ii) の空所は，(31i) の one day と同じく，節内で付加詞として機能している．ここで問題にしている付加詞や補部の中で，主なタイプをとり上げてみると (32) のようになる．

(32) i. It was a <u>time in my life</u>$_i$ [when$_i$ everything seemed to be going right ___$_i$].　　　　　　　　　　　　　　　　　　　　　　　　　［時］
（それは，自分の人生ですべてがうまくいっているように思える時であった）
ii. I've finally found <u>somewhere</u>$_i$ [where$_i$ I can work undisturbed ___$_i$].　　　　　　　　　　　　　　　　　　　　　　　　　　　　　［場所］
（じゃまされずに仕事ができる場所を，私はついにみつけた）
iii. They want to go to the <u>place</u>$_i$ [where$_i$ they went ___$_i$ last year].
　　　　　　　　　　　　　　　　　　　　　　　　　　　　　　　　［到着点］
（彼らは，昨年行った所に行きたがっている）
iv. I shall go back the <u>way</u>$_i$ [I came ___$_i$].　　　　　　　　　［経路］
（私は，来た道を戻ります）
v. Look at the <u>way</u>$_i$ [he tackled the job ___$_i$].　　　　　　［様態］
（彼の仕事へのとり組みかたをみてください）
vi. That's not really the <u>reason</u>$_i$ [she left him ___$_i$].　　［理由］
（それは，彼女が彼と別れた本当の理由ではない）

これらの場合は，先ほどの (d) とは区別される．(32) で関係詞化されているのは，付加詞か補部の全体であるが，(d) で関係詞化されているのは，前置詞句内で補部の働きをする名詞句だけである．たとえば，(30ii) で関係詞化されているのは，道具を表す付加詞そのものでなく，with の補部だけである．もっと言えば実は，(d) のほうが (e) よりもずっと範囲が広い．というのも，実質的にすべての前置詞に適用できるからである．(32) のほとんどのカテゴリーに対して，タイプ (d) で言い換えるこができる．たとえば，(32v) は the way in which he tackled the job と言い換えられる．このような言い換えについては，3.5.4 節でさらにみることにする．

・拡張1：特殊な wh 語

(32) ではとり上げられていない付加詞が，いくつかある．しかしこれらの付加詞も，whence（～する（場所）），whither（そこへ），whereby（それによって），wherein（そこで）などの，いくぶん堅いもしくは古風な関係詞語を用いれば，関係詞化することができる．

 (33) i. They returned to the place$_i$ [whence$_i$ they had come ___$_i$]. ［起点］
    （彼らは，自分たちがやって来た所に戻っていった）
   ii. It is a scheme$_i$ [whereby$_i$ payment can be deferred for six weeks ___$_i$]. ［手段］
    （それは，6週間の延期ができる支払い計画である）

・拡張2：分裂関係詞

分裂関係詞は，さまざまな点で通常の関係詞とは異なる．その1つは，通常よりもずっと広い範囲に渡る補部や付加詞を関係詞化できる，ということだ．たとえば，(34) の受益者や目的を表す付加詞がそうである．

 (34) i. It wasn't for me$_i$ [that he made the sacrifice ___$_i$]. ［受益者］
    （彼がその犠牲を払ったのは，私のためではなかった）
   ii. It's to avoid such a conflict of interest$_i$ [that I'm resigning ___$_i$]. ［目的］
    （私が辞任するのは，そういった利害の衝突を避けるためである）

(f) 属格の主語決定詞

 (35) i. Some client's measurements remain unknown.
    （ある顧客のスリーサイズは，わかっていないままだ）
   ii. One cannot tailor a suit for a client [whose measurements remain unknown].
    （スリーサイズがわかっていない顧客には，スーツを仕立てられない）

(g) 助動詞の補部とそれに関連する構造―補足関係詞のみ

 (36) i. a. I simply can't design it myself.

　　　　　（私は，とにかく，自分でそれを設計できない）
　　b. He told me to design it myself$_i$, [which$_i$ I simply can't ___$_i$].
　　　　　（彼に自分で設計するように言われたが，私にはとにかく，それができない）
　ii. a. I called the police immediately.
　　　　　（私は，ただちに警察に通報した）
　　b. They advised me to call the police$_i$, [which$_i$ I did ___$_i$ immediately].
　　　　　（彼らに警察に通報するように勧められ，私はただちにそうした）
　iii. a. I'd very much like to go with him.
　　　　　（ぜひ彼と一緒に行きたい）
　　b. He's asked me to go with him$_i$, [which$_i$ I'd very much like to ___$_i$].
　　　　　（彼に一緒に来るように頼まれ，私はぜひそうしたい）

(36ib) では，関係詞化された要素が助動詞 can の補部である．助動詞 have, be, その他の法助動詞の場合も，同じようになる．She said he cheated$_i$ [which$_i$ indeed he had ___$_i$]．（彼女は，彼がカンニングしたと言ったが，実際に彼はやった）のように．対応する独立節に助動詞がない場合は，(36iib) のように do が必要となる．この場合，関係詞化された要素は，事実上述語である．というのは，先行詞から解釈を派生するのは do + which だからである．(36iiib) で関係詞化されているのは，to 不定詞の主要部である．これは，不定詞が動詞の補部のときにだけ可能である．たとえば，以下を比べてみよう．

(37) i. It is certainly important to consult your lawyer.
　　　　　（自分の弁護士に相談することは，間違いなく大切なことである）
　 ii. *He says you should consult your lawyer$_i$, [which$_i$ is certainly important to ___$_i$].

ここでは，不定詞が外置主語 (extraposed subject) の機能を担っている．(36) のような構造については，第 9 巻でより詳しく扱う．

3.4　埋め込み節内の要素の関係詞化

非 wh 関係詞において先行詞と結びつけられる空所と，wh 関係詞において前

置された関係詞句と結びつけられる空所は，関係詞節そのものの中にじかにある必要はない．関係詞節内に埋め込まれた，より小さな節の中にあってもよい．以下を比べてみよう．

(38) i. a. She recommended a book.
(彼女は，本を1冊勧めてくれた)
b. This is the book$_i$ [that she recommended ___$_i$].
(これが，彼女が勧めてくれた本である)
ii. a. I think she recommended a book.
(私は，彼女が本を1冊勧めてくれたと思う)
b. This is the book$_i$ [that I think [she recommended ___$_i$]].
(これが，彼女が勧めてくれたと私が思っている本である)

(38ib)では，空所が関係詞節そのものの目的語であるが，(38iib)では，空所がthinkの補部として機能する内容節の内部にある目的語である．外側の括弧は関係詞節をくくっているが，内側の括弧はその中に埋め込まれた内容節をくくっている．関係詞節が非局所的依存関係構文（unbounded dependency construction）の一種とみなされるのは，このようなことが可能だからである．非局所的依存関係構文については，第7章で詳しくみる．

■ 関係詞化は，埋め込みによる影響を受けない

非局所的依存関係構文にはさまざまな制約が課されるのだが，これを別にすると，関係詞化に関する限り，空所が関係詞節に深く埋め込まれているかどうか，によって違いが生じることは，ほぼないと言ってよい．たとえば，(38)では直接目的語が関係詞化されているが，(38ib)と(38iib)のどちらでも，thatをwhichで置き換えてwh関係詞にすることもできるし，thatを省略してゼロ関係詞にすることもできる．同様に，間接目的語を関係詞化している以下の例を比べてみよう．

(39) i. a. I lent a boy my key.
(私は，ある少年に自分の鍵を貸した)
b. *They found the boy$_i$ [that I lent ___$_i$ my key].
ii. a. He said I lent a boy my key.
(彼は，私が少年に私の鍵を貸したと言った)
b. *They found the boy$_i$ [that he said [I lent ___$_i$ my key]].

今度はどちらの関係詞節も非文法的である．つまり，間接目的語は関係詞化できないのだ．しかし，ここでも，(39ib)，(39iib) にみられるように，間接目的語が深く埋め込まれているかどうかでの違いはない．

■ 主語 vs 埋め込み主語

しかし，このパターンには 1 つだけ例外がある．埋め込みにより確かに違いが出る場合があるのだ．それは，主語を関係詞化した場合である．以下を比べてみよう．

(40) i. a. This car is safe.
     （この車は安全である）
   b. I want a car$_i$ [that ___$_i$ is safe].
     （私は，安全な車がほしい）
  ii. a. I know [this car is safe].
     （私は，この車が安全なことはわかっている）
   b. I want a car$_i$ [that I know [___$_i$ is safe]].
     （私は，安全だと自分でわかっている車がほしい）

(40ib) では that を省略できないが，(40iib) では that を省略できる．だから，(41ii) の場合にはゼロ関係詞が可能だが，(41i) の場合には不可能である．

(41) i. *I want a car$_i$ [___$_i$ is safe].　　　　[関係詞節の主語としての空所]
  ii. I want a car$_i$ [I know [___$_i$ is safe]]. [埋め込み節の主語としての空所]
     （私は，安全だと自分でわかっている車がほしい）

よって，関係詞節の主語の関係詞化と，埋め込み節主語の関係詞化とは，分けて考える必要がある．この区別は wh 関係詞にも関連しており，関係代名詞 **who** の格が影響を受ける．話者によっては，埋め込み節の主語なら対格の whom でもよい (%the man whom they say was responsible（彼らが，責任があるという男）) が，埋め込まれていない主語では不可 (*the man whom was responsible) と判断することがある．

3.5　形式上のタイプ：wh 関係詞・that 関係詞・ゼロ関係詞

この節では，さまざまな wh 関係詞語，that の省略可能性と統語的な性格，wh 関係詞と非 wh 関係詞のどちらを選ぶかにかかわる要因，について考察する．

3.5.1　who と which

which は，代名詞にも決定詞にもなる．決定詞の場合は，上の (25), (26) に示すように，補足関係詞にのみ生じる．代名詞の場合は，**who** が**人間を表す** (**personal**) のに対して，**which** は**人間でないもの** (**non-personal**) を表す．どちらを選ぶかは，先行詞の性質による．

(42)　　　　人間を表す先行詞　　　　　　　人間以外を表す先行詞
　　　i. a. the people who were outside　b. the things which matter most
　　　　　（外にいた人たち）　　　　　　　（最も重要なもの）
　　　ii. a. a dog who was licking my face　b. a dog which is always barking
　　　　　（私の顔をなめていた犬）　　　　（いつも吠えてばかりいる犬）

who と **which** の区別は，**he/she** と **it** の区別と同じではないが，よく似ている．この 2 つの区別については，このシリーズのほかの巻（第 3 巻）で論じることにして，[3] ここでは少し細かな点を述べておくことにする．

■ 先行詞が動物を表している who

who は主に人間を表す先行詞と一緒に生じるが，先行詞が動物を表す場合には，(42ii) に示すように，どちらの代名詞も可能である．普通は which が選ばれるが，**who** もまったく珍しくない．**who** を選んだ場合には，より感情を移入しているとか，より個人的な関心や関与がある，ということが伝わる．当然のように，ペットに言及している時に **who** がよく用いられる．しかし，以下の実例にみられるように，ペットでなくても他の生物で（さらに生物の集合体でさえ）可である．

(43)　i. For eighty years, grizzly bears have been feeding at the rubbish dumps, often in great roaming bands who came down from the remote pine forests.
　　　　（80 年間，ハイイログマは，しばしば大きな群れでさまよいながら，遠く離れた松林からゴミ捨て場にやって来ては，食べ物をあさってきた）
　　　ii. The more vigorous dance for a dilute source of nectar in turn recruits other bees, who then visit that dilute source instead of concentrated ones.

---

[3] 第 3 巻では，主格の who と対格の whom の違いについても触れる．

(希薄な蜜を意味する，より活発なダンスが，今度はほかのハチを呼び寄せる．そして呼び寄せられたハチは，それから濃い蜜ではなく希薄な蜜のところに飛んでいく)

■先行詞が人間を表していても，which を用いる2つの場合
・be の補部が属性記述をしている場合

関係詞化された要素が，補足関係詞において助動詞 be の補部である場合には，先行詞が人間を表していても which が生じる．以下を比べてみよう．

(44) i. They accused him of being a traitor$_i$, [which$_i$ he undoubtedly was ___$_i$].
(彼らは彼を裏切り者だと責めたが，確かに彼はそうだった)

ii. It turned out that he wasn't the person$_i$ [who$_i$ I'd thought he was ___$_i$].
(その人は，私が思っていた人物でないことがわかった)

(44i) の例は (36ib) に示した構文に属し，助動詞の補部を関係詞化している．この場合の補部は叙述的であるが，seem ((〜のように) 思われる) のような動詞の叙述補部では，このように関係詞化することができない．たとえば，*She thinks he's a fool, which indeed he seems. は不可である．which 構文で関係詞化される叙述要素は，一般的にこの例のように属性記述タイプになる．関係詞節は，その人物の特性や，その人物がどんな種類の人間か，に関して述べているのであって，その人物が誰か，ではない．ここで who を用いることはできないが，(44ii) の統合関係詞節では用いることができる．be は「指定の be」として用いられており，その人物が私の思っていた人物と同一かどうか，が問題となっている．この文の意味は，「私は彼が x さんだと思っていた．しかし彼は x さんでないことがわかった (I thought he was person *x*, but he turned out not to be)」と表すことができる．(44i) と (44ii) のどちらでも，先行詞が代名詞でありながら，叙述補部の機能も担っている．

・have (got) の補部

(45) i. They've got a chief executive who can provide strong leadership, which we certainly haven't got at the moment.
(彼らには，強い指導力を発揮できる最高責任者がいるが，私たちには確

かに，現在そういう人材がいない）

    ii. Remember that they have a house-keeper, which we don't have.
       （彼らには家政婦がいるが，私たちにはいないことを忘れてはならない）

ここでもまた，同じ人物かどうかが問題ではない．私たちに，同一の最高責任者や家政婦がいない，ということでなく，同じタイプ（敏腕）の最高責任者や，単に同種の仕事をする人（家政婦）が，いないということである．この構文は，補足関係詞でのみ，みられるが，(44i) とは異なり，which が助動詞の補部ではない．

■ 人間を表す先行詞と表さない先行詞が等位接続された場合

(46) i. She spoke of the people and books which had brought her the greatest pleasure.
       （彼女は，自分にこの上ない喜びをもたらした人や本のことを口にした）
   ii. She spoke of the books and people who had brought her the greatest pleasure.
       （彼女は，自分にこの上ない喜びをもたらした本や人のことを口にした）

ここでは，人間を表す名詞と表さない名詞とが等位接続されて，先行詞になっている．who と which のどちらを用いるべきかという問題は，「近いほうを優先せよ」という原理によって解決される．つまり，関係代名詞に最も近い名詞に合わせるのである．もちろん，非 wh 関係詞（この例では that 関係詞）を用いれば，この問題を回避できる．

3.5.2 whose
■ 人間を表す先行詞と表さない先行詞のどちらとでも使える

人間を表す who と表さない which の区別は，属格形になると中和される．whose しかないからである．whose は，先行詞が人間を表しても表していなくても使える．

(47) i. She started a home for women [whose husbands were in prison].
                                                      [人間]
       （彼女は，夫が刑務所にいる女性のための相談所を始めた）
   ii. The report contains statements [whose factual truth is doubtful].
                                                       [人間でない]

（その報告書には，信ぴょう性が疑わしい陳述が含まれている）

■ of 句を用いた書き換え

一般に，属格決定詞は「the＋名詞＋of 句」で書き換えられる（第3巻参照）．

(48) i. a. The child's parents were constantly quarrelling.
　　　 b. The parents of the child were constantly quarrelling.
　　　　　（その子どもの両親は，絶えずけんかしていた）
　　 ii. a. The house's roof had been damaged in the storm.
　　　 b. The roof of the house had been damaged in the storm.
　　　　　（その嵐で家の屋根が被害を受けた）

whose でも同じように書き換えられる．ただし，2つの of 構造がある．of 句が主要部名詞のすぐ後にくるものと，of 句が主要部から分離しているものである．

(49) i. a. a child [whose parents were constantly quarrelling]　　　［属格］
　　　　　（両親が絶えずけんかしていた子ども）
　　　 b. a child [the parents of whom were constantly quarrelling]
　　　　　　　　　　　　　　　　　　　　　　［of 前置詞句が主要部のすぐ後］
　　　 c. a child [of whom the parents were constantly quarrelling]
　　　　　　　　　　　　　　　　　　　　　　［of 前置詞句が主要部から分離している］
　　 ii. a. a house [whose roof had been damaged in the storm]　　　［属格］
　　　　　（その嵐で屋根が被害を受けた家）
　　　 b. a house [the roof of which had been damaged in the storm]
　　　　　　　　　　　　　　　　　　　　　　［of 前置詞句が主要部のすぐ後］
　　　 c. a house [of which the roof had been damaged in the storm]
　　　　　　　　　　　　　　　　　　　　　　［of 前置詞句が主要部から分離している］

of 前置詞句が主要部のすぐ後にくる構造では，名詞句全体が関係詞句になっている．よって，前置詞句から名詞句へと，関係詞の素性が拡がっている（タイプ II）．of 前置詞句が主要部から分離している構造では，関係詞句はその of 前置詞句だけであり，タイプ II のような関係詞の素性の拡がりは適用されていない．

　一般に，人間を表す名詞のほうが，表さない名詞よりも属格形になりやすいが，この傾向は基本的に関係詞にも当てはまる．whose が形態論的に who に

似ているために，この傾向はさらに強いかもしれない．whose の例のほとんどは，人間を表す先行詞をとっている．それゆえ，(49i) では (a) の属格形が，3つのなかでは一番自然である．人間を表さない先行詞では，2つの of 構造のどちらかが好まれるが，(49iia) のような属格形でも完全に文法的で，まったく例外ではないことを強調しておきたい．[4] そういった属格形がよく使われるジャンルとして，科学関連の書物がある．たとえば，a triangle whose sides are of equal length（斜辺の長さが等しい三角形）のような例は，ごく一般的である．

■ 関係詞 whose に課される分布上の制約

関係詞の whose は，すべての範囲の属格構造に生じるわけではない．斜格の属格（a friend of whose）は許されるが，それ以外では名詞句構造の決定詞としてしか生じられない．たとえば，以下を比べてみよう．

(50)　　　　主語・決定詞の属格　　　　　　叙述の属格
　　i. a. It was the doctor's car.　　　b. The car was the doctor's.
　　　　（それは，その医者の自動車です）　　（その自動車は，その医者のです）
　　ii. a. the doctor [whose car it was]　b.*the doctor [whose the car was]
　　　　（それが，所有する自動車である医者）

(50ib, iib) は，of 句を使って言い換えることができない（*The car was of the doctor., *the doctor of whom the car was）．だからこの意味を表そうとしたら，まったく別の方法を使う必要がある．たとえば，the doctor who owned the car/to whom the car belonged（その自動車を所有していた医者）のように．

3.5.3　ほかの関係詞語

そのほかの関係詞語としては，where（〜するところの），when（〜するとき），while（〜する間の），why（〜という（理由）），whence（〜する（ところの））がある．また where に前置詞がついた，さまざまな複合語もここに含まれる．[5]

---

[4] いくつかの用法事典において，関係詞の whose が人間以外の先行詞もとれることを指摘しなければならないと感じているのは興味深い．どうやら，関係詞の whose は人間を表す先行詞でしか使えないと思いがちな話者がいるようである．
[5] 伝統文法では，これらをすべて副詞に分類している．本巻では why を副詞に，それ以外

第3章 関係詞節の形式

■ where

(51) i. She wanted to see the house$_i$ [where$_i$ she had grown up].
（彼女は，自分が育った家をみたかった）

ii. They met in the journalists' club$_i$, [where$_i$ he went every Sunday afternoon].
（彼らは，報道記者クラブで会った．彼はそこに毎日曜日の午後に行っていた）

iii. She often climbed the knoll behind the mission$_i$, [from where$_i$ she could look down on roofs and people].
（彼女は大使館の裏にある小山によくのぼったが，そこからは屋根や人々をみおろすことができた）

where は先行詞として場所表現をとる．関係詞節内では，where は空間的場所を表す付加詞，着点を表す補部，場所を表す前置詞の補部として機能する．(51i) の意味を，変項を2回用いて表すと，「彼女は x という家をみたかった＋彼女は x で育った（She wanted to see house x; she had grown up in x）」となる．「〜で（in x）」の箇所は，where が空間的場所を表すことから，もたらされる．そして先行詞によって変項 x の値が定まる．(51ii) では，where が「〜へ（to x）」という意味を表している．これは where が着点を表しているためである．そして，(51iii) では，from の構成要素が明示的に現れているので，「〜から」と解釈される．以下の例についても，同様である．

■ when

(52) i. It happened at a time$_i$ [when$_i$ I was living alone].
（それは，私がひとり暮らしをしている時に起こった）

ii. In those days$_i$, [when$_i$ he was still a student,] he used to babysit for us.
（そのころ，彼はまだ学生だったが，私たちのためにベビーシッターをしてくれたものだ）

iii. He left college in 1982$_i$, [since when$_i$ I've only seen him twice].
（彼は1982年に大学を卒業したが，それから彼には2度しか会っていない）

の語を前置詞に分類する（第5巻参照）．

whenは先行詞として時間表現をとる．whenは一般的に，関係詞節内で時間的な位置付けを表す付加詞として機能するが，since（～以来）のような時を表す前置詞の補部として生じることもできる．

■ while

(53) i. From 1981 to 1987$_i$, [while$_i$ his uncle lived with them,] she had a full-time job.
(1981年から1987年の間，彼のおじさんは彼らと一緒に暮らしていたが，彼女は常勤の仕事をしていた)

ii. %He wrote most of his poetry during the years$_i$ [while$_i$ he was in Paris].
(彼は，パリで過ごした数年の間に，詩のほとんどを書いた)

関係詞のwhileは主に融合関係詞構文でみられるが，補足関係詞節に生じることもできる．また，話者によっては，統合関係詞節に生じるwhileも許すことがある．先行詞は期間（a period of time）を表し，whileはwhenやduring/in which (time)で書き換えられる．

■ why

関係詞のwhyは，非常に狭い範囲の構文でしか用いられない．すなわち，reason（理由）を先行詞とする統合関係詞である．

(54) i. That's the main reason$_i$ [why$_i$ they won't help us].
(それが，彼らが私たちを手伝ってくれない主な理由です)

ii. There was no reason$_i$ [why$_i$ he should stay at the dance any longer].
(彼が，それ以上ダンスパーティーにとどまるべき理由はなかった)

iii. I can't see any reason$_i$ [why$_i$ you shouldn't have a little fun].
(あなたがちょっとくらい楽しんではいけない理由が，私には見当たらない)

多くの例は，(54i, ii)に示したタイプのいずれかである．(54i)のように「指定のbe構文」に現れると「理由が何か」が指定され，(54ii)のように存在構文に現れると「理由がある」ことが表される．whyはつぎの実例が示すように，for whichで置き換えられることもある．The Physical Training and Recreation Act of 1937 deals with the acquisition of playing fields, which may not be absolutely the reason for which an authority would wish to acquire property.（1937 年の「身体トレーニング・レクリエーション法」は，運動場の獲得を扱っているが，これは必ずしも当局が土地を獲得したいと思う絶対的な理由でないかもしれない）．ただし，for which は比較的まれで形式ばっている．(54) のような通常の例で，慣用句のように why を for which で置き換えることはできないだろう．

■ whence

(55) i. He sent his son with the papers to another congressman's house$_i$, [whence$_i$ they were spirited to a governor].
（彼は息子にその書類をもたせて別の国会議員の自宅に行かせたが，そこで 2 人はひそかに知事のところに通された）

ii. But this means that the Taniyama-Shimura conjecture is true$_i$, [whence$_i$ it follows that Fermat's Last Theorem is true].
（しかし，これは谷山・志村予想が正しいことを意味し，そこからフェルマーの最終定理が正しいということになる）

whence は形式ばった文体に属し，まず第一に，(55i) のように空間的な起点（「〜から」）を表す働きをする．「〜から」の意味は whence だけでも表せるが，さらに前置詞 from を付けることもできる．その場合には，必ず from が whence の前に来て，from whence となる．この用法は，一般的にいくぶん古風な文体であるが，ジャーナリストの文章では依然としてみられる．whence は論理的な意味での起点（＝理由）にも用いられ，通常は (55ii) のように補足関係詞に生じる．これは，hence の最も一般的な用法（「それゆえ」）に対応する関係詞表現である．

■ where＋前置詞の複合語

where に前置詞を加えてつくられる前置詞が，いくつかある．whereat（そこに），whereby（それによって），wherefrom（そこから〜する），wherein（その中に），whereof（それの），whereon（その上に），whereto（それへ），whereupon（その結果）などである．これらは，here と there に前置詞を加えてつくられた表現（thereat（そこで・その時に），hereby（これによって）など）の関係詞版である．ほとんどは古文体でまれであるが，whereby と（頻度は落ちるが）wherein や whereupon は，依然として普通に用いられる．

(56) i. His Lordship might make an order$_i$ [whereby$_i$ each side would bear its own costs].
（裁判官は，双方に自らの訴訟費用を負担させる命令をくだすかもしれない）

ii. Size segregation occurs when a powder is poured into a heap$_i$, [whereby$_i$ the larger particles run more easily down the slope of the heap].
（粉末を上からゆっくりと注いで，こんもりと山になるようにしていくと，大きさの峻別がおこる．山ができていく過程で，大きな粒子はより簡単に山の斜面を転がり落ちるからである）

iii. Try to imagine a market$_i$ [wherein$_i$ the majority consistently wins what the minority loses].
（多数派が，一貫して少数派の失うものを勝ちとる市場を思い浮かべてみなさい）

iv. She told him his essay was incoherent$_i$, [whereupon$_i$ he tore it up and stormed out of the room].
（彼女が彼に論文が支離滅裂だと言うと，彼はその論文を破って部屋から飛び出した）

統合関係詞では，whereby は by which と等価であり，by はおよそ「手段」の意味をもつ．先行詞になる典型的な名詞としては，agreement（合意），arrangement（協定），mechanism（仕組み），method（方法），plan（計画），proposal（提案），scheme（計画），service（業務），suggestion（提案）などがある．補足関係詞では，whereby は (56ii) のように，先行詞として節をとることもできる．wherein は in which と等価である．whereupon はおよそ「その直後に」という意味を表し，先行詞が節（もしくは節より大きい単位）を先行詞とする補足関係詞でのみ，みられる．

3.5.4 wh 構文と非 wh 構文のどちらを選ぶか

この節では，非融合関係詞 (non-fused relatives) において wh 構文と非 wh 構文のどちらを選ぶか，を検討する．融合関係詞は必ず wh 句をともなうので，融合関係詞ではこの問題が生じない．

(a) 補足関係詞では，wh タイプが要求される，もしくは，強く好まれる
補足関係詞の先行詞が名詞句でなく，形容詞句か動詞句か節の場合には，常に

wh 関係詞句をとる．

(57) i. She said he was arrogant, [which I don't think he is]. ［形容詞句］
（彼女は彼が傲慢だと言ったけれども，私はそうは思わない）
ii. He set out to redeem himself, [which he eventually did]. ［動詞句］
（彼は名誉挽回に取り組み，やがてそれを成し遂げた）
iii. He wouldn't let us defend ourselves, [which was completely unfair]. ［節］
（彼は私たちに弁明させようとせず，それはまったく公平性を欠いていた）

先行詞が名詞句の場合も，通常はやはり wh 構文が用いられる．しかし一部の話者は，つぎの実例が示すように，補足的 that 関係詞を許容する．

(58) i. The patas monkey, [that spends almost all of its time in open grassland,] adopts just such tactics.
（パタスモンキーは，開けた草地で生涯のほとんどの時間を過ごすが，まさにそういった戦術をとる）
ii. His heart, [that had lifted at the sight of Joanna,] had become suddenly heavy at the sight of Ramdez thumping after her.
（彼の心は，ジョアンナをみてうきうきしたが，ラムデがドスドスと彼女の後について来るのを目にすると，急に重くなった）
iii. February, [that in other years held intimations of spring,] this year prolonged the bitter weather.
（2 月は，例年なら春の兆しが感じられたが，今年は厳しい天候がさらに続いた）
iv. She had long been accustomed to the solitary nature of her son's instincts, [that I had tried—and failed—to stifle].
（彼女は長い間，息子が根本的に孤独を好むことに，慣れてきた．私は彼のその性質をやめさせようとしたが，できなかった）

この節の残りでは，統合関係詞をみていく．

(b) 関係詞素性がより大きな構成素へ拡がるのは wh タイプのみ

関係詞素性がより大きな構成素へ拡がるには，関係詞がなければならない．そのため，wh タイプでしか素性の拡充が起こらないことを 3.2 節でみた．よって，複合関係詞句を含む節に対応するものが，非 wh タイプでは存在しない

(いくつか例外があるが，以下の (c) で扱う)．

 (59) i. They won't register companies [whose directors are undischarged bankrupts].
    （代表取締役が免責未決済破産者の会社は，登記されない）
  ii. It's a burden [of which they will never be free].
    （それは，彼らが決して逃れられない負担である）

関係詞素性が拡がらなくてもよい場合は，単純関係詞句を使った言い方も可能である．そのため，(59ii) の代わりに It's a burden [which they will never be free of]. も容認可能である．また，しかるべき条件が満たされれば，wh 句を使わない言い方をすることもできる (It's a burden [they will never be free of].)．

(c) 時間・理由・場所・経路・手段
when または why によって導かれる関係詞には，対応する非 wh 関係詞が存在し，that が現れる場合と現れない場合とがある．

 (60) i. I haven't seen them since the day [when/(that) Kim was born].
    （キムが生まれた日から，私は彼らに会っていない）
  ii. That's the reason [why/(that) she resigned].
    （それが，彼女が辞任した理由です）

when/(that) と表記しているのは，when か that のいずれでもよく，that はあってもなくてもよい，という意味である．だから，the day when Kim was born, the day that Kim was born, the day Kim was born の3つの可能性をまとめていることになる．対照的に，where によって導入される関係詞には，対応する非 wh タイプがない．ただし，先行詞が place（場所）のように広い範囲のものを表せる名詞の場合は別である．

 (61) i. This is much better than the hotel [where we stayed last year].
    （これは，私たちが昨年泊まったホテルよりもずっとよい）
  ii. This is much better than the place [where/(?that) we stayed last year].
    （これは，私たちが昨年泊まった所よりもずっとよい）

(61ii) における「?」の注釈は，that つきの関係詞にかかっている（?the place

that we stayed last year). この場合は，that よりもゼロ関係詞のほうが，容認される (the place we stayed last year).⁶

　先行詞が way のときは，経路の意味でも手段の意味でも，非 wh 関係詞か，または前置詞＋which で導かれる wh 関係詞が続く．

(62) i. Go back the way [(that)/by which you came].
　　　 　（あなたがやって来た道を戻りなさい）
　　 ii. I admired the way [(that)/in which she handled the situation].
　　　 　（私は，彼女がその状況をとり仕切ったやり方を称賛した）

how は関係詞語のクラスに属さない（ただし，融合関係詞構文ではかろうじて許される (6.4 節)）ので，*the way how she handled the situation は許されない．⁷ way を manner に置き換えると，*the manner (that) she handled the situation のように，非 wh 構文は不可になる．

(d)　that which と all who：wh が義務的

(63) i. That [which we so carefully created] he has wantonly destroyed.
　　　 　（私たちが丹精込めてつくったものを，彼は悪意をもって破壊した）
　　 ii. All [who heard her speak] were deeply impressed by her sincerity.
　　　 　（彼女が話すのを聞いた誰もが，彼女の誠実さに深く感動した）

that which (＝what) は非常に堅い言い方である．that に続く which を，that やゼロ関係詞で置き換えて，that that や that とすることはできない．また，代名詞の all が people を表している場合は，**who** を使わなければならない (*all that heard her speak は不可)．

---

　⁶ where が，残置された at の補部になる場合は，wh 関係詞に対する制約がかからない (the hotel where/(that) we stayed at last year). where … at は，where と which … at の混合のようだ．in の場合，which は容認されるが，where は容認されない (the hotel which/*where we stayed in last year).

　⁷ 非標準的な方言では，この限りでない．よって，ロックンロールの歌に !It ain't what you do, it's the way how you do it. (大事なのは何をやるかじゃなく，どうやるかだ) のような一節がある．

(e) **anything, all** など：非 **wh** が好まれる

(64) i. Anything [(that) you say] may be used in evidence against you.
(あなたの言うことは，いかなるものでも，あなたに不利な証拠として使われるかもしれません)

ii. All [(that) I ask for] is a little peace and quiet.
(私が求めるものは，ささやかな平和と平静だけです)

ここに該当するのは，複合決定詞（anything（いかなるもの），everything（何でも），nothing（何も〜ない），something（あるもの））と，非人称の決定詞と主要部が融合した表現（all（すべて），much（大部分），most（ほとんど），few（ほとんど〜ない），little（ほとんど〜ない），some（いくらか），any（少しでも）など）である．ここでは非 wh タイプが好まれるが，その度合いはまちまちである．たとえば everything which は，?all which よりもかなりよい．

(f) 最上級の修飾要素をともなう名詞：非 **wh** が好まれる

(65) i. She gave me the best meal [(that) I'd had for many years].
(彼女は，私が長年食べてきた中で最高の食事をごちそうしてくれた)

ii. You should take the first appointment [that is available].
(あなたは，まずとれる時間帯で予約をとるべきだ)

iii. That fish is the biggest [(that) I've ever seen].
(その魚は，私がこれまでみた中で最も大きい)

ここでは非 wh タイプが強く好まれる．とくに (65iii) のように主要部が融合された名詞句では，そうである．非 wh タイプは，only（唯一の），next（次の），last（最後の）が先行詞内にある場合にも好まれる（ただし，最上級の形容詞ほど好まれるわけではない）．

(g) 関係詞化された要素が属性記述の叙述補部の場合：通常は非 **wh** になる

(66) i. He's no longer the trustworthy friend [(that) he was in those days].
(彼は，もはや当時そうであったような頼りがいのある友ではない)

ii. The interview turned out not to be the ordeal [(that) I had thought it would be].

（インタビューは，私が思ったような厳しい試練にはならなかった）

ここで which は，事実上不可能である．ただし，(44ii) (It turned out that he wasn't the person who I'd thought he was. (その人は，私が思っていた人物でないことがわかった)) でみたように，補部が属性を記述するのでなく，値を指定している場合には，wh タイプも許される．

(h)　先行詞が人間を表す場合
先行詞が人間を表す場合は，関係詞化される要素が主語ならば，the boy who threw the dart（ダーツを投げた少年）のように who が好まれる．主語以外の場合は，the boy (that) they had found hiding in the cupboard（食器棚に隠れているところを彼らがみつけた少年）のように，非 wh タイプが好まれる．この例では，whom を使うと形式ばってしまい，who ではくだけすぎてしまうのだが，非 wh 関係詞を使うことにより，そのどちらにすべきかという問題を回避している．ただし，これはあくまで「好まれる」というだけのことである．先行詞が人間を表す場合に，that を使って the boy that threw the dart（ダーツを投げた少年）のようにしても，完全に文法的である．

(i)　複雑さ
関係詞節が主要部名詞から分離していると（とくに主要部の後ろに修飾要素が続いた場合），wh タイプが好まれる（これはちょうど，非 wh タイプでも，分離していると，やはりゼロ関係詞より that が好まれるのと同じである）．よって，a material of great tensile strength and very remarkable electroconductive properties which has been widely used in the aviation industry（航空機産業で広く用いられてきた，大きな張力と非常に優れた電気伝導の特性を備えた素材）は，このように which を使ったほうが，that を使ったものよりも好まれる．

3.5.5　非 wh 関係詞：that の有無
that 関係詞とゼロ関係詞の違いは，従属節を導入する that があるかないかである．平叙節の内容節の場合と同じく，関係詞の that も，しばしば省略できる．そのため，wh 関係詞でない場合は，that 関係詞とゼロ関係詞の両方の可能性がある．

■ that の省略に課される制約

上でみた (61ii) のようなかなり周辺的な例外はあるが，that を省略しなければならない構文はない．通常は，どんなゼロ関係詞にも that を加えることができる．ただし，逆は真ではない．すなわち，ある非常に限られた条件下では，that 関係詞から that を省略すると非文法的になってしまう．

・関係詞化される要素が主語の場合

関係詞化される要素が関係詞節の主語であれば，通常 that は省略できない．

(67)　　　　　　　主語以外　　　　　　　　　　　主語
 i. a. The car [that I took ___] was Ed's.　b. The car [that ___ hit us] was Ed's.
　　（私がもち出した車はエドの車だった）　　（私たち（の車）にぶつかった車は
　　　　　　　　　　　　　　　　　　　　　　　エドの車だった）
 ii. a. The car [I took ___] was Ed's.　　b.*The car [___ hit us] was Ed's.
　　（私がもち出した車はエドの車だった）　　（私たち（の車）にぶつかった車は
　　　　　　　　　　　　　　　　　　　　　　　エドの車だった）

(67a) が基本的なパターンである．(67ia) の that を省略しても，(67iia) のように文法的である．この例では目的語が関係詞化されているが，目的語以外の要素でも，（主語でない限りは）やはり that を省略できる．He's not the man (that) he was a few years ago.（彼は，数年前の彼ではない）［叙述補部］，I can't find the book (that) you asked for.（私は，あなたが求めていた本をみつけられない）［前置詞の目的語］，He's the one (that) they think was responsible for the first attack.（彼は，最初の攻撃に責任があると，彼らが考えている人である）［埋め込まれた主語］，など．これらのいずれの場合でも that が主語の前にあるが，主語そのものが関係詞化されてなくなる場合は，(67b) のように that が必要である．

　主語が関係詞化されると that を省略できないのは，従属関係詞節を主節の述語から区別しなければならないことに関係している．(67ib) では，hit us が the car のすぐ後に続くから，聞き手は hit us が主節の述語で，the car はその主語であると解釈してしまう．that があれば，ここから従属節が始まる，とはっきり合図しているので，そのような誤った解釈を防ぐことになる．ただし，主語が関係詞化された節から that を省略すると，常に誤った解釈をする危険性があると言っているのではない．たとえば，*We didn't take the number of the car ___ hit us. において，the car が of の補部だから，hit us の主

語である可能性はない．このように，ゼロ関係詞では主語を関係詞化できない，という文法制約は，広い範囲で当てはまる．その中には，that があると構造を知覚する助けになる場合もある，というだけのことである．

　英語の変種の中には，主語が関係詞化されていても，一定の条件下では that を省略できるものがある．

　(68)　i. ?It was my father [＿＿ did most of the talking].　　　［it 分裂文］
　　　　　（もっぱら話したのは私の父親だった）
　　　ii. ?There's someone at the door [＿＿ wants to talk to you].　［存在文］
　　　　　（玄関に，あなたに話したがっている人がいる）
　　　iii. !Anyone wants this can have it.
　　　　　（これがほしい人は，誰でもそれをもらえる）

そのような場合のほとんどは，(68iii) のように，明らかに非標準的である．しかし，(68i, ii) のように関係詞節が it 分裂文や存在文の内部にある場合は，必ずしもそう言い切れない．「非常にくだけている（informal）」と「非標準（non-standard）」の境目である．またこのタイプが可能となるのは，(i), (ii) のように，関係詞節が主節の述語と誤解される位置にない場合だということにも注意しておく必要がある．

・**主語の隣にない場合は that が省略できない**

that が例外的に省略できないもう1つの場合（それほど重要ではないが）は，つぎのような例にみられる．

　(69)　I found I needed a file [that only the day before I had sent to be shredded].
　　　　（裁断するように私がすぐ前の日に送ったファイルが，実は必要なことがわかった）

ここでは，従属節の始まりを合図するのに that が必要である．that がないと，続く付加詞（only the day before）が主節にかかるものと，誤って解釈されてしまう可能性がある．ゼロ関係詞の場合は，主語は必ず関係詞節の先頭にくる．

・**補足関係詞では that を省略できない**

補足関係詞構文は通常，wh タイプであるが，(58) のように that をともなう例もある，と述べた．しかし，そのような場合では，that を省略することが

まったく不可能である．*She had long been accustomed to the solitary nature of her son's instincts, I had tried–and failed–to stifle.（彼女は長い間，息子が根本的に孤独を好むことに，慣れてきた．私は彼のその性質をやめさせようとしたが，できなかった）．

■ that の省略を好む要因・好まない要因

上記以外の文脈では，that があってもなくても，文法上は構わない．形式ばった文体よりはくだけた文体のほうが，また先行詞と関係詞節（あるいは少なくともその主語）がどちらも短い場合のほうが，いくぶん that は省略されやすいようだ．

以下の例では，先行詞が下線で示されている．（70i, ii）はゼロ関係詞が好まれる，やや特殊な場合である．残りは，that の省略が嫌われるような構造の例である．

(70) i. I'll go back the <u>way</u> [I came].
（私は，来た道を戻っていきます）
ii. I haven't seen her since the <u>day</u> [Kim was born].
（私は，キムが生まれた日から彼女に会っていません）
iii. It was <u>with considerable misgivings</u> [that her parents agreed to this proposal].
（彼女の両親がこの申し出に応じたのは，相当な不安を感じながらのことだった）
iv. It was <u>in order to avoid this kind of misunderstanding</u> [that I circulated a draft version of the report].
（私が，その報告書の草稿をみなに送ったのは，この種の誤解を回避するためだった）
v. <u>Something</u> has cropped up [that I hadn't expected].
（私の予想しなかったことが，もち上がった）

（70i, ii）では，関係詞化される要素が，それぞれ経路と時間の付加詞である．また先行詞はいずれも短く，そのような付加詞にとって典型的なもの（way と day）である．（70iii, iv）の例は，分裂文である．関係詞化された要素は，統合関係詞や補足関係詞で関係詞化できない類のもので，とくに（70iv）では，先行詞が比較的複雑な表現になっている．（70v）では関係詞節が後置されているから，先行詞のすぐ隣にない．このため，that が強く好まれる．ただし，ゼ

口関係詞がまったく不可能というわけではない．

3.5.6　that は従属節を導く要素（関係代名詞ではない）

伝統文法では，関係詞節を導く that を，which や who と同じく関係代名詞として分析している．しかし我々は，この that が平叙節の内容節を従属節として導く that と同じものだ，とするのに十分な根拠があると考える．

> **[専門的解説]**
> (a)　先行詞の種類と関係詞化される要素が非常に幅広い
> もし that が本当に代名詞もしくは代用形であるならば，文句なしに関係代名詞であるもの（さらにいえば，いかなる代用形）よりも，ずっと幅広い用法をもつことになってしまう．以下の例を比べてみよう．
>
> (71) i.　They gave the prize to the girl [that spoke first].　　　[who]
> 　　　　（彼らは，はじめに演説した女の子に賞を与えた）
> 　　 ii.　Have you seen the book [that she was reading]?　　　[which]
> 　　　　（あなたは，彼女が読んでいた本をみましたか）
> 　　iii.　He was due to leave the day [that she arrived].　　　[when]
> 　　　　（彼は，彼女が着いた日に出発することになっていた）
> 　　iv.　He followed her to every town [that she went].　　　[where]
> 　　　　（彼は，彼女に付いて彼女の行ったすべての町を回った）
> 　　 v.　That's not the reason [that she resigned].　　　[why]
> 　　　　（それは，彼女が辞任した理由ではない）
> 　　vi.　I was impressed by the way [that she controlled the crowd].
> 　　　　　　　　　　　　　　　　　　　　　　　　　　　　　　[*how]
> 　　　　（私は，彼女の群衆のさばきかたに感動した）
> 　　vii.　It wasn't to you [that I was referring].　　　[wh 形なし]
> 　　　　（私が言っていたのは，あなたのことではなかった）
> 　　viii.　She seems to be the happiest [that she has ever been].
> 　　　　　　　　　　　　　　　　　　　　　　　　　　　　[wh 形なし]
> 　　　　（彼女は，かつてないほどに幸せそうだった）

この「代名詞」は，(71i–v) で示されているように，すべての wh 語の守備範囲を合わせたものを扱えることになってしまう．そればかりか，(71vi–viii) のようにそもそも wh 語で置き換えられないような，多様な構文にも生じる

ことができる．この点でとくに重要なのは，(71vii) と (70iii, iv) の分裂文である．関係詞構文を別にすれば，先行詞として to you ((71vii) における意味)，with considerable misgivings（相当な不安を感じながら），in order to avoid this kind of misunderstanding（この種の誤解を避けるため）などの補部や付加詞をとる代用形が，英語にはないことに注意してほしい．that がこのように異常に幅広い用法をもった代用形である，と仮定するのには無理がある．むしろ，that 関係詞には，先行詞に結びつく明示的な代用形がそもそもない，と考えるべきだ．つまり，that 関係詞は，ゼロ関係詞と同じく，照応的な空所をもっているだけ，ということになる．

(b) 素性が大きな構成素へと拡がらない

that 関係詞では，wh 関係詞のように複合関係詞句をつくることができない．

(72) i. a. the woman [whose turn it was]（出番になった女性）
　　　　b. *the woman [that's turn it was]
　　ii. a. the knife [with which he cut it]（彼がそれを切ったナイフ）
　　　　b. *the knife [with that he cut it]

もし that が代名詞だとしたら，(どうしてそうなのかはわからないが) とにかく that には属格形がなく，that は決して前置詞の目的語になれない，あるいは that が前置詞の目的語のときには必ず前置詞を残置しなければならない (the knife that he cut it with（彼がそれを切ったナイフ）は完全に文法的)，と規定しておかねばならなくなるだろう．しかしこれらの厳しい制約は，(a) で示したように，代名詞にしては that がきわめて多様な用法に寛大であることと，相いれないようにも思える．これに対して，that は単に従属節を導入している要素であると分析すれば，(72ib, iib) が非文法的であることは予測できる．従属接続詞は屈折せず，冒頭位置に生じなければならない．そもそも関係詞語がないのだから，関係詞の素性がより大きな構成素に拡がることもない．[8]

(c) 定形

that 関係詞は，常に定形である．これは，that に導かれる平叙節の内容節が

---

[8] 英語の非標準的な地域方言の中には，実際に that's が生じるものがある (the man that's leg was broken（足を骨折した男))．我々は，このような例があるからと言って，この方言では that を代名詞とみなす分析が必要になるとは考えない．まして，このような例が，すべての方言で代名詞分析の有効性を立証するものではない．

常に定形であるのと，同じことである．ここで a knife to cut it with のような非 wh の関係不定詞に that を挿入して *a knife that to cut it with とできないことに注意してほしい．もし that が代名詞だとすれば，どうしてそうなのか，説明がいるだろう．しかし従属接続詞とみなす分析では，that が定形の従属接続詞なのだから，まさに予想される事実である．[9]

(d) 省略可能性

すでに述べたように，that は，平叙節の内容節の場合と同様に，関係詞節でもおおむね省略可能とみなすことができる．省略が禁止される条件は，内容節と関係詞節とで同じではないが，どちらも，ある一定の構造的条件の下で，従属節がどこから始まるかをはっきりと明示する必要があることにかかわっている．さらに，いずれの場合でも，that は複雑な構文よりも，単純な構文のほうが省略しやすい．英語の代用形で，少しでも似た条件の下で，規則的に省略できるものは，存在しない．

---

[9] ただし，この議論は少し割り引いて考えなければならない．まず，which でも（that と同様に）ここには生じられない（a knife with which to cut it はよいが，*a knife which to cut it with は不可）．そして，*a knife with that to cut it が許されないのは，「素性が大きな構成素へと拡がらないから」と言えば説明できてしまう．この点を認めた上でも，that を定形の従属接続詞とみなすことには，やはり利点がある．that を前に付けることのできないゼロ関係詞は，不定詞関係詞だけである．どうしてそうなのかを，この分析では，非常に一般的に説明できるのだ．

第4章　統合関係詞節と補足関係詞節の区別

統合関係詞節と補足関係詞節の例として，以下のようなものがある．

(1) i. a. They interviewed every student <u>who had lent money to the victim</u>.
　　　　　　　　　　　　　　　　　　　　　　　　　　　　　　　　［統合的］
　　　　（彼らは，被害者にお金を貸したどの学生にも，聞き込みをした）
　　b. They interviewed Jill, <u>who had lent money to the victim</u>.
　　　　　　　　　　　　　　　　　　　　　　　　　　　　　　　　［補足的］
　　　　（彼らは，ジルに対して聞き込みをした．彼女が被害者にお金を貸していたから）
ii. a. The necklace <u>which her mother gave to her</u> is in the safe.
　　　　　　　　　　　　　　　　　　　　　　　　　　　　　　　　［統合的］
　　　　（母親が彼女にあげたネックレスは，金庫に入っている）
　　b. The necklace, <u>which her mother gave to her</u>, is in the safe.
　　　　　　　　　　　　　　　　　　　　　　　　　　　　　　　　［補足的］
　　　　（そのネックレスは，母親が彼女にあげたもので，金庫に入っている）

統合 (integrated) と **補足 (supplementary)** という用語は，2種類の関係詞の主要な違いを示している．統合関係詞は，音調・統語・意味の点で，主節にしっかりと統合されているのに対して，補足関係詞にはそのような緊密な結びつきがない．

(a)　音調と句読点

補足関係詞は，独立した音調曲線 (intonation contour) をもち，文の他の部分から韻律的に区切られる．典型的に，補足関係詞とその前の部分との間に，わ

ずかな休止がある．また，後に要素が続く場合には，関係詞節とその後の部分との間にも，わずかな休止がある．ピッチ曲線は，補足関係詞の前の，先行詞を含む文と一致する．一方，統合関係詞は，音調的に先行詞とひとくくりにされ，同じ音調曲線内におさまる．

　この音調の違いは，書くときには主に読点の違いに反映される．補足関係詞は，その前後にコンマまたは（頻度は落ちるが）ダッシュが現れるか，あるいは丸括弧でくくられる．逆に，統合関係詞は，コンマやほかの読点で先行詞から区切られていない．本章では，一貫して2種類の関係詞をこのように区別しているが，読点がいつでも全面的に信頼できる助けにはならないことを強調しておかなければならない．統語的または意味的観点からすれば補足的と解釈しなければならない場合でも，関係詞節が読点で区切られていないことは，決して珍しくない．

(b) 統語
通常，統合関係詞は名詞句の内部で修飾要素として機能する．たとえば，(1ia, iia) の統合関係詞は，every student who had lent money to the victim（被害者にお金を貸したすべての学生）と the necklace which her mother gave to her（母親が彼女にあげたそのネックレス）という名詞句の構成素である．これらの例では，every student（すべての学生）と the necklace（そのネックレス）だけでは，名詞句を構成していないことに注意してほしい．

　これに対して，補足関係詞では，その統語構造がそれほどはっきりしていない．関係詞節は文にゆるやかに組み込まれているにすぎないからである．(1ib, iib) では，Jill（ジル）と the necklace（そのネックレス）が，それだけで名詞句を構成している．補足関係詞が，これらの名詞句と組み合わさって，より大きな名詞句を構成しているのではない．この「先行詞＋関係詞節」は補足構文 (supplementation construction) の一種で，「主要部＋依存要素」の構文 (head + dependent construction) とは区別される（第8巻参照）．補足要素は先行詞と構造的につながりがあるが，先行詞と一緒になって統語的な1つのまとまりになってはいない．

(c) 意味
統合関係詞の内容は，それを含んでいる節の意味にとって必要不可欠な一部として提示されている．一方，補足関係詞の内容は，別の情報単位として，挿入的にまたは付加的に，提示されている．なぜ関係詞の内容を，より大きな伝達

内容の不可欠な一部として提示すべきなのか，については，いくつものしかるべき理由があるが，本節冒頭の例が非常にわかりやすい 2 つの状況を示している．(1ia) では，関係詞を省くと意味が大きく変わってしまう．彼らが聞き込みをしたかったのは，その被害者にお金を貸した学生だけでなく，すべての学生だった，と言っていることになるだろう．また，(1iia) はネックレスが 2 つ以上あったことを示唆するので，関係詞を省くとどのネックレスについて言っているのかが，わからなくなる．対照的に，補足関係詞は，省いても残りの部分の意味に影響を与えない．(1ib) の例は，彼らが Jill に聞き込みをしたと述べており，関係詞を省いても，依然としてそう述べている．(1iib) の例は，ネックレスが依然として金庫にあったと述べており，私がどのネックレスのことを言っているかは，文脈上で決まると私は仮定している．このことは，関係詞を省いても変わらない．

4.1 主な統語的違い

(a)　形式上のタイプに関する違い

(2)　　　　　　　　　　　　　　統合的　　　補足的
　　i.　wh 関係詞　　　　　　　　○　　　　○
　　ii.　that 関係詞　　　　　　　○　　　　限定的
　　iii.　ゼロ関係詞　　　　　　　○　　　　×

統合関係詞では，3 つのタイプがすべて可能である．しかし補足関係詞で，無条件に可能なのは，wh タイプだけである．補足的な that 関係詞もみつかるが（第 3 章の (58)），比較的まれで，多くの話者にとっては，容認可能かどうかが疑わしい．

(b)　関係詞語・関係詞句に関する違い

(3)　　　　　　　　　　　　　　　　　　統合的　　補足的
　　i.　決定詞としての which　　　　　　×　　　　○
　　ii.　関係詞素性の拡がり，タイプ III-V　×　　　　○
　　iii.　whereupon　　　　　　　　　　　×　　　　○
　　iv.　why　　　　　　　　　　　　　　○　　　　×

補足関係詞は，統合関係詞よりも広い範囲の複合関係詞句を許す．複合関係詞句とは，関係詞語に他の要素が組み合わさったもののことであり，これはすでに，関係詞素性の拡がりという考え方で説明してある (3.2 節)．重要なことに，which + 主要部名詞（タイプ VII の関係詞素性の拡がり）は，補足関係詞構文にしかみられない．

(4) He spent all breaks either riding racehorses—he won three steeplechases—or skiing, [in <u>which sport</u> he won a European under-18 downhill race].
（彼は休暇すべてを競走馬に乗るか（3つの障害競走で勝利），スキーをするか（この競技ではヨーロッパの18歳以下部門の滑降競技で勝利），のいずれかで費やした）

あまり頻繁には起こらないが，関係詞素性が形容詞句 (prominent among which（その中でも傑出した〜）)，不定詞句 (to refute which（〜を論破するために）)，動名詞 (passing which（〜を追い越すこと）) へ拡がっていくことがある．これらの構文も，やはり補足関係詞に限られる．同じことが none/most/all/both of which（〜の{いずれも／ほとんど／すべて／どちらも}）などの部分詞表現にも当てはまる．The new bedrooms, each of which will have its own private bath or shower, are all on the first floor.（その新しい寝室は，それぞれに専用のバスまたはシャワーが備わることになるが，すべて1階にある）のように．単純関係詞句の中では，whereupon が補足関係詞だけに生じ，why は **reason** を先行詞として統合関係詞だけに生じる（第3章の (56iv) と (54) を参照）．

(c) 先行詞に関する違い

上で述べた違いは，関係詞節の内部構造に関するものである．さらに，どの位置に現れるか，どのような先行詞をとるか，でも違いがある．最も重要な違いは，つぎのとおりである．

・節

補足関係詞だけが，節を先行詞としてとることができる．

(5) He said he'd drafted the report, which I knew to be untrue. ［補足的］
（彼は，その報告書の草稿を書いたといったけれども，それが真実でないことを，私はわかっていた）

which の先行詞は，節の he'd drafted the report（彼がその報告書の草稿を書いた）である．このような場合の関係詞節は，補足的なタイプだけであり，先行詞となる節とは別の音調曲線をもつ．

・固有名

固有名は，問題なく補足関係詞の先行詞になれる．通常，固有名は統合関係詞をともなうことができないが，固有名の前に決定詞が付くと，話は別である．

(6) i. You should speak to Sue Jones, who was here the whole time.
　　　　　　　　　　　　　　　　　　　　　　　　　　　　［補足的］
　　　（あなたは，スー・ジョーンズと話すべきだ．彼女は，その間ずっとここにいたのだが）
　　ii. She is obviously not the Sue Jones they are looking for.［統合的］
　　　（彼女は，あきらかに彼らが探しているスー・ジョーンズではない）

(6i) では，Sue Jones が完全な名詞句を形成しているが，(6ii) では単なる名詞にすぎない．(6i) では，固有名が一次的な用法で用いられており，その名前の持ち主を指している．これに対して，(6ii) は二次的な用法で，この例では「Sue Jones という名の人物」と注釈することができる．

・no, any, every による数量化

no, any, every が形態論的に -one, -body, -thing と組み合わさった複合語（nobody, anything など），または統語的に主要部名詞と組み合わさった表現（no candidate など）は，指示対象をもたず，補足関係詞の先行詞になれない．しかし，これらの表現の後に統合関係詞を続けることはできる．

(7) i. *No candidate, who scored 40% or more, was ever failed.［補足的］
　　ii. No candidate who scored 40% or more was ever failed.［統合的］
　　　（4割以上得点した候補者で，落とされた人はいなかった）

・最上級と疑問前置詞

統合関係詞節は，ほとんどの場合，名詞を先行詞としてとるが，ほかの可能性もある．

(8) i. He's now the fattest that he's ever been.
　　　（彼は今，これまでの人生で最も太っている）

ii. She ran the fastest that she's ever run.
（彼女は，これまで走ってきたなかで最も速く走った）

iii. When that wouldn't be too inconvenient for you could we hold the meeting?
（あなたにとってとくに不都合でないときで，いつその会議を開けるでしょうか）

iv. Where can we go for lunch that isn't too expensive?
（値段が高すぎないところで，どこに昼食を食べに行きましょうか）

きわめて限られたタイプの that 関係詞が，(8i, ii) のように最上級の形容詞句や副詞句に生じる．また，when や where の疑問前置詞は，ちょうど名詞の time や place のように，統合的な that 関係詞の先行詞になることができる．そして，(8iv) のように後置されやすい．

(d) 積み重ねが可能なのは，統合関係詞のみ

(9) i. I like those ties you wear that your sister knits for you.
（私は，あなたがいつもしている，お姉さんの編んでくれるネクタイが好きです）

ii. *They've given the job to Max, who has no qualifications, who starts next month.
（彼らはマックスを雇った．彼は何ら資格がなく，来月から働き始める）

統合関係詞構文は，繰り返して適用できる．すなわち，統合関係詞が先行詞と組み合わさってより大きなまとまりになり，それが2つ目の統合関係詞の先行詞になることが可能である．たとえば (9i) では，you wear が先行詞の ties と合わさって ties you wear となり，さらにこれが2つ目の関係詞の that your sister knits for you の先行詞となる．この種の繰り返しは**積み重ね (stacking)** とよばれるが，統合関係詞構文に限られる．(9ii) が示すように，補足関係詞を先行詞に組み合わせたものが，2つ目の補足関係詞の先行詞になることはできない．

(e) 補足関係詞だけにみられる非平叙節と付加疑問語句

(10) i. He said he'd show a few slides towards the end of his talk, at which point please remember to dim the lights.

(彼は，話の終わり近くでスライドをみせるので，その時点で部屋の照明を落としてください，といった)

ii. It may clear up, <u>in which case would you mind hanging the washing out</u>?
(晴れあがるかもしれないので，その場合は洗濯物を干してもらえますか)

iii. She may have her parents with her, <u>in which case where am I going to sleep</u>?
(彼女は両親を連れてくるかもしれないけれども，そのとき私はどこで寝ようか)

iv. I didn't get much response from Ed, <u>who seemed rather out of sorts, didn't he</u>?
(エドは，ほとんど私に返事をしてくれませんでしたが，機嫌が悪かったようですね)

ほとんどの関係詞節は平叙節のタイプに属するが，補足関係詞構文では，ほかのタイプの節も可能である．たとえば，(10i-iii)の補足関係詞は，それぞれ命令節，yes-no 疑問節，wh 疑問節である．また，平叙節は，(10iv)のように付加疑問節を加えることができる．統合関係詞構文では，これらの構文がまったく不可能である．

■分析

統合関係詞構文の先行詞は句よりも小さく，句の一部のみである．大部分の場合，統合関係詞の先行詞は名詞で，これに関係詞節が組み合わさって，小名詞句[1]を構成する．たとえば (7ii) に対しては，以下の構造のようになる．

---

[1] 訳者注：名詞 (Noun) に形容詞などの修飾要素が付くと小名詞句 (nominal) になり，小名詞句にさらに決定詞が付くと名詞句 (noun phrase) になる．第 4 巻『形容詞と副詞』第 1 章の注 1 を参照のこと．

(11)

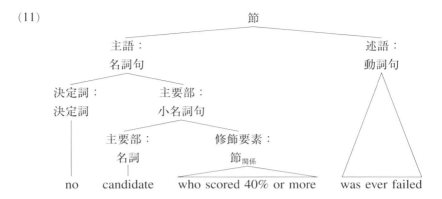

一方，補足関係詞では，先行詞が句（名詞句など）や，句よりさらに大きな構成素（節など）であり，関係詞節は先行詞の依存要素として機能していない．(1ib) に対して我々が提案する構造は，つぎのとおりである（(1iib) については第8巻参照）．

(12)

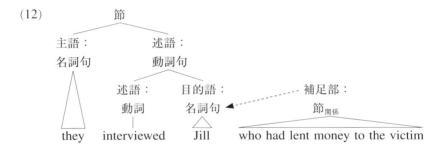

[専門的解説]
これらの構造について，上で述べた統語的な違いのいくつかに焦点を当てて考えてみよう．

・非平叙節
(10) の非平叙節は，補足関係詞が主要部の依存要素でないという見方を支持する証拠となる．関係詞化されている点を除けば，これらの構造は独立節と同じであり，依存要素となっている節の構造ではない．At that point please remember to dim the lights. (その時点で，部屋の照明を落としてください) や In that case would you mind hanging the washing out? (その場合は，

洗濯物を干してもらえますか）などと同じ働きをしているわけである．

・積み重ね
統合関係詞に与えた構造から，積み重ねができることが予想される．(9i) では ties が名詞で，you wear と組み合わさって，小名詞句の ties you wear を構成する．これがつぎに that your sister knits for you と組み合わさって，別の小名詞句 ties you wear that your sister knits for you を構成する．これが決定詞の those と組み合わさる．しかし，(9ii) では補足関係詞の who has no qualifications が，先行詞とまとまりをなさない．だから Max, who has no qualifications は，2つ目の who の先行詞になれない．

・no, any, every による数量化
(7ii) の構造は (11) に示してある．統合関係詞の先行詞は candidate であって，no candidate ではない．このために，関係詞節は No candidate scored 40% or more.（40%以上獲得した候補者はいなかった）と解釈されない．[2] (7i) は，補足関係詞の場合で，先行詞は no candidate になるが，この名詞句は指示対象をもたない．よって，関係代名詞 who の指示対象がない．この種の名詞句が関係代名詞の先行詞になれないのは，これらの名詞句が人称代名詞の先行詞になれないのと同じことである．*I have no money; it's on the desk. において，no money を it の先行詞と捉えた場合に，支離滅裂になる（「私はお金をもっていない．それは机の上にある」）ことを考えてみればよいだろう．

・固有名
(6i) で，補足関係詞の who は先行詞として名詞句の Sue Jones をとっている．この Sue Jones という名詞句は，その名前の人物を指し，who もその人物を指す．つまり，関係代名詞はその先行詞と同一指示である．しかし (6ii) では，Sue Jones は名詞であり，名詞句ではないため，指示対象をもたない．統合関係詞がこの名詞と組み合わさり，小名詞句になるが，固有名ではないから，数えられる名詞として決定詞を必要とする．

---

[2] 少しややこしい例が，Nobody who scored 40% or more was ever failed.（40%以上獲得した人で，落選した人はいなかった）である．ここで先行詞に当たる nobody には，決定詞と主要部が融合している（第3巻参照）．しかし意味的に考えれば，やはり否定は先行詞の一部になっていない，とすべきだろう．

・定記述

最後に，(1ii) のネックレスの例を考えてみよう．(1iib) の補足関係詞の場合 (The necklace, which her mother gave to her, is in the safe.) では，先行詞は the necklace である．先行詞が定になっているのは，necklace という記述だけで，文脈中で指示対象を決めるのに十分だと考えられることを示している．これに対して，(1iia) の統合関係詞の場合は，先行詞が単に necklace である．関係詞節はこの語と組み合わさって necklace which her mother gave to her という小名詞句を形成する．定冠詞の the が，この記述で指示対象を決定できるということを示している．よって関係詞節は，統合関係詞の場合には，指示対象を決定するための記述の一部となっているが，補足関係詞の場合にはそうなっていない．ゆえに，統合関係詞では，ほかにもネックレスがあり，問題のネックレスはそれと別である，という含意がある．しかし補足関係詞では，そのような含意がない．

4.2 意味と用法

■ 補足関係詞は真か偽の命題を表すが，統合関係詞は表さない

関係詞節の意味を説明する際に，最初の例が役に立つ．

(13) i. They interviewed every student who had lent money to the victim. (= (1ia))
(彼らは，被害者にお金を貸したどの学生にも，聞き込みをした)

ii. They interviewed Jill, who had lent money to the victim. (= (1ib))
(彼らは，ジルに対して聞き込みをした．彼女が被害者にお金を貸していたから)

通常 (13ii) では，補足関係詞が，「ジルが被害者に金を貸した」という命題を表す．この命題は，実際にジルがお金を貸していれば真になるし，貸していなければ偽になる．しかし，(13i) の統合関係詞節は，真か偽かを評価できるような命題を表していない．とくに，その関係詞節は「すべての学生が被害者に金を貸した」という命題を表していない．この命題内容は「x は被害者に金を貸した (x had lent money to the victim)」と表せるが，まさに x が変項であるために，「x は被害者に金を貸した (x had lent money to the victim)」は，真でも偽でもない命題である．統合関係詞は，属性を記述する修飾要素と同じ

である．たとえば，every generous student（気前のよいすべての学生）と every student who had lent money to the victim（被害者にお金を貸したすべての学生）を比べてみよう．who had lent money to the victim という関係詞節が真か偽かを問うことに意味がないのは，generous が真か偽かを問うことに意味がないのと同じである．2種類の関係詞節の違いは，我々が提示した統語構造の違いと相互に関連し合っている．(13ii) で who の先行詞は名詞句の Jill で，指示表現であるが，(13i) で who の先行詞は名詞 student であり，単なる名詞では指示ができない．

■補足関係詞は通常，発話内の力 (illocutionary force) をもつ
補足関係詞には，節タイプの区別があることを述べた．そうなると，補足関係詞は典型的に，独立した節の場合と同じように，発話内の力をもつことになる（第6巻参照）．たとえば，(13ii) の関係詞は陳述 (statement) をするのに用いられるだろうし，(10i, iii) の関係詞はそれぞれ，命令 (directive)，間接命令 (indirect directive)，質問 (question) をするのに用いられることになるだろう．

■補足関係詞は，関係詞ではない照応表現で書き換えられる
補足関係詞は，関係詞ではない照応表現（とりわけ，人称代名詞や指示詞）を含むほかの種類の補足表現で書き換えられる．上であげた補足関係詞は，以下のようにしても，同じ意味を表せる．

(14)　i.　They interviewed Jill—she had lent money to the victim.

(cf. (1ib))

（彼らはジルに対して聞き込みをした．彼女は被害者にお金を貸していたから）

　　ii.　The necklace—her mother gave it to her—is in the safe.

(cf. (1iib))

（そのネックレスは，母親が彼女にあげたものだが，金庫に入っている）

　　iii.　He spent all breaks either riding racehorses—he won three steeplechases—or skiing (in this sport he won a European under-18 downhill race).　　　　　　　　　　　　　　　　　(cf. (4))

（彼は休暇すべてを競走馬に乗るか（3つの障害競走で勝利），スキーをするか（この競技ではヨーロッパの18歳以下部門の滑降競技で勝利），のいずれかで費やした）

iv. He said he'd drafted the report; I knew this to be untrue. (cf. (5))
　　　　　（彼はその報告書の草稿を書き上げたといった．けれども，私はそれが真実でないとわかっていた）

同様に，(7i) が逸脱しているのは，*No candidate—he or she scored 40% or more—was ever failed. が逸脱しているのと，同じことである．

■補足関係詞の継続用法

　(15) i. I gave it to John, who passed it on to Mary, and she gave it back to me.
　　　　　（私はそれをジョンにあげた．ジョンはそれをメアリーに渡し，彼女がそれを私に返してくれた）
　　　ii. They come to a cliff, where the deer suddenly stops and throws off the little boy, and boy and dog then fall into a pond.
　　　　　（彼らは崖までくる．そこでシカが急に止まって，その小さな男の子を振り落とす．その男の子と犬は沼に落ちる）

これらの例では，語りにおいて補足関係詞が並列されている．この用法は，伝統的に**継続用法** (**continuative**) とよばれている．つまり，補足関係詞が語りを継続させ，展開させる働きをしている．and に関係詞でない照応表現を続けた場合（I gave it to John and he passed it on to Mary, …（私はそれをジョンにあげ，ジョンはそれをメアリーに渡し，～））と，同じような効果をもたらすことになる．普通，補足関係詞が伝える情報は，先行詞を含む節が伝える情報に対して，いくぶん背景化されているものである．しかし継続的な関係詞では，情報的に対等な位置づけとなり，語りの連続において，そのつぎの出来事を導入している．

■統合関係詞節の内容は，主節の伝達内容にとって重要な要素

統合関係詞では，必ずその内容が，それを含む節の意味にとって不可欠な一部として提示されている．典型的な統合関係詞は，人・物をほかの人・物から区別するのに決定的な特徴を表す．

　(16) i. They only take in overseas students who they think have lots of money.
　　　　　（彼らは，お金をたくさんもっていると思われる留学生だけを受け入れる）

ii. She was offended by the letter that accused her of racism.
（彼女は，自分を人種差別だと責めた手紙に腹を立てた）

(16i) では，関係詞節が留学生の部分集合を区別している．つまり，they で表される人たちは，留学生の全員を受け入れるのではなく，お金をたくさんもっていると思われる留学生だけを受け入れる．(16ii) では，関係詞節が，彼女を怒らせた手紙を，ほかの手紙から区別している．関係詞は，どの手紙が彼女を怒らせたのかを決定する働きをする．このような場合には，統合関係詞構文と補足関係詞構文の違いがはっきりする．上の例文に対応する，補足関係詞を用いた文は，以下のとおりである．

(17) i. They only take in overseas students, who they think have lots of money.
（彼らは留学生だけを受け入れている．留学生ならお金をたくさんもっていると考えているから）
ii. She was offended by the letter, which accused her of racism.
（彼女はその手紙に腹を立てた．彼女を人種差別だと責めていたから）

今度は，(17i) の関係詞節は留学生の部分集合をとり出していない．代わりに，留学生一般について断定を行っている．同様に，(17ii) の補足関係詞節も，その手紙をほかの手紙から区別する働きをしていない．単に letter というだけでどれのことかわかる，と考えられており，補足関係詞節はその手紙について追加情報を与えているだけである．

このような対比がみられるために，伝統的に (16) のタイプは「制限的 (restrictive)」関係詞，(17) のタイプは「非制限的 (non-restrictive)」関係詞と分類されてきた．しかし我々は，その2つのタイプを，統合関係詞・補足関係詞とよぶほうがよいと考える．というのは，2つのタイプの違いが，決定的な特性を表すかどうかではないような場合が，たくさんあるからである．[3]

まず，定名詞句を含んでいる，以下の実例（小説から）を考えてみよう．

---

[3] 「非制限的」の代わりにかなり広く用いられている用語として「同格 (appositive)」がある．我々はこの用語も不十分だと考える．というのは，統合・補足の区別が関係詞節だけでなく，同格表現にも当てはまるからである．たとえば，my brother the heart surgeon（心臓外科医のほうの私の兄）[統合的] と my brother, the heart surgeon（私の兄，実は心臓外科医だが）[補足的] の間に，平行的な違いがみられる．

(18) The father who had planned my life to the point of my unsought arrival in Brighton took it for granted that in the last three weeks of his legal guardianship I would still act as he directed.
(私の父親は，私が行きたくもないのにブライトンに行くところまで，私の人生にレールを敷いたような人だから，後見人の保護期間が切れる最後の3週間でも，まだ私が自分の指示通りに行動するのが当然だと思っていた)

語り手はあと3週間で18歳になるが，彼の父親は，この最後の3週間になっても，まだ語り手が自分のいうとおりにするのが当然だと考えていた，と言っている．ここでの関係詞節は，統合タイプのはずである．省略することも，別の音調曲線で話すこともできない．また，who の代わりに that を使ってもよい（ただし，who のほうが好まれる）．しかしこの関係詞節は，この語り手の父親を，ほかの父親から区別する働きをしていない．話し手には1人しか父親がいないのだから，区別しようがない．したがって，関係詞節の内容を必要不可欠な部分として提示しているのは，関係詞節が指示対象を決定するような特性を表すからではなく，どうしてこの父親は，自分の息子が言われたとおりにするのを当然だと考えるのか，その理由を表しているからである．

同様に，以下を比べてみよう．

(19) i. He sounded like the clergyman he was.
(彼は，「やはり聖職者だ」と思えるような話しぶりだった)
ii. She had two sons she could rely on for help, and hence was not unduly worried.
(彼女には助けを求められる息子が2人いたので，彼女はあまり心配していなかった)

下線部の節はどちらもゼロ関係詞節で，そのため必ず統合的になる．しかし，(19i) の he was は，ある聖職者を他の聖職者から区別するものとは，理解できない．むしろ，彼が聖職者であったことを伝えている．なぜこのことを，伝達内容にとって必要不可欠な一部として提示しているかと言えば，聖職者が聖職者らしく話すことと，聖職者でない者が聖職者らしく話すこととの間には，重要な違いがあるからである．(19ii) では，彼女の息子が2人だけでなかった可能性もある（その場合，関係詞は指示対象を決定する役目をはたしていることになる）．しかし，息子が2人だけだったとしても，全然おかしくない．その場合は，関係詞節が表す特性は，その息子たちを彼女のほかの息子たちか

ら区別するのでなく，どうして彼女が過度に心配しないか，その理由の本質的な部分を述べている．

(19ii) の関係詞節は，不定名詞句（two sons）に続いている．この環境では，統合関係詞構文と補足関係詞構文の区別が，しばしば先行詞の指示対象を限定するかどうかではなく，情報のまとめ方に関係している．

(20) i. She had two sons(,) who were studying law at university(,) and a daughter(,) who was still at high school.
（彼女には，大学で法学を学んでいる2人の息子と，まだ高校に通っている1人の娘がいた）

ii. A: Have you been to Paris?
（パリに行ったことがありますか）
B: Yes, often: I have a brother who lives there.
（はい，よく行きます．そこで暮らしている兄がいるので）

iii. I've been talking to one of the porters, who says the train may be an hour late.
（私は駅員の1人とさっきから話しているが，彼は電車が1時間遅れるかもしれないといっている）

(20i) の例は，彼女に息子2人と娘1人がいる文脈で，読点の有無や音調の違いにより，統合関係詞節としても，補足関係詞節としても，どちらにも使える．補足関係詞の解釈では，伝えられている主要な情報は，彼女に息子2人と娘1人がいるということである．この場合，関係詞節が与える情報は補足的，二次的である．対照的に統合関係詞の解釈では，関係詞節の内容は主要な情報の一部になる．(20ii) では，たとえBに兄弟が1人しかいなかったとしても，補足関係詞として解釈しようとすれば，おかしなことになってしまう．補足関係詞ならば，「私に兄弟が1人いる」ことを，一番大事な伝達内容として示していることになる．しかし「私に兄弟が1人いる」ことは，Aの質問に対して何の関連性もない．むしろ重要な点は，その兄弟がパリに住んでいることである．このことが，なぜBがパリを頻繁に訪れるか，の理由になるからである．(20iii) の例は，補足関係詞を含み，伝達内容を2つの情報に切り離している．しかし，one of the porters（駅員の1人）を，たとえば a guy で置き換えたら，関係詞節を統合させるほうが，ずっと自然であろう．なぜなら，I've been talking to a guy.（私はある男性と話している）は，それだけで完結した十分な情報として提示するだけの価値があるとは考えづらいからである．重

要な情報は，電車の遅延に関する情報のほうであろう．

4.3　前後の位置関係

通常，関係詞節は先行詞のすぐ後ろに来る．統合関係詞は句より小さい先行詞をもつが，補足関係詞は句の先行詞をもつ．そのため，統合関係詞の後に補足関係詞が続くことは可能だが，逆の順序は不可能である．

(21)　i.　The contestant who won first prize, who is the judge's brother, sang dreadfully.
　　　　（1等賞をもらった出場者は，審査員の弟であるが，ひどい歌声だった）
　　　ii.　*The contestant, who is the judge's brother, who won first prize sang dreadfully.

統合関係詞節 who won first prize の who の先行詞は，名詞 contestant（出場者）であるが，補足関係詞節 who is the judge's brother の who の先行詞は，名詞句 the contestant who won first prize（1等賞をもらった出場者）である．

■ 関係詞節の後置

ただし，関係詞節が後置されて，先行詞を含んでいる節の末尾に生じることも可能である．

(22)　i.　A stranger came into the room who looked just like Uncle Oswald.
　　　　（オズワルドおじさんとそっくりな見知らぬ人が，部屋に入ってきた）
　　　ii.　Kim lent a book to Ed which contained all the information he needed.
　　　　（キムはエドに，エドが必要とする情報のすべてが含まれている本を貸した）
　　　iii.　I met a man the other day who says he knows you.
　　　　（私は先日，君のことを知っていると言っている男性に会った）
　　　iv.　There was a fight reported in Monday's paper that put three people in hospital.
　　　　（月曜日の新聞で，3人が入院する羽目になった喧嘩があったと報じられた）

関係詞節が先行詞のすぐ後ろに生じると，その後に続く主節の要素よりも，関係詞節のほうに情報量が多くなってしまう場合に，このような後置が起こりや

すい。[4] 何が先行詞として意図されているかに関して混乱が生じるような場合には，一般的に関係詞を後置することは避けられる．たとえば，(i) と A man was talking to one of the check-out operators who looked just like Uncle Oswald. を比べてみよう．この文では，関係詞節 who looked just like Uncle Oswald が，主語の man（男）よりも，より近い one of the check-out operators（レジ担当の1人）にかかっている，ととられてしまう（ある男が，オズワルドおじさんにそっくりなレジ担当の1人と話していた）．また，She put a hat on her head that had corks hanging from it. では，関係詞節 that had corks hanging from it が，hat でなく，より近い head にかかっている，ととられてしまう（彼女は，コルク栓がぶら下がっていた頭に，帽子をかぶった）．

関係詞節が後置されるのは，圧倒的に統合タイプの場合が多い．たとえば，(22i) で，a stranger（見知らぬ人）を固有名で置き換えると，関係詞が補足タイプでなければならなくなる．すると，容認されなくなる (*John came into the room, who looked just like Uncle Oswald.)．ただし，補足関係詞でも後置されることがある．次の例では，補足関係詞が，それぞれ先行詞の the flower と her father から分離している．

(23) i. Only the flower is used, which is not poisonous and is attached to the plant with a very fine stem.
（花の部分だけが用いられる．それには毒性がなく，とても細い茎で，木につながっている）

ii. She could hear her father in the next room, who was angrily complaining about the horrific telephone bill.
（彼女には隣部屋の父親の話し声が聞こえた．父親は，ぞっとするような電話料金の請求書に対して，怒った声で文句を言っていた）

■前置
補足関係詞節が，等位接続されている節の一方を先行詞としてとることがある．この場合，関係詞節は，等位接続詞とその節の間にはさまれる．

---

[4] 関係詞節が後ろの位置でしか許されない場合がある．それは，「分離先行詞（split antecedent）」の場合である（第9巻参照）．たとえば There's a boy in Group B and a girl in Group E who have asked to be on the same team. (同じチームにしてくれと頼んだ，Bグループの男子1名とEグループの女子1名がいる) では，who の先行詞が1つでないので，関係詞節をこの位置に置くしかない．

(24) The Net will open up opportunities to exploit tax differences and—which makes it even more of a headache than globalisation—it will make it possible to dodge taxes altogether.
(ネットは，税金の違いを悪用する機会を広げ，さらに——これはグローバリゼーションというよりも，むしろ頭痛の種なのですが——税金を完全にごまかすことを可能にします)

第5章　不定詞関係詞節

統合関係詞には不定詞形もあり，関係詞句がある場合とない場合とがある．

■ **wh タイプの不定詞**
最も明白な不定詞関係詞節の例としては，以下のものがある．

(1) i. I'm looking for an essay question with which to challenge the brighter students.
(私は，よくできる学生を困らせるような論題を探している)
ii. She is the ideal person in whom to confide.
(彼女は，打ち明けるには理想的な人だ)
iii. The best place from which to set out on the journey is Aberdeen.
(旅を開始する一番よい場所は，アバディーンだ)

この構文は，いくぶん形式ばった文体に限られる．統合タイプの関係詞でしかみられず，以下の厳しい構造的な制約にしたがっている．

(2) i. 関係詞句は，前置詞＋名詞句から成り立っていなければならない．
ii. 主語を明示的に表すことはできない．

1つ目の制約により，*She's the ideal person whom to invite. と *I'm looking for an essay question which to challenge the brighter students with. は，排除されることになる．前者では，前置詞がなくて関係詞 whom だけであり，後者では，前置詞が which の前になく，残置されているからである．2つ目の制約により，*She's the ideal person in whom for you to confide. のような形は排除される．1つ目の制約に対しては，なぜそうなるのか，はっきりした

第 5 章　不定詞関係詞節　　　　　　　　　　　　　　　　71

答えはみつからない．しかし 2 つ目の制約は，wh 関係詞と不定詞の特性をあわせて考えれば，予測できる．不定詞の主語は for を使って導入しなければならないが，主語導入の for 句と wh 関係詞句のどちらも文頭の位置に来なくてはならなくなり，それは無理なのである．

■非 wh タイプの不定詞

関係詞句をともなわない不定詞関係詞は，関係詞がある場合よりも，ずっと広範囲にわたる構造を許す．

(3) i.   She's the ideal person [(for you) to confide in ___].
          （彼女は，（あなたが）打ち明けるには理想的な人だ）
     ii. I've found something interesting [(for us) to read ___].
          （私は，（私たちが）読むのにおもしろいものをみつけた）
     iii. A systems analyst wouldn't be such a bad thing [(for her) to be ___].
          （システムアナリストは，（彼女が）やってもそう悪いものでないだろう）
     iv. That is not a very good way [(for him) to begin ___].
          （それは，（彼が）始めるのにあまりよいやり方ではない）
     v.   You're not the first person [___ to notice the mistake].
          （その間違いに気づいたのは，あなたが最初ではない）

関係詞化された要素は，それぞれ，残置された前置詞の補部，直接目的語，叙述補部，様態の付加詞，主語，である．最後の例以外では，for を付けて主語を加えることもできる．

　目的語あるいは前置詞の補部である名詞句の中に関係詞節がある場合は，目的を表す不定詞節と重なってくる．

(4) i.   He found a video [for the kids to watch].　　　　　　　［関係詞］
          （彼は，子供たちがみるビデオをみつけた）
     ii. He got it [for the kids to watch].　　　　　　［目的を表す付加詞］
          （彼は，子供たちがみられるように，それを買った）
     iii. He got a video [for the kids to watch].　　　　　　　　［あいまい］
          （彼は，子供たちがみるビデオを買った／彼は，子供たちがみられるように，ビデオを買った）

(4i) において，不定詞は関係詞で，定形の関係詞節 that the kids could watch

(子供たちがみることのできる)とほぼ同じ意味を表している．しかし (4ii) では，このような関係詞としての解釈は排除される．関係詞節は it を修飾することができないからである (*He got it that the kids could watch.)．代わりに (4ii) には「He got it in order that the kids could watch it. (彼は子供たちがみられるように，それを買った)」という目的節としての解釈がある．この解釈は，(i) では無理である．find (みつける) することは非動作主的であり，目的節の解釈を許さないためである．(4iii) では，どちらの構造の条件も満たしており，いずれの解釈も可能である．ただし実質上，2つの解釈の違いは，ほとんどない．

■ 可能・義務の意味

不定詞関係詞は，その特質として，定形節ならば，**can** や **should** で表されるような，可能・義務の意味を表すことがよくある．たとえば Here's something interesting for you to read. は Here's something interesting that you can/should read. (あなたが読むことができる・読むべきおもしろいものがあるよ) と同じ意味である．この可能・義務の意味のゆえに，(4) のような関係詞は，目的を表す付加詞節と意味が似てくる．主節の名詞句が定名詞句であれば，しばしば評価を表す修飾要素 ((1ii) の ideal や (1iii) の best) が現れる．あるいはそのような修飾要素がなくても，そのような評価をともなった意味で理解される．

主語を関係詞化した不定詞表現は，主語以外を関係詞化した場合よりも，いくぶん解釈の幅が広くなり，可能・義務以外の意味も許す．

(5) i. She's obviously the person to finish the job.　　　　　　[義務]
　　　　(明らかに，彼女がその仕事を終えるべき人だ)
　　ii. She was the first person to finish the job.　　　[義務の意味なし]
　　　　(彼女はその仕事を終えた最初の人だった)

(5i) の例は，主語でない要素を関係詞化した場合と似ている．「その仕事を終えるべき人」となり，「もっともよい」「～べき」という意味があると理解される．しかし (5ii) には，このような義務の意味がなく，単に「その仕事を終えた最初の人」という意味に等しい．このような解釈をともなう関係詞を含む名詞には，たいてい only, next, last や，first (最初の), second (第二の) のような序数詞が付いている．

第6章 融合タイプの関係詞構文

■ **分類**

融合タイプの関係詞に属する一連の構造をまず示してみると，(1) のようになる．

(1) 　　　　　単純形　　　　　　　　　　-ever 形
　i. a. I spent what he gave me.　　b. I spent whatever he gave me.
　　　（私は，彼がくれたものを使っ　　　（私は，彼がくれたものは何でも
　　　た）　　　　　　　　　　　　　　　使った）
　　　→ [名詞句]　　　　　　　　　　　→ [名詞句]
　ii. a. I gave him what money I had.　b. I gave him whatever money I had.
　　　（私は，持っていたお金を彼に　　　（私は，持っていたお金はどれも彼
　　　あげた）　　　　　　　　　　　　　にあげた）
　　　→ [名詞句]　　　　　　　　　　　→ [名詞句]
　iii. a. I'll go where you go.　　　　b. I'll go wherever you go.
　　　（私は，あなたが行く所へ　　　　　（私は，あなたが行く所ならどこへ
　　　行く）　　　　　　　　　　　　　　でも行く）
　　　→ [前置詞句]　　　　　　　　　　→ [前置詞句]

先ず最初の分類として，(a) の単純形，(b) の -ever 形（最後が -ever で終わる関係詞語）に分けられる．この分類と交差するのが，主要範疇による分類である．融合関係詞が (1i, ii) では名詞句であり，(1iii) では前置詞句である．名詞句のグループの中でも，さらに関係詞語が (1i) のように代名詞であるものと，(1ii) のように決定詞であるものとがある．

6.1 融合関係詞は句であり，節ではない

伝統的に，融合関係詞は節として分析されてきた．しかしここでは，名詞句または前置詞句であるとの立場をとる．まず名詞句の場合からみていき，(1i, ii) のような融合関係詞を名詞句として扱うべき証拠を検討していく．最初に，2.2 節の (6) であげたような 2 つの文が等価である，という事実から考えていってみよう．

(2) i. It would mean abandoning <u>that</u> which we hold most dear.
   ［先行詞＋節］
   (それは，私たちが最も愛おしいと思っているものをあきらめる，ということを意味することになってしまう)
   ii. It would mean abandoning <u>what we hold most dear</u>. ［融合関係詞］
   (それは，私たちが最も愛おしいと思っているものをあきらめる，ということを意味することになってしまう)

融合関係詞に相当するのは，関係詞節の which we hold most dear ではなく，関係詞節を含む名詞句の that which we hold most dear である．次の例も同様である．

(3) i. The dog quickly ate <u>the scraps that I'd left on my plate</u>.
   (その犬は，私が皿に残した食べ残しを，素早く食べた)
   ii. The dog quickly ate <u>what I had left on my plate</u>.
   (その犬は，私が皿に残したものを，素早く食べた)

もちろん，この 2 つの文がまったく等価だというわけではない．(3i) では scraps という語彙項目が含まれている．しかし (3ii) でも，動詞 ate の目的語であることから，what I had left on my plate が，(3i) と同様に何か具体物を表していることになる．対照的に，節は命題や出来事といったような抽象的なものを表す．これらの点を考えれば，融合関係詞と名詞句とが，意味的に似ていることがわかる．しかし統語的にも，融合関係詞を名詞句として分析すべき強力な証拠がある．

(a) 主語・動詞の一致

(4) a. <u>What money she has</u> <u>is</u> in the bank.

（彼女が持っているお金は，銀行に預けてある）
　b.　What books she has are in the attic.
　　　（彼女が持っている本は，屋根裏にある）

ここで動詞は，主語の位置にある融合関係詞と数（すう）の一致をしている．(4b)では，be 動詞が are であるから，what books she has が複数扱いであることがわかる．ちょうど all the books she has と同じことになる．対照的に，節が主語になっている場合は，That she has so few books is rather surprising.（彼女がそんなに本を持っていないというのは驚きだ）のように，常に3人称単数扱いになる．

(b)　主語・助動詞の倒置

(5)　a.　What she suggests is unreasonable.
　　　　（彼女が提案していることは，筋が通らない）
　　b.　Is what she suggests unreasonable?
　　　　（彼女が提案していることは，筋が通らないだろうか）

融合関係詞は，疑問文や，そのほかの主語・助動詞倒置をともなう構文に生じることができる．ここでもまた，融合関係詞は節でないことが，はっきりする．節の場合は，That she proposes to go alone is unreasonable.（彼女が1人で行くと提案するのは，筋が通らない）に対して，*Is that she proposes to go alone unreasonable? とすることができない．

(c)　外置は不可

(6)　a.　What she suggests is unreasonable.
　　　　（彼女が提案していることは，筋が通らない）
　　b.　*It is unreasonable what she suggests.
　　　　（彼女が提案していることは，筋が通らない）

通常の名詞句と同じく，融合関係詞は外置することができない．ここでもやはり節との違いがみられる．節ならば，That we should have to do it ourselves is unreasonable.（私たちがそれを自分たちですべきというのは，筋が通らない）だけでなく，外置した It is unreasonable that we should have to do it ourselves. も可能である．

(d) 前置詞の前置は不可

(7) i. a. What she referred to was Riga. ［融合関係詞］
(彼女が言及したのは，リガだった)
b. The city which she referred to was Riga. ［統合関係詞］
(彼女が言及した都市は，リガだった)
ii. a. *To what she referred was Riga. ［融合関係詞］
(彼女が言及したのは，リガだった)
b. The city to which she referred was Riga. ［統合関係詞］
(彼女が言及した都市は，リガだった)

融合関係詞において，関係詞化された要素が前置詞の補部である場合は，(7ia)にみられるように，その前置詞は残置されなければならない．前置詞を補部と一緒に文頭へもっていくことはできない．ただし (7iib) のように，統合関係詞ならば，前置が可能である．このように文法性で差が生じるのは，which she referred to が節であるのに対して，what she referred to は名詞句であるためである．統合関係詞において，前置詞を前の位置に動かすと，前置詞は節の最初の位置に置かれることになる．しかし融合関係詞で前置詞を前に動かすと，前置詞は名詞句の前に置かれることになる．だから (7iia) が逸脱しているのは，*To the city which she referred was Riga. が逸脱しているのと同じことである．統合関係詞では，先行詞 city と関係代名詞 which が別々だから，前置詞を間にはさむことができる．しかし融合関係詞では，先行詞と関係代名詞が 1 つにまとまっているから，前に動かした前置詞を置く場所がなくなってしまう．

(e) 名詞句が担える機能
融合関係詞は，通常の名詞句と同じ機能を担うことができる．

(8) i. What he said was outrageous. ［主語］
(彼が言ったことは，ひどすぎた)
ii. They criticise whatever I do. ［直接目的語］
(彼らは，私がすることは何でも批判する)
iii. We'll give whoever needs it a second chance. ［間接目的語］
(必要な人になら誰にでも，もう一度チャンスをあげよう)
iv. Things aren't always what they seem to be. ［主語叙述補部］

v. She made him what he is.　　　　　　　　　　　［目的語叙述補部］
　　　　（彼女のお蔭で，現在の彼がある）
　　　vi. I was ashamed of what I had done.　　　　　　　［前置詞の補部］
　　　　（私は，自分のしたことが恥ずかしかった）

最もはっきり違いがわかるのは，融合関係詞が名詞や形容詞の補部にはなれないという点である（ただし worth（〜の価値のある）のように，例外的に名詞句補部をとれる形容詞では，この限りでない（第5巻参照））．たとえば以下を比較してみよう．

(9) i. I'm sorry that you were inconvenienced.　　　　　　　　［節］
　　　　（あなたに不便をおかけして申し訳ない）
　　ii. *I'm sorry the inconvenience/what I did.　　　　　　　　［名詞句］
　　　　（あなたに不便をおかけして申し訳ない）

sorry は補部として節をとるが，名詞句をとることはできない．名詞句をとろうとすれば，I'm sorry for the inconvenience/for what I did. のように，前置詞を入れる必要がある．

(f) 統合関係詞と共起することも可能

(10) i. Whatever they gave him that he didn't need he passed on to me.
　　　　　　　　　　　　　　　　　　　　　　　　　　　　　　［統合タイプ］
　　　　（彼らが彼に与えたもので，彼が必要としないものはどれでも，彼は私にまわした）
　　ii. He told me he had done it himself, which was quite untrue.
　　　　　　　　　　　　　　　　　　　　　　　　　　　　　　［補足タイプ］
　　　　（彼はそれを1人でしたと言ったが，それはまったく真実でなかった）

that he didn't need は，whatever they gave him を先行詞としてとっている統合関係詞であり，また passed の目的語として機能している名詞句の一部でもある．すでに述べたように，節が先行詞になれるのは，(10ii) のように補足的関係詞の場合だけである．which の先行詞は he had done it himself であり，関係詞節は補足的なタイプのものでなければならない．つまり，融合関係詞は，通常の名詞表現と同じく，統合関係詞によって修飾できるのである．こ

の点で，節とは異なっている．

6.2　融合関係詞と wh 疑問節との比較

融合関係詞と従属化した wh 疑問節との間には，かなり重なる部分がある．たとえば，以下の例を考えてみよう．

(11)　i.　I really liked <u>what she wrote</u>.　　　　　　　　［融合関係詞］
　　　　　（私は，彼女が書いたものが，本当に気にいった）
　　　ii.　I can't help wondering <u>what she wrote</u>.　　　　［wh 疑問］
　　　　　（彼女は何を書いたのか，と思わずにいられない）
　　　iii.　<u>What she wrote</u> is completely unclear.　　　　　［あいまい］
　　　　　（彼女が書いたものは，まったく不明瞭だ／彼女が何を書いたかは，まったくはっきりしない）

(11i) で，liked の補部は名詞句であり，先行詞＋統合関係詞節を含んだ名詞句 (the material which she wrote（彼女が書いたもの）) と，ほぼ同じ意味を表している．(11ii) で，what she wrote は埋め込み疑問節であり，What did she write?（彼女は何を書いたの？）を従属化させたものである．「私は "What did she write?" という疑問を自分に問いかけずにはいられない」と言い換えられよう．しかし，(11iii) はいずれにも解釈できる．主語が融合関係詞であると解釈すれば，「彼女が書いたものは，まったく不明瞭だ（＝彼女は明晰に書けなかった）」という意味になる．主語が従属化された疑問節であると解釈すれば，(11iii) は「"What did she write?" に対する答えが，まるでわからない（たとえば，「本か論文などの，どの部分を彼女が書いたのかが，わからない」）」という意味になる．(11i) にこのようなあいまいさがないのは，like が疑問節を補部としてとれないからである．そして，(11ii) があいまいでないのは，wonder が名詞句を補部としてとれないためである（名詞句を例外的にとる場合もあるが，ここでは関係がない）．

> ［専門的解説］
> wh 疑問は，主節の場合であれ (What did she write?)，従属節の場合であれ (what she wrote)，変項を含む疑問を表す（第 6 巻参照）．このような疑問の命題内容には，変項が含まれ ("She wrote x（彼女は x を書いた）")，答えの

第 6 章　融合タイプの関係詞構文　　　　　　　　　79

文が，その変項の値を指定する（She wrote the preface.（彼女はその序文を書いた）; She wrote a textbook on phonetics.（彼女は音声学の教科書を書いた）など）という特徴がある．統合関係詞も変項を含むと分析してきたが，こちらの場合には，変項が先行詞に照応的に束縛されている．たとえば，すでにみた no candidate who scored 40% or more では，「次のような候補者 x はいない：[x scored 40% or more]」（＝40% 以上獲得したような候補者は，いない）というような分析になる．融合関係詞の場合は，先行詞と代名詞が統語的にわかれていないが，解釈上は変項が存在する．たとえば（11i）では「私は次のような x が気にいった：she wrote x」のようになる．だから関係詞も疑問節も，どちらも "She wrote x" を含みこんでいることになる．関係詞の場合は，変項が先行詞に束縛されているが，疑問節では，変項の値がその疑問節に対する答えによってもたらされる．

　この考え方にしたがい，さらに以下の例を考えてみよう．

(12)　i.　The dogs wouldn't eat what she gave them.　　　　［融合関係詞］
　　　　（その犬たちは，彼女が与えたものを食べようとしなかった）
　　ii.　I told him what she gave them.　　　　　　　　　　　［wh 疑問］
　　　　（私は彼に，彼女が何を彼らに与えたかを言った）
　　iii.　I told him what she suggested I tell him.　　　　　　［あいまい］
　　　　（私は彼に，彼女が私に対して，彼に何を言うべきと示唆したかを教えた）
　　　　　　　　　　　　　　　　　　　　　　　　　　　　　［wh 疑問］
　　　　（私は彼に，彼女が私に対して彼に言うべきだと示唆したことを言った）
　　　　　　　　　　　　　　　　　　　　　　　　　　　　　［融合関係詞］

ここでもやはり，融合関係詞は，先行詞＋統合関係詞を含む名詞句（the food which she gave them（彼女が犬たちに与えた食べ物））と，おおよそ同じ意味になる．だから（12i）を「犬は次のような x を食べないだろう：she gave them x」のように分析できるかもしれない．ここでも曖昧性は生じない．eat は節を補部としてとれないからである．例の（12ii）は「私は，彼に次の疑問文に対する答えを言った：'What did she give them?'」と言い換えられる．すなわち，「私は，彼に次の変項 x の値を言った：'She gave them x'」ということになる．

　I told him the news.（私は彼にその知らせを伝えた）のように，tell は名詞句を補部としてとることができる．しかし tell することができるものは，give することができるものとは違うから，（12ii）には「#私は彼に，'she gave them x' であるような x を言った」のような融合関係詞の解釈はない．ただ

し，この不整合性を取り除くように例を変えれば，(12iii) のように，tell でもあいまいな例がつくれる．疑問節としての解釈は (12ii) の解釈と同じで，「私は彼に次の疑問に対する答えを言った：'What did she suggest I tell him?'（彼女は，彼に何と言え，と私に示唆したのか）」となる．すなわち，「私は，'She suggested I tell him x'（彼女は，「彼に x と言え」と私に示唆した）における変項 x の値を彼に教えた」ということである．これに対して，融合関係詞の解釈は，「私は 'she suggested I tell him x' であるような x（彼女が，「彼に x と言え」と私に言ったような x）を，彼に言った」となる．

　この2つの解釈の違いをわかりやすくするために，つぎのような場面を想像してみよう．彼女が私に，彼の申込価格は，もっと金額を上げなければならないだろう，と彼に言うようにと示唆している．この場面で，(12iii) の疑問節としての解釈（「何と言えと示唆したか？」）は，I told him that she suggested I tell him that his offer would have to be raised.（私は彼に「彼女が私に対して，彼の申込価格よりも，もっと金額を上げなければならないだろう，と彼に言うように示唆した」と教えた）と等しくなる（これは，あくまで「彼女がそう言った」ということにしておいて，私自身が彼の申込価格をどう評価しているか，は避けている言い方である）．一方で融合関係詞としての解釈（「彼に言えと示唆したこと」）は，I told him that his offer would have to be raised.（私は彼に，彼の申込価格よりも，もっと金額をあげなければならないだろう，と言った）と同じことになる．ようするに，「私は彼に，「私が彼に x を言うようにと，彼女が示唆した（'she suggested I tell him x'）」ような x を言った」つまり「私は彼に x を言った」のである．そしてその x とは，「彼の申込価格よりも，もっと金額を上げなければならないだろう（"his offer would have to be raised"）」である．

ここまでは，2つの構文の意味的違いをみてきた．今度は，統語的違いに移ろう．

(a) 名詞句と節

融合関係詞（where や when によって導入される前置詞的なものは除く）は名詞句だが，疑問節は名詞句でなく節である，ということをこれまで示してきた．6.1 節では，一致，主語・助動詞倒置，外置，前置詞の前方移動，形容詞補部に関して，融合関係詞の特性をみてきたが，これらの特性を今度は，融合関係詞と疑問節の区別に当てはめて考えることができる．

第 6 章　融合タイプの関係詞構文

(13) i. a. What ideas he has to offer are likely to be half-baked.
　　　　　　　　　　　　　　　　　　　　　　　　　　　［融合関係詞］
　　　　　（彼が提案できるアイディアは，中途半端なものだろう）
　　　　b. What ideas he has to offer remains to be seen.　［疑問］
　　　　　（どんなアイディアを彼が提案できるかは，まだわからない）
　　ii. a. Is what she wrote unclear?　　　　　　　　　　［融合関係詞］
　　　　　（彼女が書いたものは不明瞭か？）
　　　　b. It is unclear what she wrote.　　　　　　　　　　［疑問］
　　　　　（彼女が何を書いたかは，はっきりしない）
　　iii. a. What he's referring to/*To what he's referring is Riga.
　　　　　　　　　　　　　　　　　　　　　　　　　　　［融合関係詞］
　　　　　（彼が言及しているのは，リガだ）
　　　　b. I can't imagine what he's referring to/to what he's referring.
　　　　　　　　　　　　　　　　　　　　　　　　　　　　　　［疑問］
　　　　　（彼が何に言及しているのか，想像できない）
　　iv. He's not sure what he should say.　　　　　　　　　［疑問］
　　　　（彼は，何というべきかよくわからない）

(13ia) の主語は複数扱いであるから，名詞句でなければならない．対応する (13ib) の主語節は，3人称・単数・現在扱いである．(13ii) において，(a) では主語・助動詞倒置が起こっているから，what she wrote は名詞句でなければならない．(b) では外置が起こっているから，こちらの what she wrote は節でなければならない．どちらの例でも，What she wrote is completely unclear.（彼女が書いたものは，まったく不明瞭だ／彼女が何を書いたかは，まったくはっきりしない）のようなあいまいさはない．(13iii) において，(b) では，前置詞を前に置くことが可能であるから，imagine の補部が，名詞句でなく節であることがわかる．[1] (13iv) で，形容詞 sure の補部は疑問にしかなりえず，「彼は次の疑問に対する答えがよくわからない：'What should he say?'」という解釈になる．

---

[1] この最後の点は，両者を区別するテストとして万能ではない．従属疑問構文においては，前置詞を残置させた構文のほうが強く好まれるし，あるいはこの構文しかそもそも可能でないからである（第5巻参照）．I can't imagine what he's getting at/*at what he's getting（私は，彼が何を言わんとしているのか，想像できない）のように．

(b) 非局所的依存関係を表す語における違い

who, whom, whose, which, why, how が融合関係詞に現れる場合は，かなり厳しい制約を受けている（以下で説明）．しかし疑問詞として疑問節に生じる場合には，そのような制約がない．融合関係詞と疑問節の区別は，きわめてはっきりしている．

(14) i. a. I agree with what she wrote. ［関係詞］
        （私は，彼女が書いたことに賛成だ）
    b. *I agree with who spoke last. ［関係詞］
        （私は，最後に話した人に賛成だ）
 ii. a. I accepted what he offered. ［関係詞］
        （私は，彼が申し出たことを受け入れた）
    b. *I accepted which he offered. ［関係詞］
        （私は，彼が申し出たものを受け入れた）
 iii. a. I wonder what she wrote. ［疑問節］
        （彼女は何を書いたのだろう）
    b. I wonder who spoke last. ［疑問節］
        （誰が最後に話したのだろう）
 iv. a. I know what he offered. ［疑問節］
        （私は，彼が何を申し出たか知っている）
    b. I know which he offered. ［疑問節］
        （私は，彼がどれを申し出たか知っている）

逆に，一連の -ever 形は融合関係詞で自由に生じるが，一般的に疑問節では許されない．[2]

(15) i. a. He accepted what/whatever she offered. ［関係詞］
        （彼は，彼女が申し出たことを受け入れた／彼は，彼女が申し出たことは何でも受け入れた）

---

[2] 次の例のように，ever がまったく異なる意味（「一体」）で用いられている場合は無視する．I can't imagine what ever he was thinking about. （彼が一体何を考えているのか，私には想像できない）．しかし疑問節でも，-ever 形が現れるタイプが存在する．疑問節が，網羅的条件付加詞（exhaustive conditional adjuncts）として機能している場合である．He won't be satisfied, whatever you give him. （彼は，あなたが何を与えようとも，満足しないだろう）のように．この構文（および，それと融合関係節との比較）は第6巻で扱う．

第6章　融合タイプの関係詞構文　　83

  b. He planted roses where/wherever there was enough space.

    ［関係詞］

  （彼は，十分なスペースがあるところにバラを植えた／彼は，十分なスペースがあるところならどこでもバラを植えた）

 ii. a. He didn't tell me what/*whatever she offered. ［疑問節］

   （彼は，彼女が何を申し出たかを私に言わなかった）

  b. He went to see where/*wherever there was enough space.

    ［疑問節］

  （彼は，どこに十分なスペースがあるかを見に行った）

(c)　省略による縮約

wh疑問は，主節の場合であれ従属節の場合であれ，節の残りの部分が照応的に復元可能ならば，縮約して疑問詞句だけにすることができる．しかし融合関係詞では，このように縮約することができない．これは統合関係詞の場合と同じである．以下を比較してみよう．

(16) i. a. A: Jill gave him something last night.
     B: What? ［疑問］
     （A: ジルは昨晩，彼にあるものをあげた．B: 何を？）
  b. Jill gave him something last night, but I don't know what.
   （ジルは昨晩，彼にあるものをあげたけど，私は何か知らない）
 ii. a. *Jill gave him something last night, but he lost what.

    ［融合関係詞］

   （ジルは昨晩，彼にあるものをあげたが，彼はそれをなくした）

  b. *Jill gave him a book last night, but he lost the book which.

    ［統合関係詞］

   （ジルは昨晩，彼に本をあげたが，彼はその本をなくした）

(16ia)で，whatはWhat did she give him?（彼女は彼に何をあげたの？）という疑問文と同じ意味を表している．しかし(16iia)が示すように，関係詞のwhat she gave himを，同じようにwhatに縮約することはできない．(16ib, iib)でも同様である．

(d)　不定詞は疑問構文のみに限定

wh疑問節と融合関係詞がさらに異なる点として，前者のみが不定詞形になれ

ることがあげられる．I wonder what to buy.（私は何を買うべきだろう）とは言えるが，たとえば *I can't afford what to buy.（私は，買うべきものを買う余裕がない）とは言えない．

6.3 統語分析

このシリーズで採用している名詞句の分析（第3巻参照）にしたがえば，主要部が，隣接する依存要素と融合することも可能である．つまり，2つの機能が一緒になって具現化されることになる．たとえば Many would agree with you.（多くの人が，あなたに賛成するだろう）において，many が決定詞（多くの）と主要部（人）の機能を同時にはたしている．融合関係詞においても，その名のとおり，やはり機能的に融合している．ただしこの場合は，名詞句の主要部が，関係詞節で関係詞化された要素と融合している．

例として，I really liked what she wrote.（私は，彼女が書いたものが，本当に気にいった）における what she wrote をとりあげてみよう．すでに証明したように，融合関係詞は名詞句である．また我々は，what がその名詞句の主要部と，関係詞節の中核部より前の位置にある要素とを，同時に具現化しているものと考える．

(17)

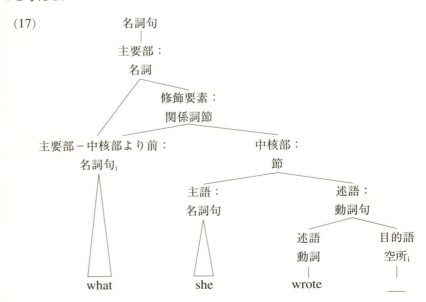

第6章　融合タイプの関係詞構文　　　　　　　　　85

■格

(17) において，what は名詞句全体の主要部であり，同時に関係詞節の目的語でもある．人間を表す **who** （～する人），**whoever** （～する人は誰でも）により導かれる関係詞では，関係詞節においても，名詞句全体が埋め込まれている主節においても，代名詞は格に関する要件を満たさなければならない．以下を比較してみよう．

(18) i. [Whoever is responsible for the damage] must pay for it.
(その損害に責任のある人は誰でも，弁償しなければならない)

　　ii. He will criticize [whomever she brings home].
(彼は，彼女が家に連れてくる人なら誰でも批判するだろう)

　　iii. ?[Whomever he marries] will have to be very tolerant.
(彼が結婚する人は誰でも，非常に辛抱強くなければならないだろう)

　　iv. ?She lunches with [whomever is going her way after morning classes].
(彼女は，午前の授業が終わった後で，同じ方向に行く人なら誰とでも一緒にランチを食べる)

(18i) では，名詞句全体（角括弧内）と関係詞化された要素（下線部）の両方が，それぞれの節の主語である．だから主格の形が，両方の要件を満たしている．(18ii) では，名詞句全体と関係詞化された要素の両方とも目的語であり，対格が完全に容認可能である（いくぶん，文体的には形式ばっているけれども）．しかし (18iii) と (18iv) では，名詞句全体の機能と関係詞化された要素との機能が衝突してしまう．それぞれ，(18iii) では主語と目的語，(18iv) では前置詞の目的語と主語である．その結果，どうみても違和感が残る．どちらも whoever ならよくなるが，それでも，形式ばった文体では完全に容認できると言えない，と感じる話者が多い．

6.4　融合構文における関係詞語

融合関係詞構文において用いられる関係詞語は，以下のとおりである．[3]

(19) i. 単純形 **who**　　what　　which　　where　　when　　how　　while

---

[3] -ever 形には，-so の付いた古風な形式もある（whosoever, whatsoever など）．

ii. 複合形 **whoever** whatever whichever wherever whenever however

who と **whoever** は，(18i, ii) のように，主格と対格とで形が変わる．**whoever** の属格形については注 4 を参照のこと．

融合関係詞における who, what, which の違いは，疑問詞の場合と同じである．そのため，非融合関係詞の場合とは，かなり違ったパターンになる．

(20)　　　　　　　　融合関係詞，wh 疑問節　　非融合関係詞
　　i. 代名詞
　　　who　　　　　　人間を表す　　　　　　人間を表す
　　　what　　　　　　人間以外を表す　　　　──
　　　which　　　　　　──　　　　　　　　　人間以外を表す
　　ii. 決定詞
　　　what　　　　　　非選択的　　　　　　　──
　　　which　　　　　　選択的　　　　　　　（非選択的）

人間を表すかどうかの区別は，who 対 what で表される．非融合関係詞のように who 対 which で表すことはしない．また which は，融合関係詞の場合は，疑問節の場合と同じく決定詞の役目をはたし，what と異なり選択的な意味（「どれ」）を表す．非融合関係詞における決定詞の which には，このような対比がなく，選択的意味を表さない（そして補足タイプしかない）．同じことは，-ever 形にも当てはまる．

(21)　i. [Whoever finishes first] will win a prize.　　　　　［人間を表す］
　　　　　（最初に終える人なら誰であれ，その人が賞をもらう）
　　ii. [Whatever you can let us have] will be very much appreciated.
　　　　　　　　　　　　　　　　　　　　　　　　　　　　　　　　［人間以外］
　　　　　（贈っていただくものは何であれ，非常に有り難く存じます）
　　iii. I'll use [whichever edition I can get hold of].　　　　［選択的］
　　　　　（私は，入手できる版ならどれでも使おう）
　　iv. He appears to have lost [whatever interest he ever had in it].
　　　　　　　　　　　　　　　　　　　　　　　　　　　　　　　　［非選択的］
　　　　　（彼は，それに対して持っていた関心をまったく失ってしまったようだ）

(21iii) では，いくつかある版のうちから 1 つを選んでいるが，(21iv) には，このような意味がない．whichever は，決定詞であり代名詞でないのだが，次

のように，決定詞と主要部が融合した機能をはたすことができる．

(22) [Whichever of these two finished ahead of the other] would be the undisputed financial leader of the tour.
（2 人のうちで先に終えた者はどちらであっても，文句なしにツアーの財政面を仕切っていくことになるだろう）

3 つの単純形 who, which, how は，実質上，**自由選択構文（free choice construction）**とよばれる特定の融合関係詞でしか使われない．まずこの用法をみていき，それから他の用法に移る．-ever 形と単純形は区別していく．

■ 自由選択構文（You can do whatever/what you want）

(23) i. Invite [whoever/whomever/who/whom you like].
（あなたが招待したい人なら，誰でも招待しなさい）
  ii. Liz can go [wherever/where she wants].
（リズは，行きたい所ならどこへでも行ける）

これらの融合関係詞において，主節の主語（明示的に現れているものであれ，意味的に理解されているものであれ）の指示対象には，選ぶ自由がある．(23i) で，誰を招待するかを決めるのは主語のあなただし，(23ii) で，行き先を選ぶのはやはり主語のリズである．any にも自由選択の意味があるから，any＋融合関係詞の構文を使って，Invite anyone you like. と Liz can go anywhere she wants. としても，ほぼ同じ意味を表せる（ただし微妙な差もある．第 3 巻参照）．

　自由選択構文において，-ever 形と単純形との間に，目立った意味の違いはない．また who, which, how は，他の種類の融合関係詞に生じることがほとんどないので，-ever が意味的に余剰であり省略可能だと考えることもできる．つまり，「どれでもいいから」という意味は，自由選択によって含意されるから，わざわざ関係詞語で表さなくてもよいのである．この構文に生じる動詞は choose（選ぶ），like（好む），please（好む），want（欲する），wish（望む）といったごく少数のものに限られ，補部節をとっているかのように解釈される．たとえば (ii) では，"She can go wherever she wants to go.（彼女は，行きたいところならどこにでも行ける）" という意味になる．そうすると，Sack who you like は「あなたの好きな人をくびにしなさい」でなく「あなたがくびにしたい人なら，誰であれくびにしなさい」という意味になることに注意する必要がある．このようにこの構文には，通常は融合関係詞に生じないような単純形

を許す,という特異な統語的特性がある.ただしこれは,補部節が明示的に現れていない場合のみに限られている.だから Invite who you want. は容認可能だが,?Invite who you want to invite. はよくない.さらに please は,補部節をとることができない.Go where you please.(好きなところに行きなさい)はよいが,現代英語で *He pleased to go to Paris.(彼はパリに行きたかった)は不可である.また like では,不定詞補部をともなう場合と,アスペクト的に異なってしまう.たとえば I like to take the biggest portion.(私は,一番大きなところをとるのが好きだ)は,何度もとっていることを含意するが,Take which you like.(好きなものをとりなさい)には,このような含意がない.主節にも制限がある.たとえば融合関係詞は,主節の動詞よりも後に生じなければならない.I'll invite who you like.(私は,あなたが呼びたい人を招待しよう)は容認可能だが,*Who you like I'll invite.(あなたが呼びたい人を,私は招待しよう)は不可である.[4]

■ -ever 形のその他の用法

(24) i. [Whoever told you that] can't have read the report carefully.
 (あなたにそんなことを言った人は誰であっても,報告書を注意して読んだはずがない)

 ii. I'll accept [whatever price you suggest].
 (あなたが言う値段なら,いくらでも受け入れよう)

 iii. I'll go [wherever they tell me to go].
 (私は,彼らが行けと言う所なら,どこへでも行こう)

 iv. [Whenever I see her], she's reading.

---

[4] 属格形の whosever, whoever's(くだけた文体)は,自由選択構文において可能だが,稀である.Take whosever/whoever's you like.(誰のであれ,あなたの好きなのを選びなさい)は,Whose bicycle shall I take?(誰の自転車を選びましょうか)に対する答えとしてなら可能だろう.属格形は自由選択構文でないと許されない.たとえば *They want to question whosever/whoever's dog was barking throughout the night.(彼らは,その人の犬が夜通し吠えていた人物を問い詰めたい),*Whosever/Whoever's car is blocking my driveway must move it immediately.(その人の車が私の車道をふさいでいる人は,ただちに車を動かさなければならない)は,不可である.これらの文では,属格の決定詞(whosever/whoever's)とその後に続く主要部名詞(dog, car)のどちらが,関係詞節の主要部なのかが紛らわしく,彼らが問い詰めたい人物が犬であり,動かさなければならない人物が車である,というおかしな意味にとれてしまう.

（彼女をみかけるといつでも，彼女は読書をしている）

-ever がついている句は，指示対象をもたない．これらの例では，いかなる特定の人物・価格・場所・時間も指示していない．このような指示対象をもたない表現については，他の例も含め，第3巻を参照のこと．(24i) の角括弧でくくられた句は，記述的名詞句である．「'x told you that' という記述を満たす人物 x」という意味であり，「誰なのかは知らない」という含意がある．(24ii) と (24iii) の解釈は，非特定的である．ここで問題になっているのは，これから行う「価格を提案する」と「私にどこへ行くべきかを言う」という行為である．(24iv) は，何度も繰り返し起こる状況について述べている．私がある時間 x において彼女に会うと，彼女はその時間 x において本を読んでいる，という状況が繰り返し起こる，ということになる．先ほど (23) でみた自由選択構文も，非特定性を表す構文の一種である．(23) の自由選択構文と同じく，(24ii, iii) の非特定的な場合にも，any を使った言い換えが可能である．たとえば角括弧の部分は，それぞれ any price you suggest や anywhere they tell me to go と言い換えられる．またやはり any の場合と同じく，「every（どれも），all（すべて）」という含意がある．たとえば I'll do whatever I can to help you. は「あなたを助けるために，できることならどんなことでも／すべて，します」という意味になる．また，何度も繰り返し起こる状況の場合には，この every の解釈が一層はっきりとする．(24iv) は，"Every time I see her, she's reading.（彼女をみかけるたびに，彼女は読書をしている）" と言い換えることができる．

・等位接続と補足における用法

融合関係詞の -ever 形は，名詞句および時間・場所を表す前置詞句ならば，当然現れるであろうと思われる場所に，現れることができる．(24i) の主語，(24ii) の目的語，といった具合に．とくによくみられるのは，-ever 形が等位接続の最終要素として生じた場合と，補足的用法の場合である．

(25) i. The central computer will simulate rape scenes or high-speed motor chases or [whatever stimulates their proletarian fancies].
（中央コンピューターは，レイプの場面でも高速でのカーチェイスでも，あるいは労働者の想像力を刺激するものなら何でも，シミュレーションを行う）

ii. There's always something different to do or eat or [whatever it

happens to be].
(することでも，食べるものでも，あるいは何でもいいから，常に何か違ったことがある)

iii. They put on old coats or ducking jackets, [whichever they carried behind their saddle cantles].
(彼らは古いコートかジャケットか，どちらでも鞍にひっかけておいたものを，身に着けた)

・縮約

この構文は，縮約して関係詞句＋形容詞の叙述補部（possible（可能な），necessary（必要な），feasible（実行可能な））または過去分詞の形にすることができる.[5]

(26) i. They want to assist the impending assault in [whatever way possible].
(彼らは，差し迫った襲撃を，どんな可能な方法でもいいから援助したい)

ii. She came to Atlanta, in the fall of 1888, to help [wherever needed].
(彼女は1888年の秋にアトランタに来た．必要とされるところならどこででも助けるために)

■ 単純形のその他の用法

上で述べたように，who, which, how は自由選択構文において -ever 形の交替形として生じることができるが，それ以外で融合関係詞に現れることは，ほとんどない．現代英語でも，古い用法を引用して用いる場合に，who が現れることがある．たとえば Who steals my purse steals trash.（私の財布を盗む者は，くずを盗む者だ）［シェイクスピアの『オセロ』より］のように．しかし *Who wrote this letter must have been mad.（この手紙を書いた者は，気がくるっていたに違いない）や，*He always ordered which (one) was cheaper.（彼は常に，よ

---

[5] 等位構造では，-ever 形が単独で現れることが，よくある．たとえば Disturbed by this telephone call or whatever, she walked out into the night.（この電話やら何やらで心を乱されて，彼女は夜中に散歩に出かけた）のように．これは単なる名詞句であると考えられる．ただし whatever の後に "it was" のような要素を補って理解すれば，融合関係詞とみなすこともできよう．

り安いものを注文した）［which が関係詞語であるとの解釈］とは言えない．How を用いた例はみつかるが，非常に珍しく，容認度もあまり高くない．$^\%$We will not change how we use future contracts during the terms of this Prospectus. (この案内の期間中は，我々は，今後の契約をどのように使うか，を変更しない）や，$^\%$I don't like how it looks.（私はそれのみえ方が気に入らない）のように．

・**what**
融合関係詞の名詞句で最も頻繁にみられるタイプは，what を主要部にもつものである．whatever のような非指示的名詞句でみられるが，指示的名詞句でも問題なく生じる．

(27) i.　I'll do [what I can] to help you.　　　　　　［非指示的（非特定的）］
　　　　（あなたを助けるのに，できることをしましょう）
　　ii.　They seem pleased with [what I gave them].　　　　　［指示的］
　　　　（彼らは，私があげたものが気にいっているようだ）

自由選択構文を別にすれば，決定詞の what は，不可算名詞句か複数名詞句に限られ，「少ない」という意味をもつ．この意味は little や few がつくとさらに強まり，また much や many とは矛盾する．

(28) i.　This will further erode [what (little) economic credibility the government has left].
　　　　（政府が残していたわずかばかりの経済的信用も，これでさらに失せていくだろう）
　　ii.　[What (few) mistakes she had made] were all of a minor nature.
　　　　（彼女がおかしたわずかばかりの間違いは，すべてたわいのないものだった）

・「指定の be」構文
非局所的依存関係を表す語の単純形は，指定の be を含む主節内によく生じる．この場合，融合関係詞と従属疑問節とを区別するのは，かなり難しい．たとえば以下の例を比較してみよう．

(29) i.　What caused the trouble was a faulty switch.　　　　［融合関係詞］
　　　　（その障害を引き起こしたのは，不良品のスイッチだった）
　　ii.　A faulty switch was what caused the trouble.　　　　［融合関係詞］
　　　　（不良品のスイッチが，その障害を引き起こしたものだった）

iii. That's who I meant. That's not how to do it. ［疑問節］
（それが私の言っている人です．それがそのやり方ではない）

iv. He's not who she thinks he is. ［疑問節］
（彼は，彼女が思っているような人物ではない）

[専門的解説]
(29i) は，擬似分裂文の例である（第9巻参照）．この構文は，通例 be 動詞の前後をひっくり返すことができる．たとえば，(29i) は (29ii) にしても容認可能である．これらの例で，融合関係詞がかかわっているのは，まず間違いない．たとえば主語・助動詞倒置が可能である（[Was] [what caused the trouble] a faulty switch?）し，その一方で前置詞を前に移動することはできない（What I'm referring to is his intransigence. は容認可能だが *To what I'm referring is his intransigence. は不可）．

しかし (29iii, iv) の例では，ひっくり返すことができない（*How to do it is not that.）．また下線部は，the person I meant, the way to do it, the person that she thinks he is といった名詞句で言い換えられるけれども，実際は疑問節である．まず第一に，who がこの位置に現れているが，融合関係詞では，自由選択構文でない限り，これができない．とくに，擬似分裂文には生じられない（*Who caused the trouble was your brother.）．[6] 同様に，how to do it の不定詞形は，融合関係詞では不可能である．逆に，関係詞には生じるが疑問節には生じられない項目の1つとして while があるのだが，while はこの位置に生じない．たとえば That was while we were in Paris. は，(29iii) とまるで意味が異なる．この文は，私たちがパリにいた時期を指定している（「それが，私たちがパリにいた時期だった」）のではなく，'that' をその期間内に位置付けているだけである（「それは，私たちがパリにいる間のことだった」）．

(29iii, iv) が擬似分裂文とさらに違うのは，擬似分裂文のように統合関係詞を組み込むことができない点である（例文 (10i) での議論も参照のこと）．What she left me that I treasure most is this little music-box. （彼女が私に残してくれて，私が一番大事にしているのは，このオルゴールだ）は容認可能だが，

---

[6] why は，（対応する -ever 形は存在しないが）疑問構文に自由に生じられる（This is why I'm leaving.（こういうわけで，私は去ります））．しかし融合関係詞では，擬似分裂文なら可能（Why I'm leaving is that/because there's no opportunity to use any initiative.（なぜ私が去るかと言えば，思ったようにやれる機会がないからです））だが，それ以外では不可である．

*That's who she recommended who has the best qualifications. (それが，彼女が薦めて，一番資格のある人だ) は不可である．

　最後に，そして最も決定的なことだが，(29iii) の「指定の be」構文では，前置詞を前に置くことが可能である．That is precisely for what it was designed. (それは，まさにそのために設計されています) や，That is exactly against what we should be fighting now. (それは，まさに我々が戦うべきことだ) のように．この点で擬似分裂文とはっきり区別され，疑問節に違いないことになる．

　(29) で関係詞と疑問節が意味的に似かよっていることは，すでに提案した統語分析ともつじつまが合う．(29i) の意味は「その障害を引き起こしたような x は，不良品のスイッチだった」となり，ここでは a faulty switch が，融合関係詞で定義された変項 x の値を表している．That's who I meant. においては，主語の that が，埋め込み疑問の命題内容である "He meant person x" 内の変項に対する値を与えている．つまり，"Who did he mean?" (彼は誰のことを言わんとしていたのか？) に対する答えを与えている．[7]

・前置詞の **when**, **where**, **while**

(30)　i.　[When it rains] they play in the garage.
　　　　　（雨が降ると，彼らはガレージで遊ぶ）
　　ii.　We must put it [where no one will be able to see it].
　　　　　（我々は，それを誰もみられないところへ置かねばならない）
　　iii.　They insisted on talking [while I was trying to get on with my work].
　　　　　（私がどんどん仕事を進めようとしている間，彼らは話し合いをしろと言ってきかなかった）

これらの文は，次のように，名詞＋統合関係詞を含む表現に言い換えることが

---

　[7] 次の例でも，やはり疑問節が関係詞構文と似たような解釈をもっている．There's an article in the weekend magazine on how to grow orchids. (どのように蘭を栽培するか，に関する週末雑誌の記事が，ある)．ここで下線部を，the way to grow orchids (蘭の栽培の仕方) で言い換えても，よさそうにみえる．とすれば，下線部は関係詞節を含んだ名詞句のようにも思える．しかし how to grow orchids は，how と不定詞を使っているから，疑問節に違いない．そして実際，表している意味からすれば，疑問節と分析すべきである．この雑誌の記事は，"How to grow orchids?" という問いに答えようとしているからである．

できる．On occasions when it rains, they play in the garage., We must put it in a place where no one will be able to see it., %They insisted on talking during the time while I was trying to get on with my work.

　while は他の融合関係詞語と異なり，対応する -ever 形がなく，疑問詞としての用法もない．

[専門的解説]
・融合関係詞か，それとも前置詞＋内容節か？
(30) のような例は，when, where, while が前置詞で内容節を補部としてとっている，と分析することも可能である．つまり before（〜する前に），whereas（〜に対して），although（〜だが）と同じように考えるわけである．そして，この分析のほうが望ましいような事例も存在する．

(31)　i.　[When they weren't home at six o'clock] I began to get worried.
　　　　（彼らが 6 時になっても帰ってこないので，私は心配しだした）
　　ii.　Let me know [if and when you need any help].
　　　　（助けが必要となったら，知らせてください）
　　iii.　[Where the British Empire was established with musket and gunboat], America's empire has been achieved with the friendly persuasion of comedian and crooner.
　　　　（イギリス帝国がマスケット銃と砲艦で築かれたのに対して，アメリカの帝国はコメディアンやラブソング歌手の友好的な説得で達成された）
　　iv.　[While I don't agree with what she says], I accept her right to say it.
　　　　（彼女が言っていることに賛成はしないが，彼女がそれを言う権利は受け入れる）

(31i) で，when を "at the time at which（〜の時に）" と言い換えることはできない．従属節内には，すでに時を表す付加詞の at six o'clock があるからである．(31ii) では，when が if と等位接続されているが，明らかに if は内容節を補部としてとっている．(31iii) で，where には位置を表すという基本的な意味が薄れており，whereas と同じく対比を表している．さらに，従属節内に場所を表す付加詞を認めるとなると，意味が合わなくなってしまう．この文では，イギリス帝国と同じ場所にアメリカの帝国が樹立された，と言っ

ていないからである．(31iv) も同様である．ここで，while は対比を表すために使われており，時間的な継続を表してはいない．

　他方，融合関係詞として分析しなければならない場合も存在する．最もはっきりした事例は，次の例のような where, while の場合である．

(32)　i.　I put the key [where I always put it], in the top drawer.
　　　　　（私はカギを，いつも入れている所へいれた．一番上の引き出しに）
　　ii.　It was fun [while it lasted].
　　　　　（それが続いている間は，楽しかった）

ここで従属節は，それぞれ，入れる場所と期間を表す補部を含んでいなければならない．動詞 put と last には，そのような補部が必要だからである．たとえば，I always put it と it lasted だけでは構造的に不完全で，前置詞の補部として生じることができない．where$_i$ I always put it ___$_i$ と while$_i$ it lasted ___$_i$ のように，最後の位置に空所があって，それが where・while と結びついていなければならないのである．(31), (32) の例を考慮すると，融合関係詞分析と前置詞＋内容節分析は，どちらも必要である，という結論になる．どちらか一方の分析しかできないものもあれば，どちらでも分析できるものもある．

第7章　非局所的依存関係構文

関係詞節は，**非局所的依存関係構文（unbounded dependency construction）**という，より大きな構文クラスの一員である．[1] この最後の節では，このより一般的な構文の範疇の特性を検討してみる．

7.1　定義と分類

非局所的依存関係構文とは何のことか，(1) の一連の例文をみてみればわかるだろう．

(1) i. This is the book$_i$ [which$_i$ [she recommended ___$_i$]].
　　　（これが，彼女が薦めてくれた本です）
　　ii. This is the book$_i$ [which$_i$ [I think she recommended ___$_i$]].
　　　（これが，彼女が薦めてくれたと，私が思っている本です）
　　iii. This is the book$_i$ [which$_i$ [I think you said she recommended ___$_i$]].
　　　（これが，彼女が薦めてくれたと，あなたが言ったと，私が思っている本です）

外側の角括弧は関係詞節をくくっており，内側の角括弧は中核部をくくっている．中核部は，動詞 recommended の目的語の位置に空所を含んでおり，この

---

[1] 訳者注："unbounded dependency" という用語は，そのまま直訳して「非有界依存」とすることが多いようである．しかし，日本語として「非有界依存」の意味を理解できる人は皆無であろう．そこで本巻では，この現象を表すもう1つの呼び名 "non-local dependency" を基にした「非局所的依存」という用語を用いている．

空所が，中核部より前の位置にある関係詞句 which と結びつけられている．空所と which の関係は，照応代名詞と先行詞との関係（たとえば which とその先行詞 book との関係）に似ている．which の解釈は book に依存しており，空所の解釈は which に依存している．3 つの例とも "she recommended x" で x が本，という部分が重要である．それゆえ，空所は which と照応的に結びついている，という．つまり which が空所の先行詞だ，ということである．

この空所と which の関係は，**依存関係**（**dependency**）である．意味的には，空所は which に依存して解釈を得ており，これは上で述べたとおりである．統語的には，which に関連する空所がなければならない．recommended の目的語の位置に，通常の名詞句をもってくるわけにはいかない．*This is the book which she recommended 'War and Peace'. をみてみればわかるだろう．[2] 空所と先行詞との関係は，非局所的（＝狭い範囲に限定されない）である．つまり，空所が先行詞のすぐ近くにはない，という意味である．しかも，関係詞節の中にどれだけ深く埋め込まれていても構わない．(1i) で空所は，関係詞節の一番上位にある動詞の目的語である．(1ii) で空所は，一番上位にある動詞（think）の補部として埋め込まれている節の動詞の目的語である．(1iii) では，recommend 節は say 節の補部に，say 節は think 節の補部に，というように二層になって埋め込まれている．このように，節の埋め込みには，それが何層になろうとも文法的には制限がない．たとえば，さらにもう一層加えて the book which I think you said Kim persuaded her to recommend（キムが，彼女を説得して薦めさせたと，あなたが言ったと，私が思っている本）とすることもできる．もっと層を加えていっても，文法的には問題でない．ただし複雑すぎて，文体的には望ましいことではないが．

もう 1 つの非局所的依存関係構文として，wh 疑問があげられる．

(2) i. What$_i$ [does he want ___$_i$]?
   （彼は，何を欲しいのですか）
  ii. What$_i$ [do you think he wants ___$_i$]?
   （彼は，何を欲しいのだと，あなたは思いますか）
  iii. What$_i$ [do you think she said he wants ___$_i$]?

---

[2] 空所と先行詞との間の依存関係を，依存要素と主要部との間の依存関係と，混同してはいけない．依存要素と主要部は，統語的構文内での機能のことであり，空所はこの意味で which の依存要素でない．空所と which は照応的に関連しているのであって，構文内での機能により関連しているのではない．

(彼が何を欲しいと，彼女が言ったと，あなたは思いますか)

空所は want の目的語を表しており，中核部より前にある疑問詞句 what と照応的に結びついている．ようするに，want の目的語を疑問化しているのだ．意味的には "he wants x" という部分があり，疑問に対する答えが，変項 x の値を決める，という仕組みになっている．ここでもやはり，空所と疑問詞句との依存関係は，非局所的である．(2) の例では，want 節がどんどん深く埋め込まれており，何層に渡って埋め込もうが，文法的な制限はない．

これらの例から，非局所的依存関係構文を，次のように定義してよいだろう．

(3) 非局所的依存関係構文とは，その内部に照応的空所を含む構文である．空所はどれだけ深く埋め込まれていても構わない．

■非局所的依存関係を表す語をもつ構文・もたない構文

ここまで考察してきた2つの構文 (wh 関係詞と wh 疑問) では，いずれも中核部より前の位置に，独特なタイプの要素が現れる．(1) の which は関係詞語で，(2) の what は疑問詞語である．すでにみたように，関係詞語と疑問詞語はかなり重なっており，あわせて「**非局所的依存関係を合図する語 (unbounded dependency words)**」，とよぶことにする．つまり，非局所的依存関係構文の目印となる語，ということである．[3] 感嘆文の what と how も，この範疇に属する．感嘆文も，やはり非局所的依存関係構文だからである．

(4) i. What a disaster$_i$ [it was ___$_i$]!
 (なんて災難だ)
 ii. What a disaster$_i$ [it turned out to be ___$_i$]!
 (ふたを開けてみたら，なんて災難だったんだ)
 iii. What a disaster$_i$ [it seems to have turned out to be ___$_i$]!
 (ふたを開けてみたら，ひどい災難だったようだ)

しかし，非局所的依存関係が成り立つためには，必ず非局所的依存関係を合図する語がある，というわけではない．通常の句や節でも，前置されれば，中核部より前の位置に現れることがある．

---

[3] これらの語は，よく「wh 語」とよばれる．しかしこの範疇は英語のみにみられるものではないから，ここではより一般性のある用語を使うことにする．

(5) i. The other chapters$_i$ [she wrote ___$_i$ herself].
 (他の章は，彼女が自分で書いた)
 ii. The other chapters$_i$ [I think she wrote ___$_i$ herself].
 (他の章は，彼女が自分で書いたと，私は思う)
 iii. The other chapters$_i$ [I think she said she wrote ___$_i$ herself].
 (他の章は，彼女が自分で書いたと言ったと，私は思う)

the other chapters は通常の名詞句で，典型的な語順の She wrote the other chapters herself. においては，目的語として機能している．しかし (5) では，the other chapters に対して，空所が非局所的依存関係にある．

これらの例は前置構文の事例であり，前置された要素が，節内の中核部より前の位置に現れている．次のように，前置された要素が，前置詞句内の中核部より前の位置に現れることも可能である (第5巻参照)．

(6) i. [Stupid$_i$ [though he is ___$_i$]], he saw through their little game.
 (馬鹿だけれども，彼は彼らのおふざけを見抜いていた)
 ii. [Stupid$_i$ [though you no doubt think he is ___$_i$]], he saw through their little game.
 (彼が馬鹿だとあなたは思っているだろうが，彼は彼らのおふざけを見抜いていた)
 iii. [Stupid$_i$ [though I expect you think he is ___$_i$]], he saw through their little game.
 (彼が馬鹿だとあなたは思うでしょうが，彼は彼らのおふざけを見抜いていた)

外側の角括弧は前置詞句をくくっており，内側の角括弧はその中核部をくくっている．ここには，前置された形容詞句 stupid と照応的に結びつけられた空所がある．

■先行詞が，中核部より前にある場合と外側にある場合

ここまでで，5つの非局所的依存関係構文をみてきた．すなわち wh 関係詞・wh 疑問・感嘆文・節内での前置・前置詞句内での前置，である．これらすべてにおいて，空所の先行詞は，中核部より前の位置に現れている．しかし，先行詞が節の外側に現れるような，非局所的依存関係構文も存在する．よい例が，非 wh 関係詞である．

(7) i. This is the book_i [she recommended ___i].
 (これが，彼女が薦めてくれた本です)
 ii. This is the book_i [I think she recommended ___i].
 (これが，彼女が薦めてくれたと，私が思っている本です)
 iii. This is the book_i [I think you said she recommended ___i].
 (これが，彼女が薦めてくれたと，あなたが言ったと，私が思っている本です)

これらの例は（1）の wh 関係詞と似ているが，中核部より前の位置に関係詞句を含んでいない．だから空所は，関係代名詞 which を経由せずに，直接 book に関連づけられている．しかし，この構文は（3）の定義を満たしており，空所がどれだけ深く埋めこまれていても構わない．

この構文のもう1つのタイプは，比較節である．

(8) i. Kim made more mistakes_i than [Pat made ___i].
 (キムは，パットよりも多くの間違いをした)
 ii. Kim made more mistakes_i than [I think Pat made ___i].
 (キムは，パットがしたと，私が思っているよりも多くの間違いをした)
 iii. Kim made more mistakes_i than [I think you said Pat made ___i].
 (キムは，パットがしたと，あなたが言ったと，私が思っているよりも多くの間違いをした)

比較節は前置詞（than（～よりも），as（～のように），like（～のように））の補部として機能する．空所は比較節の内側にあるが，先行詞は外側にある．しかし，どのような空所を許すか，および空所がどのように解釈されるか，に関して，比較節は他の非局所的依存関係構文と大きく異なる．比較節は第 II 部の第2章で詳しくみることにして，ここではこれ以上言及しない．

■非局所的依存関係構文の主要なものとそうでないもの

最後に，これまでみてきた主要な構文を，そうでない構文と比べてみることにする．以下の空所付きの不定詞構文を考えてみよう．

(9) i. The machine_i was too big [to take ___i home].
 (その機械は大き過ぎて，家に持っていけなかった)
 ii. The machine_i was too big [to ever want to take ___i home].
 (その機械は大き過ぎて，家に持って帰りたいと思いもしなかった)

iii. The machine_i was too big [to imagine ever wanting to take ___i home].
(その機械は大き過ぎて，家に持って帰りたいなど想像もしなかった)

ここで，空所は take の目的語であり，外側に先行詞 the machine がある．これまでと同じように，空所は括弧の不定詞構文の中で，いくらでも深く埋めこむことが（原則上は）可能である．しかし実際には，(9ii) や (9iii) のように，1つの節もしくは2つの節に埋め込んだものは，かなり珍しい．原則として埋め込みの深さに制限はないのだが，この不定詞構文の場合は，これまでみてきた構文ほどには，深い埋め込みを許さない．この理由から，この構文を，非局所的依存関係構文の中では，比較的周辺的とみなすことができる．さらに，この不定詞構文内に埋め込まれた節の中に空所がある場合は，埋め込み節は非定形でなければならない．

(10) i. The problem_i is too difficult [to expect a ten-year-old to be able to solve ___i].
(その問題は難しすぎて，10歳の子に解けることを期待などできない)
ii. *The problem_i is too difficult [to expect [that a ten-year-old could solve ___i]].
(その問題は難しすぎて，10歳の子に解けることを期待などできない)

(10i) は完全に文法的だが，(10ii) は非文法的である．これは，不定詞構文（外側の角括弧でくくられた箇所）が定形節（内側の角括弧でくくられた箇所）を含んでおり，この定形節内に空所があるためである．同じ制約は，不定詞関係詞と不定詞 wh 疑問でもみられる．そのため，これらの構文も，非局所的依存関係構文の中では，主要なものとは違うタイプと考えられる．

■ **分類のまとめ**
非局所的依存関係構文は，これまでみてきた観点から，以下のように分類される．

(11) I　主要なタイプ
　　IA　先行詞が，中核部より
　　　　前の位置にあるもの
　　IAi　非局所的依存関係を　　｛wh 関係詞（定形節），wh 疑問（定形節），
　　　　表す語を含むもの　　　　感嘆文

IAii 非局所的依存関係を　　　｛節内で前置が起こったもの，譲歩を表す
　　　表す語を含まないもの　　　　前置詞句内で前置が起こったもの
IB　先行詞が外側にあるもの　非 wh 関係詞（定形節），比較構文
II　主要でないタイプ
IIA　先行詞が中核部より　　　｛不定詞 wh 関係詞節，
　　　前の位置にあるもの　　　　不定詞 wh 疑問節
IIB　先行詞が外側にあるもの　空所付き不定詞構文，不定詞非 wh 関係詞

7.2　空所と先行詞

■ 空所の統語構造

空所は，特定の機能をはたす位置に生じる．7.1 節で使った例の大部分において，空所は動詞の目的語を表している．もちろんこれが唯一の可能性ではないが，どのような機能ならば空所になれるか，には，いくつかの厳しい制約が課されている．1 つの一般的な制約として，次のようなものがある．

(12) 非局所的依存関係構文における空所は，次のいずれかでなければならない．
　　(a) 主要部に続く依存要素，もしくは
　　(b) 節の主語（最上位節の主語であっても，埋め込み節の主語であってもよい）

たとえば，以下の wh 疑問文を比べてみよう．

(13) i.　What$_i$ [did you buy ___$_i$]?　　　　　　　　　　［動詞の補部］
　　　　（あなたは，何を買ったのですか）
　　ii.　What$_i$ [are you referring [to ___$_i$]]?　　　　　［前置詞の補部］
　　　　（あなたは，何に言及しているのですか）
　　iii.　Where$_i$ [did you see them ___$_i$]?　　　　　　　［動詞の付加詞］
　　　　（あなたは，どこで彼らをみましたか）
　　iv.　Who$_i$ [do you think [___$_i$ was responsible]]?　　［節の主語］
　　　　（あなたは，誰に責任があったと思いますか）
　　v.　*Whose$_i$ [did you borrow [___$_i$ car]]?　　［名詞句内の主語の決定詞］
　　　　（誰の車をあなたは借りましたか）

vi. *How many$_i$ [did they receive [___$_i$ applications]]?　　　　　　　［決定詞］
　　　　　（彼らは，いくつ申し込みを受け取りましたか）
vii. *How serious$_i$ [will it be [___$_i$ a problem]]?
　　　　　　　　　　　　　　　　　　　　　　　　　　［名詞句内の主要部前・修飾語］
　　　　　（それは，どれくらい深刻な問題になりますか）
viii. *Who$_i$ [have they shortlisted [___$_i$ and Kim]]?　　　　　［等位構造］
　　　　　（誰とキムを，彼らは候補者名簿に入れましたか）

(13ii) と，(13iv) から (13viii) の内側の角括弧は，空所が存在する構成素をくくっている．(13ii) では前置詞句，(13iv) では内容節，(13v) から (13vii) では名詞句，(13viii) では名詞句の等位構造である．(13v) から (13viii) が非文法的なのは，空所が (12a, b) のいずれも満たしていないからである．空所を (12) の制約に合うようにすると，許容される．

(14) i. Whose car$_i$ did you borrow ___$_i$?
　　　　　（誰の車をあなたは借りましたか）
　　ii. How many applications$_i$ did they receive ___$_i$?
　　　　　（彼らは，いくつ申し込みを受け取りましたか）　　　　［動詞の
　　iii. How serious a problem$_i$ will it be ___$_i$?　　　　　　　　補部］
　　　　　（それは，どれくらい深刻な問題になりますか）
　　iv. Who$_i$ have they shortlisted ___$_i$ in addition to Kim?
　　　　　（彼らは，キムに加えて誰を候補者名簿に入れましたか）

(12) の制約に加えて，もっと具体的な条件も適用される．

・間接目的語機能で，空所は通常許されない

間接目的語と直接目的語の違いの1つは，程度の差はあれ，間接目的語では空所が許されないということである（第2巻参照）．「程度の差はあれ」と言い添えておかねばならないのは，間接目的語の空所をもつ節の文法性判断に関して，ばらつきがみられるからである．しかしだいたいのところでは，直接目的語と間接目的語とで，はっきりとした違いが存在する．以下を比較してみよう．

(15) i. a. This is the CD$_i$ [she got me ___$_i$ last Christmas].
　　　　　　（これが，彼女が去年のクリスマスに私に買ってくれた CD です）
　　　b. *He's the one$_i$ [she got ___$_i$ that CD last Christmas].
　　　　　　（彼が，彼女が去年のクリスマスにあの CD を買ってあげた人です）

ii. a. The copies [he sold me ___i] were defective.
　　　　　　（彼が私に売った本は，乱丁があった）
　　　　b. *The personi [he sold ___i them] seemed satisfied.
　　　　　　（彼がそれらを売ってあげた人は，満足しているようだった）
　　iii. a. How muchi do you owe them ___i?
　　　　　　（あなたは，彼らにいくら借りていますか）
　　　　b. ?How many peoplei do you owe ___i more than $50?
　　　　　　（何人の人に，あなたは50ドル以上借りていますか）

それぞれの対において，空所が (a) では直接目的語，(b) では間接目的語である．間接目的語をとるたいていの動詞は，直接目的語＋前置詞句補部の構文にも生じることができるが，こちらの構文を使えば (b) の例文の意味を表すことができる．He's the onei she got that CD for ___i last Christmas.（彼が，彼女が去年のクリスマスにあの CD を買ってあげた人です）のように．（ちなみに，前置詞を使った構文のほうが，二重目的語構文で直接目的語を空所にしたものよりも好まれる．たとえば，the storyi that he was reading ___i to his children のほうが，the storyi that he was reading his children ___i よりも好まれる．）

・**主語機能における空所**
3.4節でみたように，**最上位節の主語 (immedeate subject)**（＝構文の一番上位にある節の動詞の主語）と，**埋め込み節の主語 (embedded subject)**（＝非局所的依存関係構文内で埋め込まれた節の主語）を区別する必要がある．

　埋め込み節の主語が空所になれるのは，ゼロ内容節（＝that がない平叙節）の場合だけである（第6巻参照）．以下を比較してみよう．

　(16) i. He's the mani [they think [___i attacked her]].　　　［ゼロ平叙節］
　　　　　（彼は，彼女を襲ったと彼らが思っている男性だ）
　　　　ii. *He's the mani [they think [that ___i attacked her]].　　［拡充平叙節］
　　　　　（彼は，彼女を襲ったと彼らが思っている男性だ）
　　　iii. *He's the mani [they wonder [whether ___i attacked her]].
　　　　　　　　　　　　　　　　　　　　　　　　　　　　　　［yes/no 疑問節］
　　　　　（彼は，彼女を襲ったのでないかと彼らが思っている男性だ）

最上位節の主語の場合は，(11) のタイプ IB の構文（先行詞が外側にある）なら空所が可能だが，タイプ IA の構文（先行詞が中核部より前の位置にある）

では不可能である．

(17) i. This is the copy$_i$ [that [___$_i$ is defective]]. ［最上位節の主語が空所］
(これが，乱丁があった本です)
ii. This is the copy$_i$ [which$_i$ is defective].
(これが，乱丁があった本です)
iii. Who signed the letter? ［空所なし］
(誰がその手紙に署名したのですか)

(17i) で that は，中核部より前の位置にあり，従属節を導く要素である．中核部の主語は，先行詞 copy と照応的に結びついている空所によって具現化されている．これはタイプ IB 構文で，先行詞が関係代名節の外側にある (3.5.5 節で述べたように，空所が深く埋め込まれていない節の主語である場合は，一般的に that を省略できない)．しかし (17ii, iii) では，主語を具現化しているのは，空所でなく，関係詞 which，疑問詞 who である．これらの節が，典型的な節 This copy is defective. (この本は乱丁がある)，Kim signed the letter. (キムはその手紙に署名した) と同じ構造をしていると考えていけない理由はない．さらに，最上位節の主語は，前置できない．

(18) i. The other chapters$_i$ [she wrote ___$_i$ herself]. ［目的語の前置］
(他の章は，彼女が1人で書いた)
ii. She wrote the other chapters herself. ［前置なし］
(彼女は，他の章を1人で書いた)

(18i) では，目的語位置に空所がある．しかし (18ii) では，空所もなければ前置もされておらず，she は本来の位置にある．[4]

・空所付き不定詞構文

空所付き不定詞構文において，空所は動詞・前置詞の補部にしかなりえない．

■ 先行詞の機能

先行詞が外側にある構文では，先行詞の機能は空所の機能から独立している．

---

[4] 訳者注：「何を当たり前のことを」と思えるかもしれないが，生成統語論ならば，(18ii) で she のすぐ後に空所があると分析することが，可能である．Huddleston and Pullum は，その可能性を念頭に置いて，このように述べている．

以下を比較してみよう．

(19) i. a. Have you seen the book$_i$ [I got ___$_i$ from the library]?
   （私が図書館から持ってきた本をみましたか）
   b. Where's the book$_i$ [I got ___$_i$ from the library]?
   （私が図書館から持ってきた本は，どこにありますか）
 ii. a. Their proposal$_i$ was hard [to accept ___$_i$].
   （彼らの提案は，受け入れがたかった）
   b. We found their proposal$_i$ hard [to accept ___$_i$].
   （私たちは，彼らの提案を受け入れがたいと思った）

(19i) において，角括弧でくくられた節は，非 wh 関係詞で空所が目的語である．先行詞は book で，名詞句の主要部である．この名詞句は，名詞句がはたす機能ならどの機能でもはたすことができる．たとえば (19ia) では目的語だし，(19ib) では主語である．(19ii) は空所付き不定詞構文で，空所が目的語にある．先行詞は名詞句 their proposal で，やはりこの名詞句の機能は，空所の機能と一致する必要がない．(19iia) では主語であり，(19iib) では目的語である．

・中核部より前の位置にある先行詞は，空所の機能を受け継ぐ
中核部より前の位置にある先行詞では，だいぶ状況が異なる．これらの要素は，非局所的依存関係構文内に存在し，この構文を離れては，いかなる機能も持ちようがない．中核部の外側にあるので，中核部より前の位置の依存要素としての機能しか，直接的に担うことができない．このことは次の前置構文 The others I know are genuine.（残りの物は，私は本物だと知っている）(I know the others are genuine.（私は残りの物が本物だと知っている）に対応) の樹形図で示されている．

(20)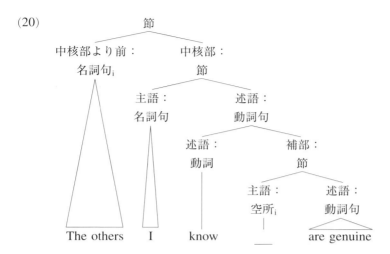

the others を主語とするわけにはいかない．the others は節と構造を成しているが，この節に対して，明らかに主語の関係にないからである．にもかかわらず，ちょうど I know the others are genuine. における場合と同じように，文頭の the others は，are genuine の主語として理解される．さらに，be 動詞の are が，the others と数の一致をしている．これも，I know the others are genuine. の場合と同じである．それゆえ，これらの中核部より前にある先行詞が，関連づけられている空所の機能を，担っているものと考えることができる．つまり，二次的あるいは派生的な意味において，the others は are genuine を主要部とする内容節の主語である．この情報は，この樹形図から読み取ることができる．the others の二次的機能は，同一指標付けされた空所の機能と同じだからである．同様に，The others$_i$ I haven't yet read ___$_i$. において，the others はこの派生的な意味において，read の目的語だと言える．

中核部より前の要素が，非局所的依存関係を示す語からなる場合，あるいはそのような語を含む場合にも，同じことが当てはまる．

(21) i. the letters$_i$ [which$_i$ [he says she wrote ___$_i$]]
（彼が，彼女が書いたと言っている手紙）
 ii. Who$_i$ [do you think ___$_i$ wrote the letter]?
（あなたは，誰がその手紙を書いたと思いますか）

(21i) の which は wrote の目的語で，(21ii) の who は wrote の主語であると言える．もちろん，これは伝統文法でも言われてきたことだ．ここでのポイ

ントは，そのように言うことを，統語構造を表すために用いられている樹形図と，どのように折り合いをつけることができるか，を示すことである．which, who は直接的に目的語・主語と記されていないが，それらが同一指標付けされた空所から，目的語・主語の機能を受け継いでいるものとして取り扱われる．

■先行詞と空所機能を具現化したものとの整合

空所と先行詞が照応関係で結ばれている，ということは，次の条件を満たさないと適格になれない，ということを意味する．

(22) 先行詞の統語的・意味的特性は，他の構文において，その空所の機能を具現化した表現の統語的・意味的特性と，通常は合わなければならない．

最も単純な場合には，先行詞表現そのものが，他の場所で空所の機能を具現化することができる．前置が起こった場合と空所付き不定詞構文が，これに当たる．

(23) i. a. To Kim$_i$ [they gave a bicycle ___$_i$].　　　　　　　［前置］
　　　　　（キムに，彼らは自転車をあげた）
　　　b. They gave a bicycle to Kim.
　　　　　（彼らは，キムに自転車をあげた）
　　ii. a. Kim$_i$ is very hard [to please ___$_i$].　　　　　　［空所付き不定詞構文］
　　　　　（キムは，喜ばせるのが難しい）
　　　b. It is very hard to please Kim.
　　　　　（キムを喜ばせるのは難しい）

(23ia) では，前置詞句 to Kim が，中核部にある空所補部の先行詞である．この前置詞句は，(23ib) のように，それ自身で同じ補部の機能を具現化することができる．(23ii) でも同様である．(a) の空所は please の目的語であり，この空所の先行詞である名詞句 Kim は，(b) のように，他の場所でその機能を満たすことができる．これらの例を，以下の例と比べてみよう．

(24) i. *To Kim$_i$ [they bought a bicycle ___$_i$].
　　　　（キムに，彼らは自転車を買ってあげた）
　　ii. *That he comes home so late$_i$ is very hard [to enjoy ___$_i$].

（彼がそんなに遅く帰宅したことは，楽しむのが難しい）

(24i) の前置された補部では，前置詞が間違っている．They bought a bicycle for Kim．(私はキムに自転車を買ってあげた) に合わせて，下線部を for Kim としなければいけない．(24ii) で，先行詞は内容節だが，enjoy は内容節を補部としてとらない．たとえば I enjoy his novels．(私は彼の小説が楽しい) に合わせて，下線部は his novels という名詞句でなければならない．

ここでも，以下の it 分裂文と比べてみよう．

(25) i. It was that jar$_i$ [that she says she put the key in ___$_i$].
　　　　　　　　　　　　　　　　　　　　　　　　　　　　［名詞句〜名詞句］
（彼女が，カギを入れたと言っているのは，その瓶だった）

　ii. It was in that jar$_i$ [that she says she put the key ___$_i$].
　　　　　　　　　　　　　　　　　　　　　　　　　　　　［前置詞句〜前置詞句］
（彼女が，カギを入れたと言っているのは，その瓶だった）

　iii. *It was that jar$_i$ [that she says she put the key ___$_i$].
　　　　　　　　　　　　　　　　　　　　　　　　　　　　［名詞句〜前置詞句］
（彼女が，カギを入れたと言っているのは，その瓶だった）

　iv. *It was in that jar$_i$ [that she says she put the key in ___$_i$].
　　　　　　　　　　　　　　　　　　　　　　　　　　　　［前置詞句〜名詞句］
（彼女が，カギを入れたと言っているのは，その瓶だった）

(25i) で，先行詞は名詞句であり，空所の機能（= in の目的語）を具現化するのに必要な範疇と一致している．(25ii) で，先行詞は前置詞句であり，put 節の着点を表す補部を具現化できる (She put the key in that jar.)．残りの 2 つの例が非文法的なのは，先行詞が空所の要件を満たしていないためである．それぞれ，対応する文が *She put the key that jar.，*She put the key in in that jar. となってしまう．

(22) の条件では，「合う」であって「同一である」とはなっていない．つまり，先行詞表現それ自体が，空所の機能をはたさなければならないわけではない，ということである．そのような 3 つの事例をあげておこう．

(26) i. Every book$_i$ [we have consulted ___$_i$] ignores this problem.
　　　　　　　　　　　　　　　　　　　　　　　　　　　　［非 wh 関係詞］
（私たちが調べたどの本も，この問題を無視している）

　ii. That's not the reason [why$_i$ [he did it ___$_i$]].　　　［wh 関係詞］

(それが，彼がそれをした理由ではない)

iii. ___ᵢ Don't be so hard [to please ___ᵢ].　　　［空所付き不定詞構文］
(そんなに気難しくなるなよ)

(26i) の角括弧でくくられた節は，統合タイプの非 wh 関係詞である．4.1 節で説明したように，先行詞は名詞 book であり，名詞句 every book ではない．我々がどの本も調べたわけではないのである．名詞では，空所の機能を具現化できず (*We have consulted book.)，名詞句である必要がある．にもかかわらず，先行詞は「合っている」と言える．適切な決定詞を補って名詞句にすれば，空所の機能を具現化できるからである (We have read a book. (私たちはある本を読んだ))．

(26ii) で，外側の角括弧でくくられているのは，wh 関係詞節である．関係詞節では，関係詞句が，必ず節の前になければならない．そのため関係詞の why は，中核部内に残って空所の機能を具現化することができない．しかしながら，why と同等の意味を表す非関係詞表現 (for that reason) ならば，空所の機能を満たすことができる (He did it for that reason.)．そのため「合っている」と言える．もちろん，同じことが他の関係詞表現にも当てはまる．

(26iii) で，空所付き不定詞構文内にある空所の先行詞は，明示的に表されていない．しかし命令文の主語であることから，you であると理解される．そのため，空所の機能を具現化できる (It is hard to please you.)．Patᵢ wants ___ᵢ to be hard [to please ___ᵢ]. でも，やはり先行詞 (be 節の主語) が見当たらないが，こちらでは，上位の want 節から復元できる．

・食い違い

(22) の要件が，厳密には守られていない構文が，いくつか存在する．(27) に例をあげてあるが，どれもこのシリーズの他の箇所で扱われているので，ここでは要点を簡単にまとめておくだけにする．

(27) i. Whoᵢ [did you give it to ___ᵢ]?
(あなたは，それを誰にあげましたか)

ii. %He always chose those [whomᵢ [he thought ___ᵢ were most vulnerable]].
(彼はいつも，一番弱そうだと思う人たちを選んだ)

iii. [Whatᵢ [I'm hoping ___ᵢ] is that nobody will notice my absence.
(私が望んでいるのは，誰も私がいないことに気づかないことです)

iv. What on earth_i [do you want ____i]?
（一体全体，何が欲しいの）

v. That no one realized such action might be illegal_i [I find ____i surprising].
（このような行為が非合法かもしれないことに誰も気づかなかったことは，私には驚きだ）

vi. That they'll give him a second chance_i [I wouldn't gamble on ____i].
（彼らが彼にもう一度チャンスを与えるなんて，望みをかけられない）

vii. [Brilliant advocate_i [though she is ____i]], she's unlikely to win this case.
（彼女は頭のよい弁護士であるが，この訴訟は勝てそうにない）

(27i, ii) は，中核部より前の位置の疑問詞と関係詞の who が，空所の位置の代名詞と格が常に一致しなくてはならないわけではないことを示している．(27i) の who は主格だが，You gave it to them.（あなたはそれを彼らにあげた）において，them は対格である．また (27ii) で，whom は対格だが，He thought they were most vulnerable.（彼は，彼らが最も弱いと考えた）において，they は主格である（3.4 節，および第 3 巻参照）．[5]

(27iii) において，融合関係詞 what は名詞句だが，hope は名詞句補部をとらない．*I was hoping some respite. は不可である．hope は平叙節の内容節をとるが，どうやら，融合関係詞の後にこのような内容節をとっている場合に，what が許されるようである．(27iii) と違い，*What I was hoping was a little peace and quiet. では，内容節をとっておらず，許されない．(27iii) で，融合関係詞は擬似分裂文（第 9 巻参照）の主語であり，擬似分裂文では同じように what を「ゆるく」用いることが，いくつかの他の動詞でも観察される．たとえば動詞 decide では，What we decided was to interview all the candidates.（我々が決定したのは，すべての候補者と面接をすることだった）が容認可能である．これに対して，decide は名詞句補部をとれるではないか，と言う向き

---

[5] 先行詞が節の外部にある場合は，先行詞の格はそれ自身の節における機能によって決まり，空所の機能とは別である．以下の例を比べてほしい．He_i is hard to get on with ____i.（「彼」は主語で主格），I find him_i hard to get on with ____i.（「彼」は目的語で対格）．しかし (27i, ii) で，who は中核部より前の位置にある．そのため格は，関連している空所に依存することになる．

があるかもしれない．しかしそれは，The weather will decide the outcome.（天気で，その結果が決まるだろう）のような場合である．「（人間が）〜と決定する」という意味の decide ならば，名詞句補部はとらない（#We decided an interview は，意味的に逸脱している）．

(27iv) は，wh 疑問文である．関係詞句と違って，疑問詞句は一般に文頭の位置になくてもよい（And so you want what, exactly?（それで，あなたは結局何が欲しいの？））．しかし on earth, the hell, ever（一体全体）のような強意語を含む疑問詞句になると，文頭にしか生じられず，(27iv) の空所の位置では不可である（*And so you want what on earth?）．

(27) の残りの例は，いずれも句や節が前置されている．(27v) の空所は，目的語叙述補部をとる動詞の目的語の機能をもつ．前置されている内容節は，動詞の後の位置では不可である．*I find [that no one realized such action might be illegal] surprising. とは言えず，代わりに外置されている I find [it] surprising [that no one realized such action might be illegal]. という言い方をしなければならない．(27vi) では，前置された内容節が，やはり空所の位置に現れることができない．空所が，前置詞 on の目的語だからである．on は名詞句をとるのであって，節を補部としてとることはできない（第6巻参照）．最後に，(27vii) では，譲歩の前置詞句の中から，叙述補部の名詞句を前に動かしている．ここで，前置されていない場合とは，一貫した形式上のズレがある．前置されていなければ，不定冠詞が必要になるのだ（Although she is <u>a</u> brilliant advocate, she's unlikely to win this case.）．

[専門的解説]

・非局所的依存関係構文の組み合わせ

ある非局所的依存関係構文の空所が，別の非局所的依存関係構文の空所の先行詞になるように，2つの構文を組み合わせることが可能である．たとえば次の例では，wh 疑問文が分裂文と組み合わさっている．

(28) i. Which jar$_i$ was it ___$_i$ [that she says she put the key in ___$_i$]?
（彼女がカギを入れたと言っているのは，どの瓶ですか）

ii. In which jar$_i$ was it ___$_i$ [that she says she put the key ___$_i$]?
（彼女がカギを入れたと言っているのは，どの瓶ですか）

これらは，(25i, ii) の平叙文の分裂文に対応する wh 疑問文である．最初の

第 7 章 非局所的依存関係構文

空所は，疑問詞句がその先行詞になっており，同時にその空所自身が 2 番目の空所の先行詞になっている．どちらの例でも，(22) の要件が満たされている．(25i) では put 節の空所が，in の目的語であり，先行詞として名詞句を必要とする．be 節の空所が，名詞句 which jar を先行詞としているため，この要件は満たされている．同様に，(25ii) では put 節の空所に対して，前置詞句の先行詞が必要である．be 節には先行詞に当たる前置詞句があるため，この要件は満たされる．(25iii, iv) は非文法的だったが，対応する疑問文も当然，非文法的である．

(29) i. *Which jar$_i$ was it ___$_i$ [that she says she put the key ___$_i$]?
　　　（彼女がカギを入れたと言っているのは，どの瓶ですか）
　　ii. *In which jar$_i$ was it ___$_i$ [that she says she put the key in ___$_i$]?
　　　（彼女がカギを入れたと言っているのは，どの瓶ですか）

しかしさらに別の制約がある．

(30) *Which jar$_i$ was it [in ___$_i$]$_j$ [that she says she put the key ___$_j$]?
　　（彼女がカギを入れたと言っているのは，どの瓶ですか）

put 節内にある空所の先行詞は in 前置詞句であり，角括弧でくくって，関係詞節の空所と同じ指標 (j) をつけてある．この前置詞句内に空所があり，疑問詞句がその先行詞になっている．なぜこの文が非文法的かと言えば，一方の空所の先行詞の中に別の空所の先行詞が含みこまれており，結果として解釈の異なる 2 つの空所（which jar と in which jar）が存在してしまうからである．だから，(28) のように，空所の先行詞がそれ自体で空所になってもよいのだが，ただ空所を含んでいればいいというわけでもない．

7.3 空所の位置

非局所的依存関係構文において，空所はどれだけ深く埋め込まれていても構わない，と述べた．しかしこれは，空所の現れる位置に関して何も制約がない，と言っているのではない．たとえば以下の例を比べてみよう．

(31) i. I told her [what$_i$ [you insisted that we need ___$_i$]].
　　　（私は彼女に，私たちに必要だとあなたが言い張ったものを言った）
　　ii. *I told her [what$_i$ [that we need ___$_i$ is agreed]].

(私は彼女に，私たちが必要であることが合意されたものを言った)

(31i) は容認されるが，(31ii) はまったく容認されない．そしてその理由は明らかに統語的なものであり，意味的なものではない．(31i) の意味は「私は次の命題中の x の値を彼女に言った：'You insisted that we need x'」と表すことができるし，(31ii) の意味は「私は次の命題中の x の値を彼女に言った：'That we need x is agreed'」と表すことができる．さらに言えば，実はこの意味は，外置構文を用いれば，ちゃんと言い表すことができる (I told her what it is agreed that we need).

(31i) の疑問節の構造は，次のようになる．

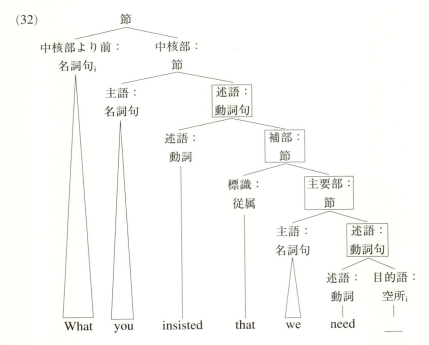

この樹形図で，四角で囲んである4つの箇所が，上から一番下の空所へといたる経路を成している．この経路上にある機能と範疇が何か，によって文法性が決まる．(31ii) が逸脱しているのは，この経路上に，節の形式をとり主語の機能を担っている構成素があるためである．つまり, that we need ___ が is agreed の主語になっている．注意してほしいのは，ここで問題にしているのは空所へといたる経路のことであって，空所そのものではない，ということ

だ．7.2 節で述べたように，（一定の条件下で）空所は主語になることができる．たとえば Who_i [do you think ____i wrote the letter]? がそうである．許されないのは，主語として機能している節の一部を空所にすることである．[6]

この節では，一連の構成素タイプを概観して，それぞれが空所へといたる経路上に生じられるかどうかを調べていく．しかしその前に，2つ言っておくべきことがある．まず，(31i) は適格で (31ii) は逸脱している，ということはきわめてはっきりとしているが，文法性の判断がはっきりしない中間段階が，数多く存在する．第二に，(31ii) が統語規則を破っていることは自信をもって言えるが，容認性は意味的な要因によっても左右される．以下を比べてもらいたい．

(33) i. That's a subject_i [that Steven Jay Gould wrote a book about ____i].
    （それは，スティーヴン・ジェイ・グールドがそれについて本を書いた主題だ）

 ii. *That's a subject_i [that Steven Jay Gould despises a book about ____i].
    （それは，スティーヴン・ジェイ・グールドがそれについての本を軽蔑している主題だ）

この2つの文は統語的に同じで，関係詞節内の動詞が違うだけである．(33i) では write だが，(33ii) では despise になっている．しかし容認度はまるで異なり，(33i) は明らかに容認可能だが，(33ii) は非常に不自然だ．この違いは，意味的に説明される．関係詞節が先行詞の主題（subject）を修飾することにより，「〜であるような主題」という，ある主題の集合を表す表現になる．(33i) の場合は，この集合が一貫性をもつ．ある主題について，スティーヴン・ジェイ・グールド（アメリカの古生物学者・進化生物学者・科学史家）がその主題についての本を書いた，というと，たとえば進化生物学・地質学・古生物学などのような真面目なトピックだろう，ということになる．これらのトピックには，一貫性がある．しかし (33ii) で，関係詞により修飾された表現が表すであろう主題の集合には，このような一貫性がない．スティーヴン・ジェイ・グールドが軽蔑するような本の主題といったら，どのようなものでなければならないだろうか？その本の著者は，古今東西の誰であってもよく，とにかくスティーヴン・ジェイ・グールドが軽蔑するような本を書いていればよい．書き

---

[6] 空所を許さないようなタイプの構成素は，「島（island）」とよばれる．

方が下手だからかもしれないし，剽窃本だからかもしれない．あまりにも恰好をつけた装丁だからかもしれないし，間違いだらけだからかもしれない．問題の主題は，靴かも知れないし，はたまた船・封蝋・キャベツ・王のどれかかも知れない．ようするに，(33ii) で問題になっているような主題を，まともな 1 つの集合として捉えようとしても，それが無理なのである．その結果，この例は逸脱している．

つぎに，構成素のタイプをまとめてみよう．以下の例では，問題となっている構成素を角括弧でくくってある．また文中に非局所的依存関係構文が含まれている場合は，それも角括弧でくくってある．下線部が引かれている場合には，その全体が 1 つにまとまって先行詞になっており，そこに下付き指標がついていることを表している．

(a) 述語機能の動詞句

(34) i. Most of the criticisms$_i$ he [accepted ___$_i$ with good grace].
(大部分の批判を，彼は進んで受け入れた)
ii. I don't know [where$_i$ he [found it ___$_i$]].
(私は，彼がそれをどこでみつけたか知らない)
iii. It was to her cousin$_i$ [that she [sold the business ___$_i$]].
(彼女がその事業を売却したのは，いとこにだった)

動詞句述語は，空所を許しやすい．(34i) では，直接目的語の位置から前置されている．(34ii) は wh 疑問節で，付加詞の位置に空所がある．(34iii) は分裂文で，補部の位置にある空所が，前置詞句の先行詞と結びついている．

(b) 叙述補部機能の形容詞句

(35) i. Whether it's ethical$_i$ I'm not [so certain ___$_i$].
(それが倫理的かどうか，私にはよくわからない)
ii. That's the only crime [of which$_i$ they could find him [guilty ___$_i$]].
(それが，彼が有罪であると彼らが判断できた，唯一の罪である)

(35i) では，certain の補部節が前置されている．(35ii) では，関係詞前置詞句の of which が，guilty の補部として機能している空所の先行詞になっている．

第 7 章　非局所的依存関係構文

(c)　主要部より後の補部としての機能をもつ平叙節の内容節

(36)　i.　It was here_i [she said [she found the knife ___i]].
　　　　　（彼女がナイフをみつけたと言ったのは，ここだった）
　　ii.　I don't know [who_i he thinks [he is ___i]].
　　　　　（彼が自分を誰だと思っているのか，私にはわからない）
　　iii.　Here's a book_i [I think [___i might help us]].
　　　　　（私たちを助けてくれるかもしれないと私が思う本は，これです）
　　iv.　He's the only one_i [that I'm sure [she told ___i]].
　　　　　（彼は，きっと彼女が話をしたただ 1 人の人です）

ここで，空所には何の問題もない．(36i) では付加詞，(36ii) では叙述補部，(36iii) では主語，(36iv) では目的語である．付加詞の場合には，あいまいになる可能性がある．(36i) の内側の角括弧で示された解釈では，空所が find 節に属している．つまり，彼女がどこでナイフをみつけたか，ということが問題になっている．しかし次のように，空所が say 節内にある可能性もある：It was here_i [she said [she found the knife] ___i]．この解釈では，彼女の発話がどこで起こったか，が問題となる（「彼女がそう言ったのは，ここでだった」）(wh 疑問節でのこのようなあいまい性については第 6 巻参照)．(36iv) では，内容節が動詞でなく，形容詞の補部である．

(d)　補部の機能をもつ yes-no 疑問節

(37)　i.　There are several books_i here [that I'm not sure [if you've read ___i]].
　　　　　（ここには，あなたが読んだかどうかよくわからない本が，何冊かあります）
　　ii.　The actor had to be careful with the amount of venom poured into a character [who_i in the end we don't know [whether to hate or pity ___i]].
　　　　　（その俳優は，しまいには憎むべきか憐れむべきかよくわからない登場人物に対して，どれくらいの毒をもって演じるべきかを，注意してやらねばならなかった）
　　iii.　?The woman boarding in front of me was carrying a huge sports bag_i [that the cabin crew wondered [whether there was going to be enough room for ___i]].

(私の前に搭乗した女性は，巨大なスポーツバッグをもっており，客室乗務員は，それに対して十分なスペースがあるかしらと思った）

疑問節の内容節は，平叙節ほど容易に空所をもてない．実際の刊行物などでは，なかなか例がみつからない．ただし (37ii) は，実際に週刊誌にあった例である．構造が複雑になるにつれて，容認度も落ちていく．たとえば (37iii) は，(37i, ii) に比べてかなり疑わしい．

(e) 補部の機能をもつ wh 疑問節

(38) i. These are the only dishes$_i$ [that they taught me [how$_j$ to cook ___$_i$ ___$_j$]].
(彼らが私に料理の仕方を教えてくれたのは，これらの料理だけだ）

ii. The man in the dock was a hardened criminal$_i$ [that the judge later admitted he didn't know [why$_j$ he had ever released ___$_i$ ___$_j$ in the first place]].
(被告席にすわっている男は，裁判官が後に，そもそもどうして釈放してしまったのかわからない，と認めた常習犯だった）

iii. ?Here's another photograph$_i$ [that I can't remember [where$_j$ we took ___$_i$ ___$_j$]].
(これが，どこでとったか思い出せないもう 1 枚の写真です）

iv. *It's Max$_i$ [that I'd like to know [who introduced ___$_i$ to your sister]].
(誰があなたの妹へ紹介したのか私が知りたいのは，マックスだ）

空所が wh 疑問節で許されるのは，かなり厳しい条件を満たした場合のみである．(38i) では，how が疑問詞化されているが，完全に容認可能であるように思われる（疑問節自体が短いことも，プラスに働いているのだろう）．(38ii) では，why が疑問詞化されているが，話し言葉なら，話者による差はあるものの容認可能である．しかしこのタイプは，書き言葉でお目にかかることはないだろう．(38iii) では，where が疑問詞化されているが，さらに容認度が落ちる．これに対して (38iv) は，はっきりと非文法的である．同じことが，疑問詞句が補部機能をはたしている他の例にも当てはまる．(38i) から (38iii) では，空所が 2 つあり，wh 疑問節と結びついているもの（指標 j）と，疑問節が埋め込まれている関係詞節と結びついているもの（指標 i）とである．通

第 7 章　非局所的依存関係構文

常の構文ならば，I cook <u>spaghetti bolognese</u> this way.（私はこのやり方でスパゲッティボロネーゼを作る）となるところである．[7]

(f)　主要部より後に現れる補部としての機能をもつ非定形節

(39) i. It's <u>you</u>$_i$ [I want [to marry ___$_i$]].
　　　（私が結婚したいのは，君だ）
　　ii. <u>What</u>$_i$ did you [tell the police ___$_i$]?
　　　（あなたは，警察に何を言ったのか）
　　iii. I wonder [<u>what</u>$_i$ they intend [doing ___$_i$ about it]].
　　　（彼らは，それについて何をしようとしているのだろう）
　　iv. They are the ones [<u>to whom</u>$_i$ he had the weapons [sent ___$_i$]].
　　　（彼らが，彼が武器を送らせた相手だ）

ここには，4種類の非定形節の例がある．to 不定詞，原形動詞，動名詞，過去分詞である．(39ii) や <u>What</u>$_i$ are you [reading ___$_i$]? のような例もこの範疇に入るが，これは助動詞（did, are）が非定形補部（tell, reading）をとっているものとみなしているためである．

(g)　前置詞句

(40) i. <u>Some of us</u>$_i$ he wouldn't even speak [to ___$_i$].
　　　（私たちの何人かに，彼は話しかけることさえしようとしない）
　　ii. This is the <u>knife</u>$_i$ [you should cut the tomatoes [with ___$_i$]].
　　　（これが，あなたがトマトを切るのに使うべきナイフです）
　　iii. ?<u>What day</u>$_i$ will you not be able to return the book [until ___$_i$]?
　　　（いつまで，あなたはその本を返却できないのですか）

---

[7] 次の例は，オーストラリア政府刊行物にあった文に，少し手を加えたものである．*There are <u>words or terms</u>$_i$ in this Guide [that you may not be sure [what$_j$ <u>they</u>$_i$ really mean ___$_j$]].（このガイドブックには，何を意味しているのかがよくわからないかもしれないような，語や用語があります）．ここで，先行詞 words or terms と結びついた空所でなく，人称代名詞 they が用いられている．関係詞節で，空所が現れる場所に生じる代名詞は，「再叙代名詞（resumptive pronoun）」とよばれる．言語によっては，関係詞節をつくる際に，再叙代名詞を規則的に用いるものもある．しかし，英語では非文法的である．このことは，より構造が単純な次の例をみれば，明らかであろう：*words or terms [which$_i$ you may not understand them$_i$].

  iv. *Here is a list of the objections$_i$ [that they went ahead [despite ___$_i$]].
   (これが，彼らがそれにもめげずに行動を起こした，反論の一覧です)
  v. *You pay me$_i$, I'll do [if ___$_i$].
   (あなたがお金を出してくれるなら，私はやる)
  vi. *It was this proposal$_i$ [that they sacked me [because I criticized ___$_i$]].
   (私が批判したから彼らが私をくびにしたのは，この提案だった)

(40i-iv) で，空所は前置詞の補部であり，名詞句が先行詞になっている．その結果，前置詞の残置と言われる現象が生じる．つまり，目的語をとる前置詞の後に名詞句が現れていないが，意味上は理解されている，ということである．残置は，形式ばった文体でなければ，きわめてよくみられる構文である (第5巻参照)．残置が最も許されやすいのは，(40i) のように，前置詞句が補部の機能をはたしている場合である．前置詞句が付加詞の場合は，付加詞がどのような意味的タイプか，前置詞が何か，で容認度が変わってくる．たとえば道具の with は容易に残置できるが，until は残置しづらい．そして despite では，まず不可能である．

 前置詞句は，空所が定形節の先行詞と結びつくことを許さない．これは，(40v) にみられるとおりである．前置詞句全体を前置するのなら容認可能 (If you pay me$_i$, I'll do it ___$_i$.) だが，補部だけを前置することはできない．[8] また (40vi) のように，前置詞の補部になっている定形節の**内部**に空所をもつことも，許されない．この場合もやはり，理由節全体を空所にしてしまえば，よくなる (It was because I criticized this proposal$_i$ that they sacked me ___$_i$.)．

(h)　名詞句
名詞句では，動詞句よりも，はるかに空所が生じづらい．名詞句内の修飾要素として，もしくは修飾要素の一部として，空所が生じることはできない ((i) 修飾要素を参照)．通常，補部は前置詞句か節だから，この2つの場合を順にみていくことにする．

---

[8] 訳者注：通常は if が接続詞であると考えるが，Huddleston and Pullum は，if が前置詞で節を補部としてとっている，と考えている．

第 7 章 非局所的依存関係構文

・前置詞句補部

(41) i. Of which institute$_i$ did you say they are going to make him [director ___$_i$]?
（彼らが彼をどの研究所の所長にしようとしている，とあなたは言いましたか）

ii. To which safe$_i$ is this [the key ___$_i$]?
（このカギは，どの金庫のものですか）

iii. He knows little about any of the companies [in which$_i$ he owns [shares ___$_i$]].
（彼は，自分が株をもっている会社について，ほとんど知らない）

iv. I can't remember [which country$_i$ she served as [prime minister of ___$_i$]].
（私は，彼女がどの国の首相を務めたのか，思い出せない）

v. What kinds of birds$_i$ have you been collecting [pictures of ___$_i$]?
（どんな種類の鳥の写真を，あなたは集めているのですか）

vi. It's a topic$_i$ [that I'd quite like to write [a book about ___$_i$]].
（それは，それについて私が本を書きたいトピックです）

vii. *It's a topic$_i$ [you should read [my philosophy tutor's book on ___$_i$]].
（それは，私の哲学の先生がそれについて書いた本を，あなたが読むべきトピックです）

(41i-iii) では，空所自体が補部として機能しており，前置詞句が先行詞になっている．(41iv-vi) では，空所は前置詞の補部であり，ここでもまた前置詞残置が生じている．(41iv-vi) の名詞句は不定であり，この構文は形式ばった文体でなければ許される．しかし名詞句が定であり，とくに所有形の決定詞をとっている場合は，(41vii) にみられるように，かなり容認度が落ちる．

・節補部

(42) i. *That it was my fault$_i$ I emphatically reject [the insinuation ___$_i$].
（それは私のせいだ，というあてこすりを，私は断固拒絶する）

ii. *How the accident happened$_i$ they haven't begun to address [the question ___$_i$].
（どのようにその事故が起きたかという疑問に，彼らは取り組もうとすら

iii. *How much$_i$ did the secretary file [a report that it would cost ___$_i$]?
   (どれくらいそれは費用がかかるという報告書を，秘書が提出したのですか)

iv. *He's someone$_i$ [I accept your contention that we should not have appointed ___$_i$].
   (彼は，我々が指名すべきでなかったというあなたの主張を，私が受け入れている人物です)

v. How many staff$_i$ did he give you [an assurance that he would retain ___$_i$]?
   (彼は，何人のスタッフを雇い続けるという確約を，あなたにしましたか)

(42i, ii) では，空所が補部機能をもっている．しかし今度は，(41) と違って，はっきりと非文法的である．文法的にするためには，The insinuation that it was my fault$_i$ I emphatically reject ___$_i$. や The question how the accident happened$_i$ they haven't begun to address ___$_i$. のように，名詞句全体を前置しなければならない．[9] (42iii-v) では，名詞句内の補部として機能している平叙節の内容節の中に，空所がある．一般的に，このような構造では，容認度が低い．たとえば (42iii, iv) と，節が動詞の補部になっている場合 (How much$_i$ did the secretary report that it would cost ___$_i$? や，He's someone$_i$ [that I agree we should not have appointed ___$_i$].) とでは，はっきりとした差がある．しかし，この構文がまったくダメだというわけではない．軽動詞＋名詞のコロケーション (give an assurance (保証する)，make the claim (主張する)，hold the belief (信じる) など) を含む例では，容認される．これらの表現は，それぞれ assure (保証する)，claim (主張する)，believe (信じる) と同じ意味である．そのため，(42v) は How many staff$_i$ did he assure you that he would retain ___$_i$? と容認度があまり変わらなくなる．

(42) の例は，内容節をともなっているが，これを不定詞補部にすると，空所はもっと容認可能になる．

(43) i. What$_i$ had Dr Harris secretly devised [a plan to steal ___$_i$]?
   (ハリス博士は，何を盗む計画を，密かに立てていましたか)

ii. It is not clear [which felony$_i$ he is being charged with [intent to

---

[9] Why he did it$_i$ I have no idea ___$_i$. のような例は，容認可能である．しかしこの例で，疑問節は have no idea 全体の補部であり，idea の補部ではないと考えられる (第2巻参照).

commit ___ᵢ]].
(彼が，どの重罪を犯す意図があったという理由で起訴されているのか，明らかでない)

(i) 修飾要素

(44) i. That's the carᵢ [that I'm saving up [to buy ___ᵢ]].
      (それが，私が買うために貯金をしている車です)
  ii. Which monthᵢ are you taking your holidays [in ___ᵢ] this year?
      (今年は，何月に休暇をとりますか)
  iii. *It's this riverᵢ [that I want to buy a house [by ___ᵢ]].
      (それが，そのそばにある家を私が買いたいと思っている川です)
  iv. *List the commoditiesᵢ [that you have visited countries [which produce ___ᵢ]].
      (あなたが訪れた国で生産している製品を，列挙しなさい)

修飾要素では，補部の場合よりも，ずっと空所が生じにくい．しかし，文句なしに許される場合もある．(44i) のように動詞句内に目的を表す不定詞節が生じた場合がそうである．(44ii) では，時を表す修飾要素として機能している前置詞句内に，空所がある．しかし (g) でも述べたように，前置詞が残置されるのは，ふつうは補部機能の前置詞の場合である．名詞句内の修飾要素は，(44iii, iv) でわかるように，その内側に空所をもつことができない．(44iii) では，空所が house を修飾している前置詞句内にあり，(44iv) では，空所が countries を修飾している関係詞節内にある．

(j) 主語

(45) i. They have eight children [of whomᵢ [five ___ᵢ] are still living at home].
      (彼らには 8 人子供がいて，そのうち 5 人は，まだ彼らと一緒に住んでいる)
  ii. *They have eight children [whoᵢ [five of ___ᵢ] are still living at home].
      (彼らには 8 人子供がいて，そのうち 5 人は，まだ彼らと一緒に住んでいる)
  iii. *Whatᵢ would [to look at ___ᵢ too closely] create political problems?

(何をあまりくわしく見過ぎると，政治的問題を引き起こすことになるだろう)

　主語の内部での空所は，ほぼ全面的に不可能である．主たる例外は (45i) の構文で，ここでは，空所が主語名詞句の補部になっており，前置詞句がその先行詞となっている．(45ii, iii) のような例は，完全に不可である．(45ii) では，空所が主語名詞句の依存要素である前置詞句内にあり，一方 (45iii) では，主語として機能している節内に空所がある．一般に，不定詞節は定形節よりも空所に対して寛大なのだが，(45iii) は不定詞節でありながら，(31ii) の定形節の場合と同じく，やはり主語節内に空所をもつことができない．[10]

(k)　等位構造
7.2 節で，空所はそれ自身が被等位項になれないことをみた ((13viii) 参照)．しかし等位構造内での空所に対しても，制約がある．以下を比較してみよう．

(46) 　i.　Who was the guy$_i$ [that [Jill divorced ___$_i$] [and Sue subsequently married ___$_i$]]?
(ジルが離婚して，スーがそれから結婚した奴は，誰だ)

　　　ii.　*Who was the guy$_i$ [that [Jill divorced Max] [and Sue subsequently married ___$_i$]]?
(ジルがマックスと離婚して，スーがそれから結婚した奴は，誰だ)

　一般的に，等位接続されている要素内で空所が生じられるのは，同じ先行詞をもつ空所が，すべての等位接続されている要素内に生じている場合のみである．たとえば (46i) では，2 つの被等位項のどちらにも，guy を先行詞とする空所が目的語位置にある．この文は，ジルが離婚してスーがその後結婚したような x という男性がいる，ということを前提としている．(46ii) が非文法的なのは，空所が片方の被等位項にしか生じていないためである．
　しかし，この制約が緩和される場合がある．

---

[10] 次の実例では，不定詞主語内に空所があり，この制約が絶対的ではないことを示している．The eight dancers and their caller, Laurie Schmidt, make up the Farmall Promenade of nearby Nemaha, a town$_i$ [that [to describe ___$_i$ as tiny] would be to overstate its size]. (8 人のダンサーと彼らの呼びかけ人のローリー・シュミットが，近くのネマハのファーモール・プロムナードという行事を行う．ネマハは，「ちっちゃな町」というと，すでに実際よりも大きく思えてしまうような町である)．

(47) i. There are some letters_i [that I must just [go downstairs] [and check ____i over]].
（私が，下の階へ行ってチェックしなければならない手紙が，何通かある）

ii. What is the maximum amount_i [I can [contribute ____i] [and still receive a tax deduction]]?
（私が寄付して，それでもまだ税の控除を受けられる最大額は，いくらですか）

iii. He has built up a high level of expectations, [which_i he must [either live up to ____i] [or suffer a backlash]].
（彼は期待を非常に高めたので，彼はそれに応えなければならない．さもなければ反発を受けなければならない）

これらは，非対称的等位構造（asymmetric coordination）の事例である．つまり，被等位項同士が，意味的に対等な関係にない（第8巻参照）．これは，このような等位構造を言い換えてみると，一方の被等位項が付加詞になってしまうことからも裏付けられる．I'll go downstairs and check them over.（下の階へ行ってそれらをチェックしよう）は I'll go downstairs to check them over.（チェックするために下の階へ行こう）に，I contributed $1,000 and still received a tax deduction.（私は1,000ドル寄付し，それでも税の控除を受けた）は Although I contributed $1,000, I still received a tax deduction.（1,000ドル寄付したけれども，税の控除を受けた）に，He must either live up to these expectations or suffer a backlash.（彼がこれらの期待に応えなければ，反発を受けることになる）は If he doesn't live up to these expectations, he will suffer a backlash.（彼がこれらの期待に応えなければ，反発を受けることになる）に，書き換えられる．それぞれ，言い換えでは，付加詞に対応する被等位項の内側に，空所が生じていることがわかるだろう．この節の始めで，さまざまな位置に生じる空所の容認度が，純粋に統語的な要因だけでは決まらない，と述べた．(46) と (47) の対比は，統語的な制約よりも意味的要因のほうが勝っている，よい例である．

7.4 入れ子状の依存関係

空所付き不定詞構文の空所とその先行詞を含む節との連続が，より大きな構文の空所とその先行詞との間にはさみ込まれることがありえる．この類（たぐい）の構文の例としては，Which of the two instruments will this piece be easier

to play on? があげられる．

> **[専門的解説]**
> この例は次のように分析される．
>
> (48)
>   Which of the two instruments_i will this piece_j be easier [to play ___j on ___i]?
>   （どちらの楽器のほうが，この曲はより演奏しやすいか）
>
> 角括弧は空所付き不定詞構文をくくってあり，下線は2つの空所の先行詞を印してある．空所の1つは動詞 play の目的語として，もう1つは前置詞 on の目的語として機能している．Kim will play the sonata on this piano.（キムはこのピアノでソナタを弾く）のような独立節にみられるように，曲と楽器が，それぞれの目的語に相当する．そのため，名詞 piece（曲）を含む名詞句が，play の目的語である空所の先行詞となり，名詞 instruments（楽器）を含む名詞句が，on の目的語である空所の先行詞となる．
>
> この図から，最初の先行詞が2番目の空所と結びつき，2番目の先行詞が最初の空所と結びついていることが，わかるだろう．つまり，j の指標で結びつけられた対が，i の指標で結びつけられた対に対して，入れ子の状態になっていると言える．このように，2つの依存関係は，一方が他方に対して入れ子になっていなければならない．次のように交差することは許されない．
>
> (49)
>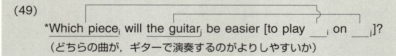
>   *Which piece_i will the guitar_j be easier [to play ___i on ___j]?
>   （どちらの曲が，ギターで演奏するのがよりしやすいか）
>
> この制約は，理解を容易にする役目をはたしていると考えることができる．もし (48) の構造しか許されないとなると，聞き手は最初の空所に出会った時に，それがつい先ほど知覚したばかりの先行詞に結びつくことが，自動的にわかることになるからだ．

7.5 寄生的空所

■ 空所を先行詞とする人称代名詞の省略

非局所的依存関係構文において，一定の条件下では，空所を先行詞とするような人称代名詞（再帰代名詞・属格代名詞は除く）を省略できる．

(50) i. They do an annual report_i [that I always throw ____i away without reading it_i].
(彼らは年次報告書を出すが,私はいつもそれを読まずに捨てる)

ii. They do an annual report_i [that I always throw ____i away without reading ____i].
(彼らは年次報告書を出すが,私はいつもそれを読まずに捨てる)

(50ii) で 2 番目の空所は,**寄生的空所 (parasitic gap)** とよばれる.なぜこうよばれるかと言えば,2 番目の空所が,先行詞の空所に寄生している格好になるからである.この空所が許されるのは,あくまで先行詞も空所である場合のみである.たとえば I always throw their annual report_i away without reading it_i. という文において,代名詞 it の先行詞が,名詞句として明示的に現れている.このように先行詞が空所でない文から代名詞を省略してしまうと,*I always throw their annual report_i away without reading ____i. のように非文法的になってしまう.

寄生的空所が最も許されやすいのは,(50ii) のように,節構造において付加詞の機能をもつ非定形節内である.

・寄生的空所は等位構造における空所と別

通常の空所+寄生的空所からなる構文は,等位構造で通常の空所が二か所に現れる構文とは,区別しなければならない.

(51) It was a proposal_i [that [Kim supported ____i] [but everyone else opposed ____i]].
(それは,キムが支持したが他の全員が反対した提案だった)

ここで,2 番目の空所を人称代名詞で置き換えることはできない.だから 2 番目の空所は,何も「寄生的」でないことになる.2 番目の空所が生じているのは,等位構造の規則のせいに過ぎない (第 8 巻参照).

等位構造の特徴として,関係詞化のような操作が適用されるなら,「一律・並行的に (across the board)」適用されなければならない.つまり,ある被等位項に関係詞化が適用されたら,すべての被等位項で適用されなければならない.(46) における文法性の違いは,これで説明できる.(46i) では一律に並行して適用されているが,(46ii) ではそうなっていない.

寄生的空所と「一律・並行適用」による空所とは別々のものだから,両者を

組み合わせることが可能である．以下の例で，寄生的空所には，下付き文字 p
を，始めにつけてある．

(52) Fairbanks reached for a towel, a clean one and not the scarcely crumpled one$_i$ [that Cormore himself had [used ___$_i$] [and left ___$_i$ thriftily on the ledge below the mirror rather than consign $_p$___$_i$ to the linen basket]].
(フェアバンクスはタオルに手を伸ばした．きれいなタオルに．コルモアーが使って，それから洗濯かごに放り込まずに，もったいないからと鏡の下の棚に置いておいた，ほとんどくしゃくしゃになっていないタオルでは，なかった)

外側の角括弧は，関係詞節をくくっており，その内側に完了の助動詞 have の補部として，等位構造が生じている．2つの被等位項は，内側の角括弧でくくられているが，それぞれ，通常の空所を目的語としてとっている（それぞれused と left の目的語である）．しかし，さらに第2の被等位項には，rather によって導かれる付加詞内に，寄生的空所がある．ここでもやはり，寄生的空所なら，人称代名詞 it で置き換えることができるが，通常の空所では，それができない．

第 II 部

比較構文

第1章　まえがき

　英語には，さまざまな種類の比較を表現するための，特別な統語と形態素からなる豊かな仕組みがある．たとえば，bigger や biggest のような形にみられる，等級付けを表すのに用いられる屈折語尾がそうである．これらは，比較を表現することが実質上その唯一の用法である．また，定形の従属節には主なものが3種類あるが，そのうちの1つは，比較専用である．She is much bigger than she was then. (彼女は，あの時よりもはるかに成長した) や She went to the same school as I went to. (彼女は，私が通っていたのと同じ学校に通っていた) における下線部の節がこれに当たる．

　ここでは，伝統的な呼び方をそのまま用いて，屈折で表された bigger と biggest のような形を**比較級** (**comparative form**) と**最上級** (**superlative form**)，she was then や I went to のような従属節を**比較節** (**comparative clause**) とよぶ．[1] 本章では，これらの文法範疇と，統語的にこれらによく似た他の範疇について取り扱う．まずはまえがきとして，比較構文の主な下位分類と，それを記述するのに必要ないくつかの統語範疇を紹介しよう．

1.1　2つの分類基準：「尺度的」対「非尺度的」，「同等」対「非同等」

　2種類の対比をかけあわせると，(1) にあるように，4つのタイプの比較構文を区別できる．

---

[1] 本巻第 II 部の分析では，than は前置詞で，比較節を補部としてとっていると考える．伝統文法のように than が従属節の一部であるとは分析しない．

(1)   同等   非同等

    尺度的   Kim is <u>as</u> old <u>as</u> Pat.   Kim is <u>older</u> <u>than</u> Pat.
               （キムは，パットと同じく   （キムは，パットより年上だ）
               らいの年だ）

    非尺度的 I took the <u>same</u> bus <u>as</u>   I took a <u>different</u> bus <u>from</u>
               last time.   last time.
               （私は，前回と同じバスに   （私は，前回と違うバスに
               乗った）   乗った）

■「尺度的」対「非尺度的」

尺度的比較（scalar comparison）は，ある尺度上の相対的な位置にかかわる．(1)における **old**（年をとった）がそうである．old というのは段階性をもつ形容詞であり，尺度的比較は一種の等級付けのことだ．very（とても），quite（かなり），rather（いくぶん）などの程度を表す副詞も等級付けを表しているが，根本的には同じ一般的な種類の比較である（ただし尺度的比較のほうが複雑であるが）．

対照的に，**非尺度的比較（non-scalar comparison）**は，等級付けではなく，同一性や類似性といった事柄を問題にする．たとえば，bus は段階性をもたないものであり，(1) の非尺度的比較では，2 つのバス（今回乗ったバスと前回乗ったバス）が同一かどうか，を比較している．

尺度的比較のほうが，より中心的な比較であるとみなすことができる．というのも，まず屈折によって表されるのは尺度的比較だけである．また，非同等比較をみてみると，非尺度的比較で比較節が生じることは，めったにないからである．

■「同等」対「非同等」

「同等」と「非同等」という用語は，尺度的比較に用いると非常に明快である．もしキムがパットと同じくらい年をとっているのであれば，キムの年齢は，パットの年齢と（少なくとも）**同等（equal）**である．もしキムがパットよりも年上であれば，2 人の年齢は**同等でない（not equal）**ことになる．

しかし非尺度的比較の意味を記述する際には，これらの用語はそれほどピンとこない（たとえば，I took the same bus as last time. は，"The bus I took equals the bus I took last time.（私が乗ったバスは，前回乗ったバスと同等である）"ということを伝えるものではない））．非尺度的比較では，同一か同一でない

か，似ているか似ていないか，が問題になるからである．しかし文法的には，尺度的比較と非尺度的比較の両方に，同じ対比が適用されていることを認めるべき理由がある．まず，as は尺度的に同等であること (as old as Pat) も，非尺度的に同等であること (the same bus as last time) も，表すことができる．また，than は，尺度的な非同等性 (older than Pat) にも，一部の非尺度的な非同等性 (other than Pat（パット以外の）または一部の英語における [%]different than last time（前回とは異なる）)にも，用いられる．

・非同等の下位タイプ：「優等性」と「劣等性」

ある種の尺度的比較においては，2 つの異なる非同等性を区別しておく必要がある．その結果，全部で 2 種類でなく 3 種類あることになる．

(2) 同等　　　　　　　　　　　as heavy as　　　as careful as
　　　　　　　　　　　　　　　（〜と同じくらい重い）（〜と同じくらい注意深い）
　　　　　　優等性 (superiority)　heavier than　　more careful than
　　　　　　　　　　　　　　　　（〜より重い）　　（〜より注意深い）
　　非同等
　　　　　　劣等性 (inferiority)　less heavy than　less careful than
　　　　　　　　　　　　　　　　（〜ほど重くない）（〜ほど注意深くない）

優等性 (superiority) は屈折によって表されること (heavier) も，分析的に more を用いて表されることもあるが，その他の範疇は分析的にしか表されない．**劣等性 (inferiority)** は less，**同等性 (equality)** は as でそれぞれ表現される．そのため，「比較を表す屈折」と通常よばれているものは，いくつかの比較の中でも，尺度的優等性のタイプしか表していないことになる．[2]

・尺度の方向性

優等性と劣等性は，問題となる特定の尺度に基づいて解釈すべきである．younger than（〜より若い）は，older than（〜より年をとった）と同様に優等の比較を表している．尺度には**方向性 (orientation)** があり，その方向は比較される項目の語彙的な意味によって変わる．**old** と **young** はどちらも年齢に関

---

　[2] ここで同等性を表す尺度的比較とよんでいるものを指すために，「同等級 (equative)」という用語が，「比較級 (comparative)」と対比されて用いられることが，よくある．ここでの見方では，X is as heavy as Y は X is heavier than Y と同じように比較を表している．また統語的にも同じであり，どちらの場合も Y の要素を比較節で表すことができる．

第1章 まえがき

する尺度を示すが，方向は反対である．より old であれば，より 0 歳から遠ざかり，逆に，より young であれば，より 0 歳に近づく．優等性と劣等性は文法範疇であり，上記で示した手段で表されるが，尺度の方向性は語彙的意味の問題である．

・尺度的比較において同等ということは，「少なくとも同等」ということ

尺度的比較における同等性は，（そうでないことを示すものがとくに何もなければ）「きっかり同等」ではなく「少なくとも同等」と解釈される．

(3) i. Jill is as clever as Liz. ［ジルのほうが利口かもしれない］
（ジルは，リズと同じくらい利口だ）
ii. Jill isn't as clever as Liz. ［ジルのほうが利口でないに違いない］
（ジルは，リズほど利口ではない）

例文（3i）は，ジルがリズより利口であっても矛盾しない．Jill's as clever as Liz, somewhat more so in fact.（ジルはリズと同じくらい利口だ．もっといえば実は，ジルのほうが少し上だ）ということもできる．[3] それゆえ，通常，尺度的同等とは，劣等でないと言っているにすぎない．つまり，下限を設定しているのである．だから，(3ii) の否定形は劣等性を論理的に含意し，ジルとリズが等しく利口な場合と，ジルのほうがより利口な場合を除外している．[4] このことは言語を実際に使用する際に都合がいい．というのも，正確に計測することが可能な尺度（物理的な寸法など）もあるにはあるが，ほとんどはそうではないからだ．たとえば，ジルがリズとまったく同じだけ利口かどうか尋ねようとしたら，普通は無意味な質問になってしまうだろう．

比較における同等性がどこまで優等性と矛盾しないかは，意味内容と文脈に

---

[3] このことは equal 自体にも当てはまる．Kim is the equal of Pat when it comes to solving crossword puzzles.（クロスワードを解くということになれば，キムはパットに匹敵する）では，キムのほうが勝っていても矛盾はないし，We hope to equal last year's profit.（我々は，昨年の利益に匹敵する利益をあげることを望んでいる）では，昨年より利益が多くなっても矛盾しない．

[4] これは通常の否定の場合の話である．メタ言語否定（第 5 巻）では，Jill isn't as clever as Pat, she's a good deal cleverer.（ジルがパットと「同じくらい賢い」のではない．実は彼女のほうがずっと賢いのだ）と言える．この文で Jill is as clever as Pat.（ジルは，パットと同じくらい賢い）が否定されているが，それはこの文が偽であるからではなく，十分な内容を言っていないからである．

よって変わってくる．たとえば，He made as many as eighteen mistakes.（彼は，18個も間違いをした）では，間違いの数はきっちり18だろう．しかし He made as many mistakes as I did.（彼は，私と同じくらい間違いをした）では，きっちり同じ数の間違いをしていないかもしれない．

■ 非断定的項目の認可

any や ever などの非断定的項目（non-affirmative item）は，(1) であげた比較の下位タイプ4つのうち，3つにおいて用いることができる．[5]

(4) i. She ran faster than <u>anyone</u> had expected. ［尺度的非同等］
（彼女は，誰の予想よりも速く走った）

ii. She ran as fast as she had <u>ever</u> run before. ［尺度的同等］
（彼女は，かつてないくらい速く走った）

iii. It was different from <u>anything</u> I'd <u>ever</u> seen before.
［非尺度的非同等］
（それは，私がそれまで見たことがある，どんなものとも違っていた）

iv. *It was the same as <u>anything</u> I'd ever seen before. ［非尺度的同等］
（それは，それまで私が見たことがある，どんなものとも同じだった）

(4i-iii) は，明らかに否定と結びついている（否定は，非断定的項目が典型的に用いられる文脈である）．(4i-iii) の文はそれぞれ，彼女が実際に走った速さほど速く走れると，誰も予測していなかったこと ((4i))，それまでには今回以上の速さで走ったことがないこと ((4ii))，それは私がこれまでみてきたどんなものとも同じではなかった，もしくは似ていなかったということ ((4iii))，を含意している．

1.2 項比較と集合比較

さらに比較構文を分ける基準として，**項比較（term comparison）** と **集合比較 (set comparison)** の区別がある．

---

[5] 訳者注：any や ever のような語は，肯定文でなく否定文でのみ生じることから，通常は否定極性項目（negative polarity item）とよばれる．しかしこれらの項目は，疑問文・条件文・比較節等にも生じる．これらの環境では，いずれも命題が真であると断定されていないことから，Huddleston and Pullum は非断定的（non-affirmaive）という用語を用いている．

第 1 章　まえがき

(5) i. a. Ed is more tolerant than he used to be.
       （エドは，以前よりも寛容だ）　　　　　　　　　　　［項比較］
    b. Kim's version is much superior to Pat's.
       （キム版は，パット版よりもはるかに素晴らしい）

   ii. a. Ed made the most mistakes of them all.
       （エドは，彼ら全員の中で最も多くの間違いをした）
    b. It sold for the highest price ever paid for a Cézanne.　　　　［集合比較］
       （それは，これまでセザンヌの作品に対して支払われた
       中で最高の値で売れた）

(5i) の例文が表しているのは，**第一項 (primary term)** と**第二項 (secondary term)** の間の比較である．第一項と第二項という用語は，第二項が第一項に統語的に従属しているという事実を反映している．(5ia) は，現在エドがどれほど寛容であるか（第一項）と，かつてエドがどれほど寛容であったか（第二項），とを比較している．第一項は主節で表され，第二項は従属節 (he used to be) で表されている．(5ib) は，キム版（第一項）とパット版（第二項）の比較である．この場合，2つの項を表す名詞句の間に，直接的な統語関係はない．しかし，Pat's が文の構成素構造において，より低いところにあり，その意味において，第一項に対して従属的であるとみなすことができる．

これに対して，(5ii) の例文は，ある集合の成員間の比較を表している．ここで例示されているタイプの集合比較においては，その集合の一成員が，尺度の頂点にいるものとして，とり上げられている．(5iia) で，集合は them all という名詞句が表すものである．その集合の成員間で，各成員がいくつの間違いをしたか，ということについて比較が行われ，エドがその尺度の頂点に位置づけられている．前置詞句 of them all を省略することも可能で，その場合は比較される集合が文脈によって決定される．(5iib) では，セザンヌの絵に支払われた価格間の比較が行われ，やはりあるひとつの価格が，尺度の頂点にあるものとして，とりあげられている．

■ 項比較における第二項の省略

第二項は，文脈から復元可能であれば，通常は明示的に表されない．

(6) i. Ed was pretty difficult in those days, but now he's <u>more tolerant</u>.
       （エドは，当時はとても気難しかったが，今は以前より寛容になっている）
   ii. Pat's version is rather pedestrian: Kim's is <u>far superior</u>.

(パット版は，かなり平凡だ．キム版のほうがはるかに優れている)

  iii. They have moved house four times in <u>as many years</u>.
    (彼らは，4年間で4回引っ越している)

前の文脈から，省略された部分を補うことで，"more tolerant than he was in those days", "far superior to Pat's version", "as many as four years"[6] だということがわかる．あるいは，第二項が単純に状況から補われる場合もある．たとえば，蒸し暑い部屋にいて窓を開け，That's better! (ましになった!) と言うような場合である．

■集合比較と項比較の互換性

一般的に，集合比較は対応する項比較で言い換えることができる．たとえば，(5iia, iib) は以下の文と同じ意味である．

(7) i. Ed made more mistakes than all the others.
   (エドは，他の全員よりも多くの間違いをした)
  ii. It sold for a higher price than had ever been paid for a Cézanne before.
   (それは，これまでセザンヌの作品に対して支払われたどの価格よりも高い価格で売れた)

(5iia) においては them all がエドを含む集合であったが，(7i) では all the others がエドを除外し，比較における第二項を表している．同様に，(5iib) では，それまでに支払われたすべての価格という集合について，ある価格が尺度の頂点に位置付けられているが，(7ii) ではある価格と他のすべての価格が第一項対第二項として比較されている．

■「尺度的」対「非尺度的」と「同等」対「非同等」という対比は，集合比較と項比較どちらにも適用される

1.1節で導入した2つの基準は，(8), (9) の例が示すように，集合比較にも項比較にも適用できる．

---

 [6] ここでは尺度的同等が，下限ではなくちょうど同等であることを示している．そのため，in as many years が "in four years (4年間で)" と解釈できる．同様に This is their sixth victory in as many matches. (これは6試合で6回目の勝利だ) でも，in as many matches が "in six matches (6試合で)" を表している．

(8) 　　　　　　　　　　　集合比較

	同等	非同等
尺度的	Sue and Ed are equally good. （スーとエドは，同じくらい優秀だ）	Sue is the best of the three. （スーは，3人の中で一番優秀だ）
非尺度的	Sue and Ed are in the same class. （スーとエドは，同じクラスだ）	Sue and Ed go to different schools. （スーとエドは，別々の学校に通っている）

(9) 　　　　　　　　　　　項比較

	同等	非同等
尺度的	Sue is as good as Ed. （スーは，エドと同じくらい優秀だ）	Sue is better than the other two. （スーは，残りの2人より優秀だ）
非尺度的	Sue is in the same class as Ed. （スーは，エドと同じクラスだ）	Sue goes to a different school from Ed. （スーは，エドと違う学校に通っている）

■ **統語的な違い**

項比較と集合比較の間にある，2つの最も重要な統語的な違いは以下の通りである．

(10) 　i.　比較節は項比較にのみ生じ，第二項と結びついている．
　　　ii.　最上級と比較級は，非同等を表す際に用いられる．最上級は集合比較においてのみ用いられるが，比較級は圧倒的に項比較において用いられる．しかし集合の成員数がちょうど2であるような場合には，比較級は集合比較にも生じる．

比較級の2つの用法を以下に例示する．

(11) 　i.　Jill is taller than her twin sister.　　　　　　　　　［項比較］
　　　　　（ジルは，彼女の双子の姉よりも背が高い）
　　　ii.　Jill is the taller of the twins.　　　　　　　　　　　［集合比較］
　　　　　（ジルは，双子のうちの背が高いほうだ）

本章では，2節で比較節を記述し，3節でメタ言語比較とよばれている特別な比較（I was more worried than angry.（私は怒っているというよりは，心配しているのだ）におけるような比較）について述べる．その後4節から6節では，それぞれ尺度的項比較，非尺度的比較，尺度的集合比較について取り扱う．

1.3　比較補部，比較導入要素，比較句

項比較における第二項は，比較節や，他の形式の表現（典型的には句）で表すことができる．

(12) i. We performed better than we did last year.　　　　［比較節］
　　　　（我々は，昨年よりもうまく演技した）
　　ii. This year's performance was superior to last year's.
　　　　　　　　　　　　　　　　　　　　　　［他の形式（名詞句）］
　　　　（今年の演技は，昨年のものよりも優れていた）

比較節は，統語的に独特な構文で，項比較にしか生じない．しかし，他の形式の第二項は比較構文に限定されず，他の場所にも難なく生じられる（It is too early to judge this year's performance, but last year's was excellent.（今年の業績を判断するのは早すぎるが，ともあれ昨年の実績はとても秀逸だった））．

■ 比較補部――ゼロ形式と拡充された形式

比較節であろうとなかろうと，第二項を表す形式は，統語的に補部の機能をもつ．最も中心的な事例においては，(12) のように前置詞の補部になっている．そしてその前置詞は，他の項目によって導入されるか，または選択される．たとえば，(12i) では than が比較級 better によって導入され，(12ii) では to が superior によって導入されている．[7] この構文にも「ゼロ形式」と「拡充された形式」の区別を適用して，前置詞のない**ゼロ比較補部 (bare comparative complement)** と，前置詞を含む**拡充比較補部 (expanded comparative complement)** とを認めることができる．(12) の例文に当てはめると以下のようになる．

(13) i.　ゼロ比較補部　　　we did last year　　　　last year's
　　ii.　拡充比較補部　　　than we did last year　　to last year's

拡充比較補部に生じる主な前置詞は，比較の種類にしたがって，ある程度変化する．

---

[7] 数は少ないが，第二項が名詞句内で属格の主語決定詞により表されることがある．たとえば，my betters（私より優秀な人たち）のように．

(14) 　　　　　　　同等　　　　　　　非同等
　　　尺度的　　　as　　　　　　　than, to
　　　非尺度的　　as, to, with　　　than, to, from

■ 比較導入要素

比較構文を導く項目を，**比較導入要素**（**comparative governor**）とよぶ．以下の表が表しているのは，主な比較導入要素（下線部）と，それらが拡充補部内でとる前置詞である．比較導入要素が，尺度的比較であるか（＋）そうでないか（−），同等比較であるか（＋）そうでないか（−），にしたがって，4つに分類されている．

(15) 　　　尺度的　同等
　　i.　　＋　　＋　　<u>as</u> … as, <u>so</u> … as（〜と同じように…），<u>such</u> … as（〜のような…）
　　ii.　　−　　＋　　<u>same</u> as（〜と同じ），<u>such</u> as（〜のような），<u>similar</u> to（〜と同様の），<u>equal</u> to/with（〜と等しい），<u>identical</u> to/with（〜と等しい）
　　iii.　　＋　　−　　<u>-er</u> than（〜より），<u>more</u> than（〜より多い），<u>less</u> than（〜より少ない），<u>rather</u> than（〜よりむしろ），<u>prefer</u> … to/than（〜より…を好む），<u>superior</u> to（〜より優れた），<u>inferior</u> to（〜より劣った）
　　iv.　　−　　−　　<u>other</u> than（〜以外の），<u>else</u> than（〜以外の），<u>differ</u> from（〜とは異なる），<u>different</u> from/to/than（〜とは異なった），<u>dissimilar</u> to/from（〜とは異なった）

(15iii) における -er は，比較級の屈折語尾を表す（屈折で表された比較級には，接尾辞 -er によるものと，worse などのような不規則変化によるものとがある）．such には，尺度的なものと非尺度的なものと，どちらもある．尺度的な such は，程度が似ていることを表す（It isn't such a good idea as he would have us believe.（それは，彼の言うことを聞いていたら思ってしまうほどいい考えではない））．これに対して，非尺度的な such は，種類が似ていることや同一であることを表す（I did such things as only one woman can do for another.（私は，女性同士が一対一でしかできないようなことを，した））．さらに，same を用いた比較でも，same が等級付けできる名詞を修飾している場合には，尺度的比較と似てくることを，後でみる．

・ゼロ補部をとる比較導入要素

前置詞なしで第二項を補部としてとる項目も，存在する．そのような項目には，like（似ている／〜のような）と unlike（似ていない／〜とは異なって）［これらは，形容詞と前置詞のどちらの範疇にも属する］，as，また before（〜の前に）や after（〜の後に）などの特定の前置詞，そして equal（匹敵する），exceed（超える），resemble（似ている）といった少数の動詞などがある（(15ii) の equal は形容詞の equal）．たとえば Ed is like his father.（エドは父親に似ている）であって，*Ed is like to his father のように前置詞をつけることはできない．as については，以下にみられるような3つの種類を区別しなければならない．

(16) i. It wasn't as expensive as she had expected.
     （それは，彼女が予想していたほど値段が高くはなかった）
  ii. It was reasonably cheap, as she had expected.
     （それは，彼女が予想していたとおりに，十分安かった）

(16i) にある最初の as は副詞で，比較導入要素として機能している．そして2つ目の前置詞 as から始まる補部をとる．(16ii) には as が1つしかないが，これは前置詞であり，比較導入要素となってゼロ補部をとっている（like と同様）．どちらの場合でも，比較節 she had expected は前置詞 as の補部だが，(16i) では前置詞 as が比較を導く副詞 as によって選択されている．これに対して，(16ii) では前置詞 as 自体が比較を導いている．

■比較句

比較句 (comparative phrase) とは，比較導入要素を含む句のことである．たとえば，(12) で，比較句は better than we did last year と superior to last year's である．また次のように，もっと長い句になる場合もある．

(17) This may be a more serious problem than you think.
    （これは，あなたが考えているよりも深刻な問題かもしれない）

more は serious を修飾しているものの，比較句になっているのは problem を主要部とする句である．ここでもまた，より大きな構成素へ比較の素性が拡がっている（upward percolation，第 I 部 3.2 節参照），と捉えることができる．つまり，比較の素性が more から more serious へ，そこからさらに名詞句全体へと拡がっているのだ．以下の 2.4 節では，このような素性の拡がりがどこまで可能なのか，つまり比較句はどこまで大きくなれるのか，について取り上げ

る．

■ 比較補部の位置

補部は比較句の主要部に対して，さまざまな位置に生じる．(18) にその例をあげておこう．ここでは比較句を角括弧でくくり，主要部を二重下線で，拡充比較補部を単なる下線で表している．

(18) i. He took out [a bigger loan than was necessary].　　　［主要部の後］
　　　（彼は，必要以上の額のローンを組んだ）
ii. She's [more experienced in these matters than I am].
　　　　　　　　　　　　　　　　　　　　　　　　　　　　［句の中での後置］
　　　（彼女は，これらの件については私よりも，ずっと経験がある）
iii. [More people] attended the meeting than ever before.
　　　　　　　　　　　　　　　　　　　　　　　　　　　　［節内での後置］
　　　（これまでにないくらい多くの人が，その会合に参加した）
iv. He chose Kim, than whom no one could be [more suitable].
　　　　　　　　　　　　　　　　　　　　　　　　　　　　［前置］
　　　（彼はキムを選任した，というのもキムより適任な者がいなかったからだ）
v. They've achieved [a better than expected result].　　［主要部より前］
　　　（彼らは，予期されていた以上の業績を達成している）
vi. [More people] oppose than support the proposed office reorgan-isation.　　　　　　　　　　　　　　　　　　　　　　［右枝節点繰上げの前］
　　　（事務所の再編の提案を，支持するよりも反対をしている人のほうが多い）

詳細にみていくと，(18) は以下の可能性を表している．

i. 補部が主要部である名詞 loan のすぐ後に来る．
ii. than 句が主要部から分離しているが，比較句内にとどまっている．in these matters も experienced の依存要素（もうひとつの補部）である．
iii. 補部 than ever before は，述語動詞とその目的語が間に入って，主要部から分離されている．そのため，その導入要素 more と同じ句内にない．つまり補部が比較句内にない．
iv. 比較句が節の最初に生じている．これは，whom が関係代名詞であるため，関係詞節において（前置詞 than とともに）中核部より前の位置を占めるからである．これは比較的珍しい構造で，形式ばった文体で

しかみられない。[8]

v. ここでは比較補部が，比較句内の主要部より前の位置に生じている．この形式は，屈折による比較級＋than の後に anticipated（予想された），expected（期待された），hoped for（望まれた），necessary（必要な），usual（通常の）といった，少数の短い表現が続く場合にほぼ限られる．

vi. これは右枝節点繰上げの例である．右枝節点繰上げは，従属接続よりも等位接続においてよくみられる（第8巻）．典型的な等位接続の例として，Three-quarters of them oppose and only 15% actually support the proposed office reorganization.（事務所の再編の提案には，彼らの4分の3が反対し，15%の人しか実際に賛成していない）がある．最後の名詞句 the proposed office reorganisation は，oppose と support 両方の目的語として理解される．比較補部を文末に置く場合は，More people oppose the proposed office reorganization than support it.（事務所の再編案を，支持するよりも，反対している人のほうが多い）のように，別に目的語を表す必要がある．

比較補部は（18i-iii）にみられるように，比較句を含む節の最後にもっとも頻繁にあらわれる．これはつまり，主要部の後に比較補部でない構成要素がある場合，その補部が典型的には後置され，比較句の外に置かれる，ということである．(18ii, iii) において，後置をせずに，She's more experienced than I am in these matters. や More people than ever before attended the meeting. と言うこともできる．他の構成要素に対して補部が長く重くなればなるほど，後置されやすくなる．また文法上，後置をしなければならない場合もある．

(19) i. He knew more about Paris than any of his friends.

［後置が好まれる］

（彼は，友人の誰よりもパリについて知っている）

ii. It is better to tell her now than to wait till after the exam.

［後置が必須］

---

[8] wh 疑問文や，補部が前置されている場合にも，比較補部が文頭にくる．Than whom is he less tolerant?（彼は誰より，より寛容でないか）や Than such a slogan, nothing could be more negative.（そのような宣伝文句より，より否定的なものはありえないだろう）のように．ただしあまり自然ではない．また同等を表す比較では，これはみられない．*Kim, as whom no-one could be as suitable. は不可である．

(試験の後まで待つよりは，今彼女に告げたほうがいい)

(19i) は，後置しない形よりも自然な文である．明らかに，about Paris よりも than 句のほうが重いからだ．(19ii) では，後置をする必要がある．というのも，まず to tell her now と to wait till after the exam を対比させている．そして，前者が第一項なので，第二項である後者よりも先に来なければならないからである．

そうすると，拡充された比較補部は，しばしば間接補部（第 0 巻第 II 部第 5 章参照）であることが，わかってもらえるだろう．つまり，比較補部は，それが生じている構文の主要部によってではなく，主要部の依存要素によって認可されるのだ．たとえば (18i) では，than was necessary は角括弧でくくられた名詞句の補部であるが，その名詞句の主要部 loan によって認可されてはいない．

第2章　比較節

比較節 (comparative clause) は従属節の下位範疇に当たり，関係詞節や内容節とは異なるものである．比較節は4つのタイプの項比較で生じるが，非尺度的非同等タイプには，方言差がある (5.4節).

(1) i. It was better than I had expected. ［尺度的非同等］
(それは，私が期待していたよりもよかった)
ii. It wasn't as good as I had expected. ［尺度的同等］
(それは，私が期待していたほどよくはなかった)
iii. It was excellent, as/%like I had expected. ［非尺度的同等］
(それは，私が期待していたように秀逸だった)
iv. %It wasn't much different than I had expected. ［非尺度的非同等］
(それは，私が予想していたものとそんなに異なっていなかった)

どの場合においても，比較節 (I had expected) は，前置詞 than, as, like のどれかの補部になっている．

　伝統的に比較節とよばれているものは，比較全体を表している主節ではなく，第二項を表す従属節であることに注意してもらいたい．比較節の最大の特徴は，主節に対して構造が縮約されていることである．対応する主節ならば明示的に現れているであろう構成要素が，さまざまな程度に省略される．たとえば I had expected は，これだけでは文として成り立たない．

■「変項」対「定項」

(1i) における比較は，どれほどそれがよかったかと，どれほどそれがよいと私が期待していたかを比較している．しかしこの文は，実際にそれがどれだけ

よかったのかも，私がどれだけよいと期待していたのかも，述べていない．そのため，この文の意味を記述するためには，変項を用いる必要がある．ここで(厳密なものではないが)意味構造として，第一項を「それは x だけよかった ("It was *x* good")」，第二項を「私は，それが y だけよいと期待していた ("I had expected it to be *y* good)"」と表すことにしよう．すると，比較導入要素である比較の屈折語尾により，「x が y を上回る ("x ＞ y")」となる．この種の比較は，項の一方もしくは両方が定項であるような比較とは区別される．たとえば，以下の例と比べてみよう．

(2) i. It was better [than I had expected]. 　　［「変項」対「変項」の比較］
 　　（それは，私が期待していたよりよかった）
 ii. I stayed longer [than six weeks]. 　　［「変項」対「定項」の比較］
 　　（私は，6 週間以上滞在した）
 iii. Sue is just like her mother. 　　［「定項」対「定項」の比較］
 　　（スーは，まさに彼女の母親に生き写しだ）

(2ii) では，第一項がやはり変項の「私は x だけ滞在した ("I stayed *x* long")」であるが，第二項は単に「6 週間 ("six weeks")」である．この six weeks は，節ではなく名詞句である．比較節ならば，常に変項を含む第二項を表す．(2iii) は，どちらの項も定項である例であり，単にスーと母親を比較している．

■ 倒置

すでに述べたように，比較節が他の節と区別される主な統語的違いは，独特の方法で構造が縮約されることである．しかし，主語の位置に関する違いもある．すなわち，以下のような条件のもとでは，主語が動詞の後に生じることができるのだ．

(3) i. Spain's financial problems were less acute than were those of Portugal.
 　　（スペインの財政問題は，ポルトガルの財政問題より深刻ではない）
 ii. *The water seems significantly colder today than was it yesterday.
 　　（水は，昨日より今日のほうが著しく冷たいようだ）
 iii. It is no more expensive than would be the system you are proposing.

(それは，あなたが提案しているやり方をした場合と同様に，費用が掛からない)

  iv. *It is no more expensive than would the system you are proposing be.
   (それは，あなたが提案しているやり方をした場合と同様に，費用が掛からない)

  v. *He works harder than works his father.
   (彼は，彼の父親よりも，もっと一生懸命働いている)

なぜ倒置が起こるかといえば，対比されている主語を文末に置くため，と言っていいだろう．たとえば (3i) では，those of Portugal が Spain's financial problems と対比されている．しかし (3ii) では，主語でない today と yesterday が対比されているので，倒置は不適切である．代わりに than it was yesterday と言わねばならない．さらに，(3iii) では，主語が would be の後に来ていることに注意してもらいたい．(3iv) からわかるように，主語が would だけの後に来ることはできない．そのため，この構文は後置と密接に関連している (第 9 巻参照)．しかし，主語・助動詞倒置にも類似しており，倒置される動詞は通常，助動詞でなければならない．助動詞でない場合は，(3v) のように倒置することができない．ただし He works harder than his father works. ならよい．それゆえ，この倒置構文には，主語の後置と主語・助動詞倒置が混合したようなところがある．両者の特性がこのように混合するのは，比較節の場合だけである．

2.1 比較節の縮約

この節では，than と as が比較節をとっている，中心的な事例に焦点をあてよう．まずは，必ず縮約をしなければならない (a), (b) をみていき，その後，縮約が必ずしも必要でない (c)-(g) に移る．

(a) 比較導入要素に対応する要素が，必ず省略される

最小限の縮約が起こったものが，以下の例である．

  (4) i. The swimming-pool is as deep as [it is ___ wide].
    (そのプールは，幅の広さと深さが同じである)
   ii. *The swimming pool is as deep as [it is very/quite/two metres

wide].
(そのプールは，{とても／かなり／2 メートルの} 幅があるのと同様に深い)

比較導入要素（下線部 as）は，主節で deep の程度を修飾しているが，比較節（角括弧）において，それに対応する位置は空でなければならない．(4i) では，(wide を修飾している) 程度の副詞の位置が空であるから，この要件が満たされている．ところが (4ii) では，その位置が埋まっているので，非文法的である．これは非同等比較になっても同じことである．屈折語尾 -er は，分析的な標識 more と同じ働きをしているので，比較節内の空所（'___'で示された位置）は，やはり空のままでなければならず，The swimming-pool is deeper than [it is ___ wide]. (そのプールは，幅の広さよりも深さのほうが勝っている) となる．

この空所になっている位置は，統語的に空のままでなければならないが，意味的にも空であるわけではない．'___'という表記は，そこに何らかの要素が意味的に存在する，ということを表そうとしている．そしてここで意味的に存在しているのは，変項の値である．すでに述べたように，変項は比較の意味の中に含まれている．そして比較の第二項を表しているのが，まさにこの空所が現れている比較節である．

省略されているが意味上は理解されている要素があるため，(4i) の比較節は，It is wide. (それは広い) が主節として現れた場合と同じ意味にはならない．後者は，そのプールの幅が（普通のプールと比べて）広いことを述べているが，(4i) はそう述べていない．むしろ，「そのプールは x メートルの深さである + y メートルの幅である + x は y と（少なくとも）同等である ("The pool is x units deep; the pool is y units wide; and x is (at least) equal to y")」というように理解される．言い換えれば，程度の修飾要素がここに隠れている．この修飾要素には，値が指定されていない変項（y）が含まれているから，その値が何メートルか次第で，(4i) においてはそのプールの幅が，広いかもしれないし，狭いかもしれないし，中間くらいかもしれない．

このように，明示的に現れてはいないが，変項の程度修飾要素があると考えれば，(4ii) のように，空所を明示的な程度の修飾要素で埋めると非文法的になってしまうことも，説明がつく．つまり，空所を同時に明示的にも非明示的にも埋めることはできないのである．主節においても，x 変項は具体的に示されず非明示的なままだが，統語的にはその位置に比較導入要素がきて，x と y の関係を表している．

(b) 比較句に対応する要素は，比較句と同じなら省略される

以下の文について考えてみよう．

(5) i. She is older than [I am ___].
   (彼女は，私よりも年上だ)
   ii. She went to the same school as [I went to ___].
   (彼女は，私が通っていたのと同じ学校に通っていた)

比較句は older than I am と the same school as I went to である．それらに対応する句から，比較導入要素と比較補部を引いたもの（つまり old と the school）は，意味的に理解できるが，比較節で表されることはない．「私は y 歳（I am y old）」と「私は y 校に通っていた（I went to y school）」ということは理解できるが，「y 歳」と「y 校」に当たる部分は，表現されない．そのため以下の形は許されない．

(6) i. *She is older than [I am old].
   (彼女は，私よりも年上である)
   ii. *She went to the same school as [I went to the school].
   (彼女は，私が通っていた学校と同じ学校に通っていた)

ただし，比較句とそれに対応する要素が異なっていれば，比較節内にその対応要素が現れることができる．(4i) はその例であり，主節の deep と比較節の wide が対比されている．ほかにも以下のような例がある．

(7) i. She wrote more plays than [her husband wrote ___ novels].
   (彼女は，彼女の夫が小説を書いたよりも多くの戯曲を書いた)
   ii. You couldn't be a worse polo-player than [you are a ___ singer].
   (あなたは，歌よりもポロが下手なんてありえない→ポロをやっても相当下手だろうが，歌の下手さもそれ位にひどい)
   iii. He is more afraid of her than [she is ___ of him].
   (彼は，彼女が彼を恐れているのよりも，もっと彼女を恐れている)
   iv. There is no more reason to invite him than [there was ___ to invite her].
   (彼女を招待する理由がなかったのと同様に，彼を招待する理由もない)

(7i) では novels が plays と対比されているので，比較句に対応する要素が明示される．比較句とその対応要素が，どちらも節内で目的語として機能する名

詞句である．それぞれ，plays と novels がその主要部である．(7ii) も同様だが，ここでは比較導入要素が決定詞 (more) ではなく，限定修飾用法の形容詞 (worse) である．(7iii, iv) では，比較句の主要部 (afraid と reason) ではなく，主要部の後の依存要素が対比されている．そのため，'___ of him' は主要部（と程度の副詞）をもたない形容詞句である．'___ to invite her' も同様である．こういった状況では，主要部を繰り返すことも可能だ．たとえば (7iii) は He is more <u>afraid of her</u> than [she is ___ afraid of him]. と表すこともできる．[1]

(c) 残置と do

比較節は，助動詞や不定詞の to を残置するタイプの省略によっても，縮約される．

(8) i. She is <u>right</u> more often than [the others are ___].
（彼女は，残りの者たちよりも正しいことが多い）

ii. I didn't <u>enjoy the concert</u> as much as [Kim had ___].
（私は，キムが楽しんでいたほど，そのコンサートを楽しめなかった）

iii. I don't <u>hear from my brother</u> as often as [I used to ___].
（以前ほど兄からの手紙が来ない）

iv. She can <u>get through</u> more work in an hour than [I can ___ in a day].
（彼女は，私が一日かけてするよりも，多くの仕事を1時間で仕上げることができる）

ここでも角括弧は比較節を示しているが，下線は省略された主節の要素を表している．ただし必ず省略しなければならないわけではなく，空所の位置にそれぞれ right, enjoyed it, hear from him, get through を入れることができる．これらは要するに，主節の要素をそのまま繰り返したものか，少し形を変えたものである．ただし，省略するほうが，要素を繰り返すよりも普通である．空

---

[1] 比較節と別の要素があるわけでもなく，別の依存要素が続いているわけでもないのに，主要部が例外的に保持される場合がある．たった今発言されたことを訂正するために，主要部を対比して強調する場合である．たとえば A: She writes as many books as you write articles. （彼女は，あなたが論文を書くのと同じくらい，多くの本を書いていますね）に対する B: No, that's an exaggeration; but she writes as many books as I write BOOKS. （いや，それは言い過ぎだ．しかし，私が「本」を書くのと同じくらい多くの本を，彼女は書いているよ）のように．

所は，(8i-iii) のように文末に来ることも，(8iv) のように対比されている要素の前に来ることもある．(8iv) では，in a day が第一項にある in an hour と対比されている．結果として生じる構造は，比較構文以外における残置（第9巻）にみられるものと似ている．例として，(8i) と (8iv) を等位接続文と比べてみよう．

(9) i. She is right and the others are ___ too.
    （彼女は正しいし，残りの者もまた正しい）
  ii. I can't get through that much work in an hour, but I can ___ in a day.
    （私は，1時間ではそれだけ多くの仕事をできないが，1日かければできる）

しかし比較構文はこのような他の構文と違い，空所を埋めようとすると，上記の (a) と (b) の制約にしたがわなければならない．だから，(9ii) の等位接続文は I can get through that much work in a day. と拡充することが可能だが，(8iv) の比較節は than I can get through ___ in a day までしか拡充できない．

どの表現なら残置できるか，は比較構文以外の場合と同じである．だからたとえば，**enjoy**（楽しむ）のような語彙動詞は，比較構文であるかどうかにかかわらず，残置できない．

(10) i. *I didn't enjoy the concert as much as [Kim had enjoyed ___].
    （私は，キムが楽しんだほど，そのコンサートを楽しめなかった）
  ii. *Kim enjoyed the concert and I enjoyed ___ too.
    （キムは，そのコンサートを楽しんだ，そして私もまた楽しんだ）

動詞句を縮約すると，通常は **do** がその主要部となる．この do は，一部の英語では助動詞であり，(8) の助動詞と同じく残置させることができる，とみなすのが一番よい．また他の英語では，代用形とみなすことができる．

(11) i. I get it wrong more often than [she does].
    （私は，彼女よりも取り違えることが多い）
  ii. We treat our apprentices better than [they do their career employees].
    （我々は，彼らの正社員に対する待遇以上に，研修生を厚遇している）

ここでもやはり，縮約された比較節は，他の照応構文にみられる節と同じ形式をしている．I often get it wrong and she does (too). （私はそれをよく取り違え

るが，彼女もまたそうである），We treat our apprentices well and they do their employees.（我々は研修生を厚遇するし，彼らは正社員を厚遇する）のように．また，**do** を用いた形式を他の表現で言い換えようとすると，(a), (b) の制約にしたがわなければならない．そのため I often get it wrong and she often gets it wrong too. とは言えるが，*I get it wrong more often than [she often gets it wrong]. とは言えない．

代用形としての **do** を許す一部の英語（とりわけイギリス英語）では，do が助動詞か不定詞の to の後に生じることができる．その結果，助動詞 do を残置しても，代用形 do を使っても，どちらでもよいことになってくる．(8ii)（残置構文）に対して，%I didn't enjoy the concert as much as [Kim had done].（代用形 do）を可能とみなす話者もいる．

do 節が受動化されたために，単純に代用形で置き換えることができないような例も，時折みられる．以下の文を比べてみよう．

(12) i. %We must attend to it more closely than [people have usually done].
   （我々は，人々がしてきたより，もっとそれに注意を払わなければならない）
   ii. %We must attend to it more closely than [has usually been done].
   （我々は，これまでよりも，もっとそれに注意を払わねばならない）

(12i) を拡充して people have usually attended to it にすることができる．しかし (12ii) の do を，先行詞を基にして置き換えると，it が主語になり，また done の代わりに attended to を用いることになる（it has usually been attended to）．

(12ii) のような主語のない受動形は，省略された埋め込み節をもつ構文に，いくぶん似ている．次はそのような埋め込み節に移ろう．

(d) 埋め込み節の省略

よくみられる縮約のタイプとして，以下のようなものもある．

(13) i. The matter was more serious than [we had expected ___].
   （その件は，我々が予想していたよりも，もっと深刻だった）
   ii. More faults had been detected than [he was willing to admit ___].
   （彼が自分から進んで認めたよりも，多くの欠陥が発見されていた）
   iii. They finished the job earlier than [___ (had been) expected].

(彼らは，予想されていたよりも早くその仕事を終えた)
iv. The difficulties are even greater than [___ appears at first sight].
(問題は，一見そうみえるよりも，さらにもっと大きい)

ここでは，従属節全体が省略されている．(13i) の空所を，that it would be (我々が，それがそうだろうと予期していたよりも) または it to be (我々が，それがそうだろうと予期していたよりも) とすれば，意味がはっきりするだろう．しかしほとんどの場合において，従属節は，例のように省略される．

(13iii, iv) で，省略された節は，比較節の主語である．この比較節を拡充して意味を明示的にしようとすると，外置をして，They finished the job earlier than it had been expected that they would finish it. (彼らがそれを終えるだろうと予期されていたよりも早く，彼らはその仕事を終えた) のようにしなければならない．ただし外置の it は，それが表す節がない限り，挿入できないことに注意してほしい (*They finished the job earlier than it had been expected. (予期されていたより早く仕事を終えた))．

(13iii) のように比較節が受動文の場合，expect のような一部の動詞では，助動詞を省略して ((13iii) の (had been))，比較節を過去分詞だけ (than expected) に縮約することができる．この構文に現れる動詞の例を，(14) にあげておく．'−AUX' は，助動詞を省略できる，という意味である．

(14)

acknowledge	admit − AUX	allow	anticipate − AUX	appear
(認める)	(認める)	(許す)	(予想する)	(みえる)
assume − AUX	believe	dream	expect − AUX	hope
(想定する)	(信じる)	(想像する)	(予想する)	(望む)
imagine	imply	indicate − AUX	intend − AUX	justify
(想像する)	(ほのめかす)	(ほのめかす)	(意図する)	(正当化する)
like	plan − AUX	predict − AUX	realise − AUX	recognise
(好む)	(計画する)	(予測する)	(気づく)	(認める)
remember	require − AUX	schedule − AUX	show − AUX	suggest
(覚えている)	(要求する)	(予定する)	(示す)	(提案する)
suppose	suspect	think − AUX	warrant	wish
(思う)	(推測する)	(考える)	(保証する)	(望む)

dream は前置詞 of をとる．The Ariadne was going to be much hotter than our space people had ever dreamt of. (アリアドネ号は，我が国の宇宙開発関係者が想像していたよりも，ずっと高温になろうとしていた) のように．

> [専門的解説]
> 　（14）における動詞の大部分は非叙実動詞（第6巻）であるが，叙実動詞の realise もここに含まれることに注目しておこう．以下の例について考えてみよう．
>
> (15) 　i. The draft had more mistakes in it than I had realised.
> 　　　　　（その原稿には，私が気づいていたより多くの間違いがあった）
> 　　　ii. I had realised that the draft had five mistakes in it.
> 　　　　　（私は，その原稿に5つの間違いがあることに気づいていた）
> 　　　iii. "The draft had five mistakes in it"
> 　　　　　（その原稿には，5つの間違いがあった）
>
> 　(15ii) は (15iii) を含意する．つまり，(15ii) が真であれば，(15iii) もまた必ず真である．realise のこの特性は，一見すると，(15i) にとって問題であるように思えるかもしれない．比較の第二項は "I had realized the draft had x many mistakes in it (私は，その原稿にx個の間違いがある，ということに気づいていた)" であり，これは "the draft had x many mistakes in it (その原稿にはx個の間違いがあった)" を含意している．ところが，(15i) の文は，x個より多くの間違いがあったことを述べている．
> 　しかし，ここに矛盾はない．(15ii) は，間違いが**ちょうど5個**あったとは言っておらず，**少なくとも5個**あったと述べているに過ぎない．もしその原稿に7個の間違いがあるなら，それは原稿に5個の間違いがあるということでもある．ただし普通は，7個間違いがあるとわかっていれば，5個間違いがあるとは言わないだろう．そのため，(15i) は完全に筋が通る．原稿には，私が自分で気づいていたよりも多くの間違いがあった，ということを伝えているのである．#The draft didn't have as many mistakes in it as I had realized. （その原稿には，私が気づいていたほどの間違いはなかった）と比較してもらいたい．

　(14) では動詞をあげておいたが，形容詞やその他の述語表現でも，このように節が省略されることがある．

(16) i. Don't spend any longer on it than [___ (is) necessary].
(必要以上にそれに時間を使うな)
ii. The score is higher than [___ would have been the case if no one had cheated].
(得点は，もし誰ひとりカンニングをしなかった場合よりも高い)
iii. The danger may be greater than [any of us is aware (of) ___].
(危険は，我々のうちのどの人が気がついているよりも大きいかもしれない)

省略されているのは，(16i) では "spending that long on it (それにそんなに時間をかけること)"，(16ii) では "the score being that high (得点がそんなに高いこと)"，(16iii) では "the danger being that great (危険がそんなに大きいこと)" である．このような構文をゆるす語彙項目には，以下のようなものがある．

(17) | acceptable | aware | justifiable | necessary – v | normal – v |
| --- | --- | --- | --- | --- |
| (容認できる) | (気づいている) | (正当化できる) | (必要である) | (通常) |
| polite | possible – v | usual – v | the case | one's habit |
| (礼儀にかなう) | (可能である) | (普段の) | (〜である) | (普段) |

necessary や他の項目に '– v' がついているが，これは動詞 be を省略できるという意味である．そのため，than [___ necessary] のように形容詞だけになることもある．

(e) 動詞のない節：2つ以上の要素が残る場合

つぎに，動詞が省略される構文に移ろう（上記の (d) で述べたものは除く）．まずは，少なくとも2つの要素が残される場合からみていこう．

(18) i. Max didn't love Jill as much as [she ___ him].
(マックスは，ジルが彼を愛したほどには，彼女のことを愛していなかった)
ii. He didn't send as many postcards to his friends as [___ letters to his mother].
(彼は，母親に送る手紙ほど多くの葉書を，友人たちに送らなかった)

(18i) では，動詞だけが省略されている．ただし loved または did を挿入しても容認可能である．これに対して，(18ii) では，動詞だけでなく主語も省略されている．空所には，he sent または he did を挿入できる．

結果として生じる構造は，やはりさまざまな種類の等位接続文と似ている．

(19)　i.　Max loved Jill and she ___ him.
　　　　　（マックスはジルを愛していたし，彼女は彼を愛していた）
　　　ii.　He sent postcards to his friends and ___ letters to his mother.
　　　　　（彼は友人たちに葉書を，母親には手紙を送った）

しかしすでにみたように，省略された節を拡充しようとすると，比較構文と等位接続文とでは，差が出る．(19) を拡充して，たとえば and she loved him even more（そして彼女は，彼のことをよりいっそう愛した）や and he sent many letters to his mother（そして彼は，多くの手紙を母親に送った）とすることもできる．ところが，同じように even more と many を (18) につけ加えて拡充することはできない．これは条件 (a)，(b) のためである．また，否定に関しても違いがある．(18) では，主節が否定文でも，比較節は肯定形で解釈される（"as she loved him（彼女は彼を愛していた）"，"as he sent letters to his mother（彼は彼の母親に手紙を送った）"）．主節を肯定文にしても，これは変わらない．Max loved Jill as much as she ___ him.（マックスは，ジルが彼を愛したのと同じくらい，彼女を愛していた）と Max sent as many postcards to his friends as letters to his mother.（マックスは，母親に手紙を書いたのと同じくらい多くの葉書を，友人たちに送った）では，比較節がやはり肯定形で解釈される．しかし (19) における 2 つ目の被等位項を肯定形で解釈するには，1 つ目の被等位項も肯定形にしなければならない．たとえば，Max didn't love Jill and she ___ him.（マックスはジルを愛していなかったし，彼女もそうだった）では，"and she loved him（彼女は彼を愛していた）"という解釈ができない．

(f)　動詞のない節：1 つしか要素が残らない場合

縮約の最も極端な場合には，1 つの要素しか残らない．

(20)　i.　We spend more time in France than [___ in Germany].　［前置詞句］
　　　　　（我々は，ドイツよりもフランスで，より時間を費やした）
　　　ii.　He seems to play better drunk than [___ sober].　　　［形容詞句］
　　　　　（彼は，素面(しらふ)よりも一杯やったときのほうが，うまく演じられるようだ）
　　　iii.　More believed that it was genuine than [___ that it was a hoax].
　　　　　　　　　　　　　　　　　　　　　　　　　　　　　　　　　［内容節］
　　　　　（それが悪ふざけだと思っていた人よりも，本物だと信じていた人のほうが多い）
　　　iv.　It is better to try and fail than [___ not to try at all].　［不定詞節］

(まったくやりもしないでいるより，やってみて失敗するほうがましだ)

   v. Sue phoned Angela more often than [(＿) Liz (＿)].　［名詞句］
      (スーは，リズよりもアンジェラに対して，より頻繁に電話をかけた／スーはリズよりも頻繁に，アンジェラに対して電話をかけた)

   vi. He has more enemies than [＿ friends].　［名詞］
      (彼は，友達よりも敵のほうが多い)

これらの例ではすべて，空所に語句を補うことができる．たとえば (i) は，We spend more time in France than [we spend ＿ in Germany]. ということができる．(ii) のように，形容詞句へ縮約できるのは，その形容詞句が付加詞である場合だけである．(4i) (The swimming-pool is as deep as it is ＿ wide.) の it is は，形容詞句が叙述補部であるため，省略することはできない．[2]

(20iii) で，that it was a hoax は，その内部構造の点からみれば，内容節である．比較節として，内容節の形をもった1つの補部に縮約されている．しかし believed を補って拡充し，than [＿ believed that it was a hoax] とすることもできる．(20iv) についても同様である．

1つだけ要素が残るもので最も多いのが，(20v) のように名詞句のみの場合である．この例は，縮約したために，当然あいまいさが生じてしまうタイプのものである．than [Liz] を，than [she phoned Liz ＿] (彼女がリズに電話したよりも) とすることも，than [Liz phoned her ＿] (リズが彼女に電話したよりも) とすることも，できてしまう (どちらの意味が意図されているのかが文脈からわからない場合には，語句を補った形のほうが好まれる)．

(20vi) で，than の補部は名詞句だが，空所の後に現れているのは名詞である．これを these friends のような完全な名詞句で置き換えることはできない．

・代名詞の格

1つだけ残された要素が人称代名詞の場合は，主格と対格のどちらを選択するかは，一般的な規則 (第3巻参照) にしたがう．以下を比較してみよう．

  (21) i. a. She is older than [I].　［主語］
           (彼女は，私より年上だ)
       b. *The decision affected Kim more than [I].　［主語以外］

---

[2] He was more shy than rude. (彼は，無礼というよりむしろ恥ずかしがりだった) のような例は，メタ言語比較である (第3章参照)．

　　　　　　　　　　第 2 章　比較節

　　　　　　（その決定は，私よりキムに影響を与えた）
　　ii. a.　She is older than [me ___].　　　　　　　［主語］
　　　　　　（彼女は，私より年上だ）
　　　b.　The decision affected Kim more than [___ me].　　［主語以外］
　　　　　　（その決定は，私よりキムに影響を与えた）

もし代名詞が前置詞の目的語または補部と理解されれば，対格となる．これは，縮約されていない節の場合と同じことである．The decision affected Kim more than it affected me/*I.（その決定は，私に影響を与えるよりキムにより大きな影響を与えた）．もし代名詞が主語ならば，どちらの格にするかは，文体次第である．形式ばった文体においては，主格で表される．これもやはり縮約されていない節の場合と同じである．しかし，くだけた文体においては，(21iia) のように対格となる．この場合は，省略された動詞を挿入できない．話し手によっては，I はあまりにも形式ばっているが，かといって me はあまりにもくだけすぎている，と感じてどちらの構造も避け，She is older than I am.（彼女は，私より年上だ）のように，動詞を残しておくことがある．

(g)　主語の省略に課される制約
動詞が残っている節においては，主語が比較句に対応する要素であるか，または上記の (d) のように埋め込み節であると考えられる場合にのみ，主語を省略できる．

(22) i.　More people came than [___ were invited].　［比較句に対応する要素］
　　　　　（招待されていたよりも多くの人が訪れた）
　　ii.　He spent longer on it than [___ seemed necessary].　［埋め込み節］
　　　　　（彼は，必要であろうと思われるよりも長い時間を，それに費やした）
　　iii. *Liz works harder than [___ worked/did last year].
　　　　　（リズは，昨年働いたよりも，より熱心に働いた）

(22iii) を適格な文にするには，主語 (she) を挿入するか，そうでなければ動詞も省略して than last year としなければならない．

2.2　than/as＋単一の要素 (Bob is as generous as Liz.)

尺度的比較に最も多いタイプは，than または as の補部として 1 つの要素だけ

をとるものであるが,この要素の分析は一筋縄ではいかない.

(23) Bob is as generous as Liz.　　　　　[縮約された節か直接の補語か?]
　　　(ボブは,リズと同じくらい気前がよい)

このような場合,than/as の補部は,節が縮約されて単一の要素になっている,とこれまで仮定してきた.つまりこの例においては Liz が主語であり,そのため Bob is as generous as Liz is. (ボブは,リズがそうであるのと同じくらい気前がよい) と同じような構造をしている,ということになる (ただし縮約がもう一段階進んでいるが). もう1つの分析は,Liz が節ではなく単なる名詞句であり,as の直接の補部として機能している,というものである.これら2つの可能な構造は,以下のように表せる.

(24)

(a) を**縮約節分析 (reduced clause analysis)**,(b) を**直接補部分析 (immediate complement analysis)** とよぼう.直接補部分析においては,Bob is as generous as Liz. (ボブは,リズと同じくらい気前がよい) が統語的に Bob is similar to Liz. (ボブはリズに似ている) と同じになるので,Liz が節になることはありえない.

2つの構造のどちらが正しいか,を考える際にまず指摘しておくべきことは,than/as に続く単一の要素が,直接の補部であり,縮約された節ではないような構文が,疑いもなく存在している,ということである.

(25) I saw him as recently as Monday.
　　　(私は,ついこの前の月曜に,彼に会った)
　　　It is longer than a foot.
　　　(それは1フィートより長い)
　　　He's inviting more people than just us.
　　　(彼は,我々だけでなく,他の人たちも招待している)
　　　He's poorer than poor.
　　　(彼は,とにかく貧しい)

第 2 章　比較節

> Sue deals with matters such as sales.
> （スーは，販売などの部門を担当している）
> I saw no one other than Bob.
> （私は，ボブ以外の人はみなかった）

ここでの下線部は，縮約された節ではありえない．拡充して節にすることができないからである．たとえば，*I saw him as recently as I saw him Monday.（私は彼に月曜日に会ったが，それと同じくらい最近彼に会った）や，*I saw him as recently as Monday is.（私は月曜日がそうであるように，最近彼に会った）などということはできない．

そうすると問題は，単一要素のみの構文を，すべて同じように扱うべきなのか，それとも (25) のような直接補部タイプもあれば，(23) のような縮約節タイプもある，というように区別するべきなのか，ということになる．以下では，これら 2 つの分析のどちらを選択するべきか，にかかわるいくつかの要因についてみていこう．これらの要因は，一方の分析が他方の分析より優れているということを証明する決定的な証拠にはならない．だから，どちらの分析も正しいという可能性を，認める必要がある．

[専門的解説]
■ 縮約節分析を支持する証拠
直接補部分析のほうが明らかに単純なので，最初はどうしても直接補部分析がより妥当に思えてしまう．そこで，まずは縮約節分析のほうを確かに支持するとみなされる 3 つの議論から始めよう．ただしどの議論に対しても，十分に反論が可能であることを指摘しておく．

(a)　主格も可能
第一に，形式ばった文体では，as/than の補部が主格代名詞になることがある．Bob is as generous as she.（ボブは，彼女と同じくらい気前がよい）のように．縮約節分析ならば，当然，このことをとても単純に説明できる．つまり，この代名詞は縮約された節の主語だから，動詞がある場合（as she is）と同じ格をとる，ということである．そのため比較節構文は，after や before をともなう表現（Bob left after Liz.（ボブはリズの後に去った））とは，構造上異なることになる．このような表現は，(23) と違って主格をとらない（Bob left after her/*she.）．つまり，ここで主格が許されないのは，代名詞が節の

主語ではなく前置詞の直接補部だからである.

それほど形式ばっていない文体であれば,比較構文で対格が用いられる(Bob is as generous as her.) が, この事実はここでの議論には関係しない. というのも, 対格であるからといって, 直接補部分析とも, 縮約節分析とも, 矛盾しないからだ. くだけた文体では, 主語が主格になるのは, 定形の動詞がある場合のみである. 動詞が省略されたり (Kim will be giving the first lecture, me the second. (キムが最初の講義を担当し, 私が次のをする)), あるいは非定形 (What, me wear a kilt? (なんだって, 私がキルト・スカートをはく)) になると, 主語であっても対格になる.

主格が可能ということは, 確かに縮約節分析を支持する. しかし, 決定的であるとはいえない. 主格は(例によって格式ばった文体において), 節であるとはどうしても考えにくい構文にまで現れてしまうからだ. たとえば Everyone other than she had signed the petition. (彼女以外の全員が, 嘆願書に署名した) のように. これは, 動詞を補って拡充できないという点で, (25) の例と似ている. ただし, other than が主語の中に現れているという点では, 違っている. このように主語と密接に結びついているからこそ, 主格になっているのだろう.

(b) 広い範囲の句

縮約節分析を支持する2つ目の要因として, 通常前置詞の補部にみられるものよりも, かなり広い範囲に渡る表現が, than と as の後に現れる, ということをあげることができる. 以下の例を比べてみよう.

(26) i. a. I'm more confident that Kim will support us than <u>that Pat will</u>.
(私は, パットが我々を助けてくれるより, キムが助けてくれることのほうを, より確信している)
b. *I'd prefer that Kim supported us to <u>that Pat did</u>.
(私は, パットが我々を助けるよりも, キムが我々を助けてくれたほうがよかった)
ii. a. It is more important to do it well than <u>to do it quickly</u>.
(それを素早くやるよりも, 上手にやるほうが重要である)
b. *To do it well is different from <u>to do it quickly</u>.
(それを上手にやることは, 素早くやることと違う)

than の後に, (26ia) では平叙内容節, (26iia) では不定詞節が現れているが,

いずれも to や from の補部として機能することはできない．しかし，これは単に than/as が広い範囲の表現を許すから，というわけではない．重要なのは，(26ia) の内容節は than によってではなく confident によって認可されている，ということである．同様に，(26iia) の不定詞節も important によって認可されている．縮約節分析においては，(i) の than がその直接補部としてとっているのは，内容節でなく比較節であることになる．that Pat will は内容節と考えてよいのだが，内容節といっても，confident（この比較節内では省略されている）が補部としてとっている内容節なのである．

than/as と共起できる表現のタイプの範囲は，等位接続詞と共起するものに似ている．I'm confident that Kim will support us and [that Pat will].（私は，キムが我々を支援してくれると確信しているし，パットもそうしてくれると確信している）や，It is important to do it well and [to do it quickly].（それを上手にやることは重要であるし，また素早くやることも重要である）のように．等位接続と比較には確かに重要な類似点がある．等位接続される要素は通常，統語的に似ていなければならない（第8巻）．このことは，ここで扱っている比較構文にも当てはまる．たとえば that Pat will と that Kim will support us は統語的に似ているし，to do it quickly と to do it well もそうである．[3]

それでもやはり，ここでの than は，等位接続詞ではなく前置詞である．比較は従属関係を表す構文であり，等位接続関係を表すものではない．than と and が決定的に違うのは，than は比較導入要素（ここでは more）がないと現れない，ということである．more confident that Kim will support us than that Pat will という形容詞句内で，that Kim will support us と than that Pat will という補部は，等位接続されているわけではなく，統語的にも等しくない．前者は confident によって，後者は more confident によって認可されているからである．

しかしこの議論は完全ではない．同じように広い範囲の補部を実際にとる前置詞が少数ながら存在しているからである．その前置詞とは，including（〜を含む），excluding（〜を除く），except（〜以外の），save（〜以外の）のような，包含と除外／例外を表す前置詞（第5巻）である．たとえば，I'm not confident of anything except that Pat will support us.（私は，パットが

---

[3] 比較と等位接続が関連していることをうかがわせる事実として，一部の比較表現には，周辺的な等位接続詞（第8巻）として再分析される用法があることをあげることができる．たとえば We have a cat as well as a dog.（我々は，犬だけでなく猫も飼っている）の as well as のように．

我々を支援してくれるだろうということ以外には，何も自信がない→パットが我々を支援してくれるだろうということだけは，確信している）という文について考えてみよう．that Pat will support us が，もともと I'm confident that Pat will support us. だったものを縮約したものだ，と分析するのはどうも怪しく思える．しかし，この節を認可しているのは，やはり confident である．

とはいえ，これらの前置詞が than/as とまったく同じというわけではない．

(27) i. He has more enemies than ___ friends. (= (20vi))
　　　（彼は，友人よりも敵のほうが多い）
 ii. He'll have no one voting for him except friends.
　　　（彼には，友人のほかに，彼に投票してくれる人がいないだろう）

これまでみてきたように，(27i) の friends には決定詞を付けられない．しかし (27ii) の場合であれば，たとえば except his friends（彼の友人を除いて）のように言うことができる．比較導入要素に対応する要素は必ず省略される，という 2.1 節の一般規則があるから，縮約節分析ならば，(27i) にかかる制約を自動的に導くことができる．しかし直接補部として分析しようとすると，比較構文だけのための新たな規則が必要になってしまう．

(c) 拡充が可能

3つめの要因は，すでに上記の議論で暗に示されている．(23) (Bob is as generous as Liz.) のような例は，明らかな節構造に拡充することができる．

(28) i. a. Bob is as generous as Liz.
　　　　（ボブは，リズと同じくらい気前がよい）
　　 b. Bob is as generous as Liz is.
　　　　（ボブは，リズがそうであるのと同じくらい気前がよい）
 ii. a. I enjoyed it more than the film.
　　　　（私は，その映画よりもそっちのほうが楽しかった）
　　 b. I enjoyed it more than I enjoyed the film.
　　　　（私は，その映画を楽しんだのよりも，そっちのほうが楽しめた）

これは，単にこのように拡充できるというだけの問題ではない．これらの例が，(25) のように拡充できない例とは違うことを明らかにできるのは，縮約節分析の大きな利点である．また同時に，意味にも関連している．Bob is as generous as Liz.（ボブは，リズと同じくらい気前がよい）は変項比較であり，次のように解釈される．「ボブは x だけ寛容で，リズは y だけ寛容である．そ

してxはyと(少なくとも)同程度である("Bob is x generous, Liz is y generous, and x is (at least) equal to y")」．しかし，この解釈は (25) に当てはまらない (第2章の (2) で紹介した「変項」対「変項」の比較と，「変項」対「定項」の比較の違いについて思い出してほしい)．さらに，(20v) (Sue phoned Angela more often than Liz. (スーは，リズよりもアンジェラにより頻繁に電話した／スーはリズよりも頻繁に，アンジェラに電話した)) は，Liz が主語であるとも目的語であるとも解釈できるが，縮約節分析ならば，このような例のあいまいさを，すっきり説明できる．また，(18) のように，節が2つの連続した要素だけに縮約できることを考えると，1つの要素だけに縮約してはいけないという，十分な理由はないように思われる．

しかし，ここで1つの問題が生じる．動詞を補えるかどうかは，実際のところそう簡単な問題ではない．以下の例について考えてみよう．

(29) i. In a country as rich as Australia there should be no poverty.
(オーストラリアのような豊かな国では，貧困というものはないはずだ)

ii. He won't waste his hard-earned dollars on something as frivolous as exercise.
(彼は，運動のようなつまらないものに，必死で稼いだお金を浪費するつもりはない)

iii. Criticism is as old as literary art.
(批評は，文学の起こりと共にある)

iv. Your guess is as good as mine.
([質問してきた相手に] あなたの推測は，私の推測と同じだ→私にもわかりません)

v. The field was as flat as a pancake.
(その平原は，まっ平らだった)

vi. He looks as fit as a fiddle.
(彼は，とても元気なようにみえる)

どの例でも，動詞を補うとすれば be である．(29i) には容易に be を補える (as Australia is) が，(29ii–iv) では非常に変な表現になってしまう．(29v) ではほとんど不可能，(29vi) では問題外である．

(29vi) に is を付けられない理由は，as fit as a fiddle が「とても元気である」を意味するイディオムだからである．弦楽器がどれほど健康か尋ねることはまったくナンセンスである (ヴァイオリンに健康状態などないのだから)．そのため，is を挿入することはできない．(29v) の場合は，is を挿入しても

ナンセンスにはならないだろう．パンケーキは実際に平らなわけだから．ただそうすると，イディオム性が失われてしまう．as flat as a pancake（パンケーキのように平ら＝真っ平ら）だけで決まりきった表現だから，それを崩してしまうことになる．この句では，1つ目のasを省略して，was flat as a pancakeとすることもできるが，そうなるとisの挿入は統語的に不可能である．(29iv) は，叙述形容詞句だけでなく，主語まで含めて全体でひとまとまりの表現として，よく使われる．このように表現が慣用的であると，isの挿入が嫌われる．ただし (29v. vi) ほどひどくはないが．

　一般的には，表現が慣用的であればあるほど，動詞を挿入する余地は失われる．しかし，だからといって，動詞を補える場合とそうでない場合とが，はっきり2つに分かれるというわけではない．さらに，これは厳密に統語の問題だけでもない．そのため，(29i–vi) を構造的に区別できる根拠があるかどうか，明らかでないし，また (29) を (28) から構造的に区別できるかどうかも，わからない．

　これまで，節に拡充できることは，縮約節分析の十分条件であることを，暗に前提としてきた．つまり，拡充して節にすることができれば，拡充節分析が正しい，というわけである．しかし，それでは間違った結果になるような言語的環境が存在する．beforeとafterの補部である．

(30) i. Sue phoned Angela before Liz.
　　　（スーは，リズよりもアンジェラに先に電話した／スーはリズよりも先に，アンジェラに電話した）
　　ii. Sue phoned Angela more often than Liz. （＝(20v)）
　　　（スーは，リズよりもアンジェラにより頻繁に電話した／スーはリズよりも頻繁に，アンジェラに電話した）

(30i) は (30ii) と同じようにあいまいであり，拡充して (a) before Liz phoned（リズが電話する前に）とすることも，(b) before she phoned Liz（彼女がリズに電話する前に）とすることも，できる．しかし (30i) において，Lizが縮約された節であると考えるのは間違いである．というのも，（すでに述べたように）この位置の代名詞は主格になれないからだ．*Sue phoned Angela before she. は非文法的である．そのため，縮約節分析が妥当だと証明するには，節に拡充できればそれで十分だ，とするのは間違っていることになる．

■直接補部分析を支持する証拠

ここからは，as と than の補部である句ならすべて，縮約された節だと考えることに対する反論を2つ提示しよう．ただしここでも，事態を複雑にし，議論の説得力を弱めるような問題が，やはり存在していることにも注意しておきたい．つまりここでの議論も，決して決定的なものではない．

(a) 前置と前置詞残置

まずは以下の構文について考えてみよう．

(31) i. It was decided by Judge Darwin, than whom no one could be more impartial.
　　　（それは，ダーウィン判事による判決だった．彼は誰よりも公正である）
　　ii. ?How many of them do you regard yourself as better than?
　　　（あなたは，自分が彼らのうち何人よりもましだと思っているの？）

(31i) のタイプの構文は，すでに第1章で (18iv) としてあげている．than＋名詞句は，主節であれば文末に来る（no one could be more impartial than Judge Darwin（誰もダーウィン判事よりも公正になんてなれっこないだろう））．しかし，ここでは than がその補部に関係代名詞をとっているので，than＋名詞句は関係詞節内で中核部より前の位置を占めている．ただし，than が補部に節をとることはまず無理である．たとえば，*than [who is ___] no one could be more impartial は不可能である．

(31i) が形式ばった文体なのに対し，(31ii) はくだけた文体であり，容認度があまり高くないかもしれない．(31i) との構造的な違いは，補部 how many of them だけが前置され，than が通常の位置に残置されている点である．ここでもやはり，前置できる要素は句であり，節は不可である (*How many of them are do you regard yourself as better than?)．

そうすると，これら2つの構造において，whom と how many of them は，確かに統語的に節としてではなく，than の直接補部としての性質を示していることになる．

しかし，これらは非常にまれな構文であるから，あまり強い議論にはならない．Bob is as generous as Liz. のようなもっと中心的なタイプの分析を確立できるほど，しっかりした土台にはならない．

(b) 再帰代名詞

つぎに，代名詞が再帰代名詞でもよいことがある．

> (32) He married a woman fifteen years younger than him/himself.
> 　　　（彼は，自分より15歳若い女性と結婚した）
>
> 再帰代名詞の後に動詞を加えることはできない (*than himself was)．このことは，この代名詞が直接補部であることを示唆している．
> 　しかしここでもやはり，この証拠はまったく決定的なものではない．再帰代名詞が使われているのは，動詞が省略されたせいかもしれない．たとえば I suggest that you give the first three lectures and myself the remaining two. （あなたが最初の3回講義を行い，私が残りの2回講義をする，としたらどうか，と私は思います）では，動詞が省略されているため，主語が再帰代名詞になっている．

■補部としての融合関係詞：than what ...

than/as の補部が，what で始まる融合関係詞である場合，以下の構文を区別しなければならない．

(33) i. She apparently liked it more than <u>what we gave her</u>.
　　　（彼女は，我々が与えたものよりも，それのほうを気に入ったようだ）
　 ii. %She apparently liked it more than <u>what we did</u>.
　　　（彼女は，我々が気に入ったよりも，それを気に入ったようだ）

(33i) に関しては，なんら特別なことはない．what we gave her（我々が彼女に与えたもの）は，たとえば the book we gave her（我々が彼女に与えた本）のような他の名詞句とそう変わらない．とくに，(33i) の場合は She apparently liked it more than she liked what we gave her. （彼女は，我々が彼女に与えたものを気に入ったのよりも，それのほうを気に入ったようだ）という形に拡充できることはおさえておこう．これに対して，(33ii) は「彼女は，我々がそれを気に入ったよりも，それを気に入ったようだ ("She apparently liked it more than we liked it.")」という意味である（少なくとも，最も顕著で意図されている解釈においては）．ここでの what we did は拡充できない．それどころか，what を落として She apparently liked it more than we did. （彼女は，我々よりもそれを気に入ったようだ）とすることができる．だから，比較節の代わりに，融合関係詞の名詞句を用いているだけなのだ．この構文は話し言葉でよく用いられるが，出版物の書き言葉にはあまりみられない．そのため，標準的な英語の表現であるとみなせるかどうかは，かなり疑わしい．

2.3 比較節と主節の類似と対比

■最大限の類似と最小限の類似

変項比較における項同士は，ある部分では同じであり，ある部分では異なっている．以下の2つの例には，類似性の尺度の両極端があらわれている．下線は，比較節と主節に共通の要素を示している．

(34) i. She's as fit as [she is ___] because she does so much swimming.
 （彼女はとてもよく水泳しているので，現在のように健康だ）
 ［「彼女は x の程度，健康だ（"she is x fit"）」が第一項，「彼女は y の程度，健康だ（"she is y fit"）」が第二項］

 ii. More people came to the show than [we could find seats for ___].
 （座席を確保できた分よりも多くの人が，ショーをみに来た）
 ［「x 人がショーに来た（"x many people came to the show"）」が第一項，「私たちは y 人分の座席を確保できた（"we could find seats for y many people"）」が第二項］

(34i) では，第一項と第二項の違いは，明示的に現れていない変項だけである．そして，この変項同士が等しいと断定されている．統語的には，比較節が主節と異なるのは，比較句に対応する要素が現れていないという点だけである．[4] ただし，比較節と主節が常にこのように類似している必要はなく，最低限要求されるのは，比較節が比較句に対応する要素を意味的にもつということだけである．(34ii) がこれに当たり，主節との類似点は，省略された "many people" だけである．

ほとんどの変項比較は，この両極端の間におさまる．明示的に対比されている部分以外にも，さまざまな程度に要素を共有している．それらの要素は，（典型的には代用形によって）繰り返されたり，省略されたりする．

(35) i. There were more boys in the class than [(there were) girls].
 （そのクラスでは，女子生徒よりも男子生徒のほうが，多かった）

 ii. Jill spends more time in London than [(she does) at home].

---

[4] この種の比較においては，一般に変項の値が比較的高いという含意がある．そのため，彼女は健康度の尺度上で，かなり高い位置にいる．With the weather being as hot as it is, the weeds should dry out quickly enough.（これくらい暑ければ，草もきっとすぐ枯れるはずだ）も同様である．

(ジルは，故郷よりもロンドンで，多くの時間をすごす)

■ 複数の点における対比

(35) の例はどちらも，(非明示的変項の違いはさておき) 1 つの点でだけ対比されている例であるが，通常はもっと多くの点で対比される．たとえば (36i) では 2 つ，(36ii) では 4 つの要素が対比されている．

(36) i. There were more <u>boys</u> <u>in IB</u> than [(there were) <u>girls</u> <u>in IC</u>].
(IB クラスには，IC クラスの女子生徒の数よりも多い男子生徒がいた)

ii. <u>Kim</u> <u>lost</u> more <u>at the races</u> <u>in one day</u> than [I <u>earned</u> <u>at my job</u> <u>in a year</u>].
(キムは，私が仕事で 1 年間に稼ぐよりも多くのお金を，1 日の競馬ですった)

■ 主節で，対比されている点が明示的に表されていない場合

比較節で明示的に表されている要素が，主節で省略されている要素と対比されている場合もある．

(37) i. The trains arrive on time more often than [they do in England].
(その国の列車は，イングランドの列車よりも時間通りに到着することが多い)

ii. It tastes better than [it does with sugar in].
(それは，砂糖を入れたときよりも味がいい)

この隠れた対比されている要素は，直示的に (＝その発話の時や場所や，他の状況から)，または前方照応によって (＝前で述べられていることから)，補うことができる．(37i) では，今私たちがいる国，またはそれまで話題になっていた国が，イングランドと対比されている．(37ii) では，"like this/that, i.e. without sugar in (このまま＝砂糖を入れない状態で)" が省略されている．

■ 時間的対比

時間に関することが，主に対比されていることもある．その場合は，時制によって対比が表される．

(38) i. It is better than [it was].
(それは，以前よりもよい)

ii. It wasn't as good as [it is now].

(それは，今ほどよくなかった)

しかし，比較節で現在時を対比的に用いる場合は，通常は単に現在時制にするだけでなく，さらに時を表す修飾要素をつける必要がある．したがって，(38ii) から now を省いたらおかしくなるだろう．

■ **埋め込みがかかわる対比**
比較句が内容節の中にある場合は，比較の作用域がより上位の節に拡大することもあれば，拡大しないこともある．以下の例を比べてみよう．

(39) i. Jill thinks Max is better off than [she is]. ［狭い作用域］
(ジルはマックスが，自分よりも暮らしぶりがいいと思っている)
ii. Jill thinks Max is better off than [he is]. ［広い作用域］
(ジルはマックスが，実際よりも暮らしぶりがいいと思っている)

(39i) は通常，ジルが「マックスは，私より暮らし向きがよい ("Max is better off than I am.")」と思っていると解釈され，比較されている項は (「マックスは x だけ暮らし向きがよい ("Max is x well off")」と「私 (ジル) は y だけ暮らし向きがよい ("I (Jill) am y well off")」である．この場合，「ジムが思っている ("Jill thinks")」は比較の作用域の外側にある．一方 (39ii) は，ジルが「マックスは彼 (マックス) より暮らし向きがよい ("Max is better off than he (Max) is.")」というおかしなことを思っているとは，普通は解釈されない．こちらでは，「ジムが思っている ("Jill thinks")」が比較の作用域内に入っており，比較されているのは「ジルは，マックスが x だけ暮らし向きがよいと思っている ("Jill thinks Max is x well off")」と，「彼 (マックス) は y だけ暮らし向きがよい ("He (Max) is y well off.")」である．これらの例文から明らかなように，文の形式だけをみていても，この区別はできない．厳密に言えば，どちらの例でも，比較の作用域はあいまいである．[5]

---

[5] 文法的に違いがあるとしたら，(39ii) における比較節が「まとも読み」では代名詞に縮約できないが，おかしな読みでは再帰代名詞に縮約できるという点である．#Jill thinks Max is better off than himself.（ジルは，マックスがマックス自身より暮らし向きがいいと思っている）

2.4 比較句

ここまでのところ，非常におおざっぱに，比較句とは比較導入要素を「含んでいる」句であると述べてきた．そろそろ比較句という概念について，もっと慎重に考えてみよう．

■ 叙述用法の形容詞句と限定修飾用法の形容詞句
まずは以下の例をみてみよう．

(40) i. His motor-bike was more powerful than my car had been ___.
　　　（彼のバイクは，私の車が昔そうだったよりも，馬力があった）
　　ii. *He had a more powerful motor-bike than my car had been ___.
　　　（彼は，私の車が昔そうであったより，高い馬力のあるバイクを持っていた）
　　iii. He had a more powerful motor-bike than I had had ___ /than mine had been ___.
　　　（彼は，私が昔持っていたもの／私のバイクが昔そうだったよりも馬力のあるバイクを持っていた）

(40i) において，比較句は more powerful (than my car had been)（私の車がそうであったよりも馬力がある）であり，[6] 第二項は "my car had been y powerful（私の車は y だけ馬力があった）" と理解できる．しかし (40ii) では，比較句は more powerful（もっと馬力がある）ではなく，もっと長い a more powerful motor-bike（より馬力のあるバイク）である．そうすると第二項を「私の車は，y だけ馬力のあるバイクだった（"my car had been a y powerful motor-bike"）」と解釈しなければならなくなる．この文がおかしいのはそのためである．代わりに，(40iii) のように言わなければならない．この場合は，第二項が "I had had a y powerful motor-bike.（私は，y だけ馬力のあるバイクを持っていた）" か "mine had been a y powerful motor-bike（私のものは，y だけ馬力のあるバイクだった）" なので，意味が通る．1.3 節で述べたように，形容詞句からそれが限定修飾する名詞句まで，比較の素性が拡がっていると考えることができる．

■ 副詞句
先ほどと同様に，以下の文を比べてみよう．

---

[6] これ以降，この節で比較句を引用する際は，than/as 句（比較補部）を省略する．

第 2 章　比較節

(41) i. She spoke more persuasively than her father had ___.
       （彼女は彼女の父親よりも，もっと説得力のある話し方をした）
    ii. He was more conspicuously shy than Max was ___.
       （彼は，マックスよりも著しく恥ずかしがりだった）
   iii. *He was more conspicuously shy than Max leered ___ at Jill.
       （彼は，マックスがジルのことを色目でみるよりも著しく恥ずかしがりだった）
    iv. This is a more carefully researched article than I have read ___ this semester.
       （これは，私がこの学期に読んだどの論文よりも，入念に研究された論文だ）
    v. *This is a more carefully researched article than his book was ___.
       （これは，彼の本がそうであったよりも，入念に研究された論文だ）

(41i) では比較句が副詞句 more persuasively であり，(41ii, iii) では形容詞句 more conspicuously shy である．(41iii) が容認されないのは，比較節の中に "shy" が入る場所がないからだ．(41iv, v) では比較句が a more carefully researched article だが，(41v) は "his book was a y carefully researched article（彼の本は y だけ入念に研究された論文である）" という解釈をしなければならないため，逸脱してしまう．これらの例でもやはり，(41ii, iii) では副詞句から形容詞句へ，(41iv, v) では副詞句から名詞句へと，比較の素性が拡がっている．

■ 後置された形容詞句

形容詞句が限定修飾（＝名詞の前）ではなく後置（＝名詞の後）されて用いられる場合，より大きな構成素へ素性が拡がることは，通常ない．

(42) i. *He had a more powerful motor-bike than my car had been ___.
       ［限定修飾］
       （彼は，私の車が昔そうであったより，馬力の強いバイクを持っていた）
    ii. He had a motor-bike more powerful than my car had been ___.
       ［後置］
       （彼は，私の車が昔そうであったより，馬力の強いバイクを持っていた）

(42i)（＝(40ii)）では，比較句が a more powerful motor-bike であるのに対し，(42ii) では，比較句が more powerful のみである．つまり，これらの文の容認度の違いは，ある車が powerful にはなれるが，powerful motor-bike

にはなりえないという事実を反映している．ここでの後置された形容詞句は，He had a motor-bike which was more powerful than my car had been. (彼は，私の車が昔そうであったより，馬力の強いバイクを持っていた) にあるような関係詞節と同じ性質を示している．このような形容詞句は，比較補部を抜き出して後置することができないという点でも，節と同じである．たとえば Anyone less thick-skinned than Kim would have resigned long ago. (キムほど厚顔無恥でなければ誰でも，ずっと以前に辞めてしまっているだろう) とは言えるが，*Anyone less thick-skinned would have resigned long ago than Kim. とは言えない．

■ 前置詞句

一般に，比較の素性が名詞句からそれを含む前置詞句へと拡がっていくことはないが，絶対にないわけではない．

(43) i. He lectured on <u>more topics</u> than ___ were included in the syllabus.
  (彼は，シラバスに書かれていたよりも多くの話題について講義を行った)

  ii. He lectured on <u>more topics</u> than I had lectured on ___ /*than I had lectured ___.
  (彼は，私が講義で扱ったよりも多くの話題について講義を行った)

  iii. He returned to us <u>in a far less buoyant frame of mind</u> than he had left us ___.
  (彼は，私たちのもとを去ったときよりも，はるかに活気のない精神状態で戻ってきた)

(43i, ii) において，比較句は名詞句 more topics であり，前置詞句 on more topics ではない．そのため (i) で省略されている主語は "y many topics" であり，前置詞のある形 "on y many topics" ではない．また (43ii) では，比較節から on を省略することができない．ただし，on が比較句に対応する要素の一部になっていれば，省略できる (実を言えば，省略しなければならない)．[7] ところが，(43iii) において，比較句は前置詞句 in a far less buoyant frame of mind (はるかに活気がない精神状態で) である．このとき，比較節は "he had left us in a y buoyant frame of mind (彼は，y だけ活気がある精神状態で，私たちのもとを去った)" と解釈され，us の後に in だけを付け加えておくことはできない．

---

[7] lectured まで消してしまえば on を省略できる (than I had ___)．しかしこれは，比較される要素に対応している要素以外も省略して，助動詞を残置した構文である．

[専門的解説]
■ 思いがけない素性の拡がり

上記の説明では許されないような仕方で，素性が拡がっている場合もある．以下の例では，後置された形容詞句から素性が拡がっている．

(44) i. They would have us face risks greater than President Kennedy's most influential advisers seem disposed to face ___ .
（彼らは，ケネディ大統領の最も影響力のある補佐官たちが直面しそうな危機よりも重大な危機に，我々を陥れるだろう）

ii. He made tables of veins, nerves, and arteries five times more exact than ___ are described by any contemporary author.
（彼は，どんな現代の著者が描くよりも，5 倍も正確に静脈，神経，動脈の表を作成した）

この場合，空所に補われるのは，形容詞句ではなく名詞句でなければならない．というのも，空所がそれぞれ目的語と主語として機能しているからである．つまり，比較句は単に than 句だけではなく，risks と table of veins, nerves, and arteries まで含んでいなければならない．このように素性が拡がるのは，形容詞句が後置されている場合に限らない．以下の例では，形容詞句が叙述的に用いられている．

(45) i. This result is better than ___ would probably be achieved by a vaccination policy.
（この結果は，予防接種政策で達成できそうな見込みよりもよい）

ii. The price was higher than he wished to pay ___ .
（価格は，彼が支払うつもりだった額よりも高かった）

iii. When children start school they tend to get books that aren't as rewarding as they've had ___ .
（子どもたちが学校に通い始めると，それまで持っていた本ほどためにならないような本を手に入れるようになる）

iv. The eastward movement of the Atlantic thermal ridge was forecast to be a little less than ___ actually occurred.
（大西洋上のサーマルリッジの東方向への移動は，実際に起こったよりもやや小規模であるだろうと予測されていた）

ここでもやはり，比較節から省略された要素は，形容詞句ではなく名詞句である．各比較節は，それぞれ '… than the result that would probably be achieved …（たぶん達成されているであろう様な結果より）', '… than the price that he wished to pay（彼が支払おうと思っていた価格より）', '… as the books they've had（彼らがこれまでに持っていた本と同じほど）', '… than the movement that actually occurred（実際に起こった移動より）' と表せる．しかし，こういった例が，本当に文法により許されているものかというと，それほど頻繁にみられるわけでもないし，一貫性があるわけでもない．(45) のような文は，一般的には許されない．このことは，*This candidate was much better qualified than they appointed.（この候補者は，彼らが指名したよりもはるかに適任だった）が明らかに非文法的であることからも，はっきりしている．なお，この文も than they appointed を than the one whom they appointed（彼らが指名した者よりも）とすれば，容認可能になる．

第3章　メタ言語比較 (more apparent than real)

The problem was more apparent than real. (その問題は，本当に問題であるというよりは，そうみえただけだった) のような例は，統語的にも意味的にもここまで論じてきた普通の比較とは異なっている．以下の例でその違いを示そう．

(1) i. Ed is older than his brother.
 　　（エドは，弟より年上だ）　　　　　　　　　　　　［通常の比較］
 ii. Ed is older than middle-aged.
 　　（エドは，中年過ぎだ）
 iii. Ed is more old than middle-aged.　　　　　　　　　［メタ言語比較］
 　　（エドは，中年というより老年だ）

(1i) は変項比較で，エドがどの程度年をとっているかと，エドの弟がどの程度年をとっているかとを比べている．(1ii) は「変項」対「定項」の比較であり，Kim is taller than six foot. (キムの背の高さは，6 フィートを越えている) と同じである．つまり，middle-aged が **old** で表された尺度上のある区分を示しており，(1ii) はエドの年齢がその区分を超えていることを表している．ところが，(1iii) が述べているのは，エドは middle-aged という語よりも，old という語で描写したほうがより適切だ，ということである．このような比較を**メタ言語比較 (metalinguistic comparison)** とよぶ．年齢の尺度上のある区分ではなく，old と middle-aged という言語表現のどちらを用いるのがふさわしいか，を問題にしているからである．

　統語的にも，メタ言語比較は普通の比較とは異なり，分析的比較しか許さない．たとえば，(1ii) の older という形では，メタ言語比較ができない．また，than/as の補部として比較節をとることもできない．*Ed is more old than he

is middle-aged. は，「エドは，中年であるというより老年だ」と解釈できない．
メタ言語比較の例としては，ほかにも以下のようなものがある．

(2) i. The office of Lord High Commissioner is now more ornamental than functional.
(スコットランド国教会に対する王室使節の職務は，今や実務的であるというより形式的なものである)
ii. The buds were more red than pink.
(その花のつぼみは，ピンクというよりは赤色だった)
iii. He was more dead than alive.
(彼は，生きているというより，むしろ死んでいた)
iv. It was more an error of judgement than a case of negligence.
(それは，不注意のせいというよりは，むしろ判断ミスであった)
v. She had spoken more in sorrow than in anger.
(彼女は，怒るというよりは，むしろ悲しんで，話していた)

(2iii) のような例が一般的に用いられていることから，この種の比較は段階性をもたない形容詞でも可能であることがわかる（普通の比較では，#He was more dead than we'd expected. (彼は，私たちが予測した以上に死んでいた) とは言えない）．メタ言語比較のなかで最もわかりやすい例は，形容詞を用いた例である．分析的な形 (more red) であればメタ言語比較，屈折形 (redder) であればそうでない，と簡単に区別することができるからだ（少なくとも短い形容詞に関しては，だが）．ただし，メタ言語比較はもっと広い文法範疇にも用いられる．たとえば (2iv) では名詞句，(2v) では前置詞句が比較されている．

しかし，この構文は動詞には適用できない．*We more expect than require you to make a contribution. (私たちは，あなたが貢献してくれることを，要求しているというよりは期待している) は不可である．

上記の中心的なメタ言語比較と意味的に類似している例として，以下のようなものもある．

(3) i. He's old rather than middle-aged.
(彼は，中年というよりは，むしろ老年だ)
ii. He's not so much stupid as lazy.
(彼は，愚かであるというより，むしろ怠け者だ)

これらの例を，I intend to do it my way rather than yours. (私は，あなたので

はなく自分の流儀で，それをやるつもりです）や I haven't got so much patience as you.（私には，あなたほどの忍耐力はない）という通常の比較と対比してみれば，その違いがわかるだろう．

第4章　尺度的項比較

4.1　非同等比較を導入する主な要素

非同等を表す尺度的比較は，ほとんどの場合，屈折形または程度を表す副詞の more か less によって導入される．しかし，more と less は程度を表す副詞であると同時に，それ自体が決定詞の屈折形にもなりうる．そのため，まずはこれらの語の2つの用法を明らかにしていくことから始めよう．

4.1.1　more と less：「分析的標識」対「屈折形」
■ 比較の屈折語尾に対応する分析的標識の more

屈折を用いて等級付けを表すことは，多数の形容詞と，一部の副詞，決定詞，前置詞でみられる．ここでは形容詞と副詞の例をみてみよう．

(1)　　　　　　　　原級　　比較級　　最上級
　　i.　形容詞　　tall　　taller　　tallest
　　ii.　副詞　　　soon　　sooner　　soonest

英語における他の屈折の仕組みと異なり，等級付けを表す屈折は，一部の形容詞と副詞にしか適用できない．その他の語では，比較級と最上級を分析的に（＝別の語を挿入することで）表し，屈折的に（＝語の形態を変化させて）は表さない．比較級の場合は，副詞 more（より〜）を用いて分析的に示される．これを $more_a$（より〜）と表記することにしよう（下付き文字の 'a' は「分析的 (analytic)」の意味）．では，以下の例について考えてみよう．

(2)　　　　屈折比較　　　　　　　分析的比較
　　　 i. a. This is shorter than that.　　b.*This is more_a short than that.
　　　　　　（これは，それより短い）　　　　（これは，それより短い）
　　　ii. a.*This is porouser than that.　 b. This is more_a porous than that.
　　　　　　（これは，それより多孔性だ）　　（これは，それより多孔性だ）
　　　iii. a. This is commoner than that.　b. This is more_a common than that.
　　　　　　（これは，それより一般的だ）　　（これは，それより一般的だ）

語彙項目の中には，short のように，屈折し，more_a がつく形を許さないものがある（メタ言語比較の場合を除く）．逆に，porous のように，分析的な形しか許さないものもある．さらに，common のように，どちらも許すものもある．このように，more_a（より～）は，屈折比較で表される意味を，屈折によらずに表現する手段である．

■ 屈折形の more

さらに，more は決定詞 **much**（(量が) 多くの）と **many**（(数が) 多くの）の比較級にもなりうる．この more は，more_i（より多くの）と表記する（下付き文字の 'i' は「屈折形の（inflectional）」の意味）が，原級 much, many と，以下のように対応している．

(3)　　　　原級　　　　　　　　　屈折比較級
　　　 i. a. Did it cause much trouble?　　b. Did it cause more_i trouble than last time?
　　　　　　（それは，とても手間がかかりましたか）　　（それは，前回より手間がかかりましたか）
　　　ii. a. Many people complained.　　b. More_i people complained than last time.
　　　　　　（多くの人が不平を言った）　　　（前回よりも多くの人が不平を言った）

(i) で疑問文を例に用いたのは，原級 much が極性の影響を受け，非断定的文脈でないと生じにくいからである（第 5 巻）．more_i はもちろん不規則変化形であり，規則変化が仮にあるとすれば *mucher や *manier となるはずだが，その代役をしている．注意してほしいのは，more_a（より～）にはこれらのことが当てはまらない，ということだ．だから，This is more porous than that.（これは，あれよりも多孔性だ）とは言えるが，*Is this much porous?（それはとても

多孔性ですか）とは言えない．

　more$_i$（より多くの）に対応する最上級は most なので，上記の（1）の表に当てはめると，以下のように表せる．

(4)　　　　　　　　原級　　　　　比較級　　　　最上級
　　決定詞　　　much/many　　more$_i$　　　most$_i$
　　　　　　　　（多くの）　　（より多くの）　（もっとも多くの）

■ 2つの less：less$_a$ 対 less$_i$

less の場合も同様である．ただし細かな点で違いがある．ここでも less$_a$（より～でない）と less$_i$（より少ない）を区別しておこう．1.1 節でみたように，非同等を表す比較には，優等比較と劣等比較の 2 種類がある．優等比較は屈折によっても，分析的に more$_a$ を使っても，表すことができる．しかし劣等比較は，必ず less$_a$ を使って分析的に表さなければならない．

(5)　　　　優等　　　　　　　　　　　劣等
　　i. a. This is taller than that.　　b. This is less$_a$ tall than that.
　　　　（これは，あれよりも高い）　（これは，あれほど高くない）
　　ii. a. This is more$_a$ porous than that.　b. This is less$_a$ porous than that.
　　　　（これは，あれより多孔性だ）（これはあれほど多孔性でない）

対照的に，less$_i$（より少ない）は屈折形であり，**little**（ほとんどない）の比較級である．そのため，次のように原級と対応している．

(6) a.　We have little money.　　　　　　　　　　　［原級］
　　　　（我々は，お金をほとんどもっていない）
　　 b.　We have less$_i$ money than we need.　　　　［屈折比較］
　　　　（我々の持ち金は，要る分よりも少ない）

繰り返しになるが，(5) で形容詞を修飾している less$_a$（より～でない）は，原級 little に対応する比較級ではない．だから little で置き換えることができない（*This is little porous.）．また，(6a) における little は決定詞であり，a little house にみられる形容詞の little（小さな）とは，統語的にも意味的にも，はっきり別である．[1]

---

[1] 形容詞 **little** の比較級には littler もあるが，littler と最上級 littlest はめったに用いられず，

■ more_a と less_a の関係と，more_i と less_i の関係の違い

more_a と less_a は，それぞれ優等比較と劣等比較を表す標識である．ここに同等比較を加えると，(7) のように3種類の比較があることになる（strong は屈折により，tactful は分析的に，比較を表す）．

(7) i. 同等　I'm as strong as Ed.　　　　I'm as tactful as Ed.
　　　　　（私は，エドと同じくらい強い）　（私は，エドと同じくらい気が利く）
　　ii. 優等　I'm stronger than Ed.　　　I'm more_a tactful than Ed.
　　　　　（私は，エドより強い）　　　　（私は，エドより気が利く）
　　iii. 劣等　I'm less_a strong than Ed.　　I'm less_a tactful than Ed.
　　　　　（私は，エドほど強くない）　　（私は，エドほど気が利かない）

1.1節でみた **old** と **young** のように，決定詞 **much** と **little** は尺度上での方向が逆になっている．より多くのお金（more money）を持っていれば，持っているお金の量が，よりゼロから遠ざかるということになるし，反対により少ないお金（less money）しか持っていなければ，それはよりゼロに近いということになる．**much** と **little** はそれぞれ，**肯定への指向性（positive orientation）** と **否定への指向性（negative orientation）** を持っていると言えるだろう．というのも，Much has been achieved.（多くのことが達成されてきている）と Little has been achieved.（ほとんど何も達成されていない）は，それぞれ統語的に肯定と否定になるからだ（第5巻）．比較を表す屈折形としての more_i（より多くの）と less_i（より少ない）は，どちらも優等比較を表している．これは，older と younger の関係と同じことだ．しかし，less_a（より〜でない）を用いて分析的に劣等比較を表すことはできない（*I've less_a much tea than Ed., *I've less_a little tea than Ed.）．そのため，(7) で示したように1つの基準に基づいて3種類の比較を区別するのでなく，2つの基準に基づいて4種類の比較を区別することになる．

(8)　　　　　　　肯定への指向性　　　　　　否定への指向性
　 i. 同等　I've as much tea as Ed.　　I've as little tea as Ed.
　　　　　（私は，エドと同じくらい　（私は，エドと同じくらい，
　　　　　茶を持っている）　　　　　茶を持っていない）

対応する smaller, smallest のほうが好まれる．形容詞 less(er) の議論については以下も参照のこと．

ii. 優等　I've more_i tea than Ed.　　　　I've less_i tea than Ed.
　　　　　（私は，エドより多くの　　　　　（私は，エドほどお茶を
　　　　　　お茶を持っている）　　　　　　　持っていない）

■ 等価性と含意
・much と little

決定詞としての much と little は，肯定指向か否定指向かということを除けば，実質上同じ尺度を表している．このことは，比較において以下のように現れる．

(9) i. a.　Kim has more_i money than Pat.　　　　　　　　[(a) = (b)]
　　　　　（キムは，パットより多くのお金を持っている）
　　　 b.　Pat has less_i money than Kim.
　　　　　（パットは，キムほどお金を持っていない）
　　ii. a.　Kim has as much money as Pat.　　　　　　　　[(a) ≠ (b)]
　　　　　（キムは，パットと同じくらいのお金を持っている）
　　　 b.　Pat has as little money as Kim.
　　　　　（パットはキムと同じくらい，ほとんどお金を持っていない）

(9i) は優等比較だが，(a) と (b) は同じことを表しており，等価である．つまり，いずれの一方も，もう一方を含意している．どちらも，キムとパットが多くのお金を持っているか，またはほとんど持っていないか，ということは述べていない．単に，その尺度上の相対的な位置を問題にしているだけである．しかし同等比較の (9ii) では，(a) と (b) は等価でない．(9iib) は，パットとキムのどちらも，ほとんどお金を持っていないことを示す．これに対して，(9iia) は，2 人が多くのお金を持っているか，それともほとんどお金を持っていないか，について何も言っていない ((9i) の 2 つの例と同様)．この違いは，2 つの語のうちで，much がより一般的であるという事実に関係している．つまり，much のほうがより広い範囲で使われる．とりわけ，原級の表す性質（＝たくさんある）があてはまらなくても，用いることができる．たとえば，How much money do you have?（あなたはどのくらいお金を持っていますか）は，あなたがお金をたくさん持っている (You have much money.) ことを前提にしてはいない．（実際には，ほんの少額しか持っていなくても構わない．）しかし, How little money do you have?（あなたの持ち金はどれほど少ないのですか？）は一般に，あなたがお金をほとんど持っていないことが，すでにはっきりしている文脈でしか用いられない．

・形容詞

対をなす2つの形容詞の中には，much と little の対と同じ性質を示すものがある．その一方で，そうでないものもある．以下の優等比較の例を考えてみよう．

(10) i. a. Kim is older than Pat.
  （キムは，パットより年上だ）
 b. Pat is younger than Kim.
  （パットは，キムより年下だ）
 ii. a. Yours is better than mine.
  （あなたのものは，私のものよりよい）
 b. Mine is worse than yours.
  （私のものは，あなたのものより悪い）
 iii. a. Monday was hotter than Tuesday.
  （月曜は，火曜より暑かった）
 b. Tuesday was colder than Monday.
  （火曜は，月曜より寒かった）

(10i) では，やはり (a) と (b) が等価である．ところが (10ii) では，一方向にしか含意が成立しない．つまり，(b) は (a) を含意しているが，(a) は (b) を含意しない．どうしてかというと，(10iia) は，あなたのものと私のものがよいのか悪いのかについて何も言っていないのに対して，(10iib) はどちらも悪いことを伝えているからだ．そして (10iii) では，どちらの方向にも含意が成立しない．(10iiia) はどちらの日も比較的暑かったことを伝えており，(10iiib) はどちらの日も比較的寒かったことを伝えている．このように，old と young, good と bad, hot と cold はそれぞれ反対語ではあるが，いくぶん違う種類の反対語になっている．これは，もちろん語彙的な意味の問題である．

・優等と劣等

つぎに，(10) の (a) と，それに対応する劣等比較の関係を考えてみよう．

(11) i. a. Kim is older than Pat.
  （キムは，パットより年上だ）
 b. Pat is less old than Kim.
  （パットは，キムほどは年をとっていない）

ii. a. Yours is better than mine.
   (あなたのものは，私のものよりよい)
  b. Mine is less good than yours.
   (私のものは，あなたのものほどよくない)
iii. a. Monday was hotter than Tuesday.
   (月曜は，火曜より暑かった)
  b. Tuesday was less hot than Monday.
   (火曜は，月曜ほど暑くはなかった)

今度は，(11iii) で (a) と (b) が等価になる．(11i, ii) で，(b) は (a) を含意するが，(a) は (b) を含意しない．(11ia) では，キムとパットがどちらも若いかもしれないが，(11ib) は，両者とも比較的年をとっていることを伝えている．(11ii) も同様である．

■ **劣等比較はあまり用いられない**
優等，同等，劣等の 3 種類の比較関係の中で，劣等比較は他の 2 つよりもかなりまれである．すでにみてきたように，決定詞の much や little では劣等比較を表せないし，形容詞を用いた場合は他の表現を使うほうがてっとり早くなるからだ．以下の例文を考えてみよう．

(12) i. The first problem was less difficult than the second.
   (最初の問題は，2 番目の問題ほど難しくはなかった)
  ii. The first problem was not as difficult as the second.
   (最初の問題は，2 番目の問題ほど難しくはなかった)
  iii. The first problem was easier than the second.
   (最初の問題は，2 番目の問題より簡単だった)
  iv. The second problem was more difficult than the first.
   (2 番目の問題は，最初の問題より難しかった)

[(i) によって含意される]

1.1 節でみたように，尺度的に同等である，ということは通常「少なくとも同じくらい」，すなわち同等もしくは優等であると解釈される．だから，否定にすると劣等を表すことになる．そのため，(12i, ii) はそれぞれが互いを含意している．(12iii, iv) の優等比較は (12i) によって含意されるが，(12i) を含意はしない．なぜなら，(12iii, iv) は最初の問題が難しかったことを含意していないからである．

less は 2 音節以上の形容詞とともによく用いられる (less articulate ((〜ほど) 明瞭ではない), less interesting ((〜ほど) 面白くない), less likely ((〜ほど) ありそうにない) など) が, 短い形容詞の場合はあまり用いられない. とくに, 反対の意味の形容詞がある場合はそうである. less young ((〜ほど) 若くない) よりも圧倒的に older が好まれるし, less big ((〜ほど) 大きくない) よりも smaller (より小さい), less good ((〜ほど) よくない) よりも worse (より悪い) のほうが好まれる.

■ 形容詞の $less_i$
前述の $less_i$ は決定詞 little (ほとんどない) の比較級だったが, $less_i$ は形容詞としても使われる.

(13) i. Is Soviet influence throughout the world greater or less than it was ten years ago?
(10 年前と比べて, ソ連の世界全体に対する影響力は, 大きくなったのでしょうか, 小さくなったのでしょうか?)
ii. They can employ apprentices provided they pay rates which are not less than those of the other workers.
(他の労働者より低くない給料を払えば, 実習生を雇うことができる)
iii. They too had felt the influence of Christianity to a greater or less extent.
(彼らも, キリスト教の影響を, 大なり小なり感じていた)

ここで $less_i$ は, 決定詞の $more_i$ ではなく, 形容詞 greater と対をなしている. (i) の less に対応する原級の表現は, Soviet influence is now quite small. (ソ連の影響力は, 現在かなり小さい) といったところだろう. ちょうど, 肯定への指向性をもつ例なら, Soviet influence is now very great/considerable. (ソ連の影響力は, 今やとても大きい) のように, much でなく great/considerable を使うのと同じである. 同様に, (ii) は原級なら, 決定詞 little ではなく low のような形容詞を用いるところである (These pay rates are low/*little. (これらの時給は低い/*ほとんどない)). 形容詞 less は, 明らかに比較級だが, どの特定の原級に対応する比較級かは決められない. 通常は (13i, ii) のように, 叙述的な機能しかもたない. 限定修飾用法は, 実質上 to a greater or less extent (大なり小なり) という特定の句に限られる. なお, この例では, less が可算名詞の単数形についている. これは, 決定詞 little ではありえない.

■ 二重比較級 lesser

(14) i. They too had felt the influence of Christianity to a greater or lesser extent.
（彼らも，キリスト教の影響を，大なり小なり感じていた）
ii. We think this is a lesser risk than taking no action at all.
（我々は，まったく何も行動しないよりも，こうしたほうが危険性が少ないように思う）
iii. a lesser man/journal
（より身分の軽い人／より重要でない雑誌）

lesser は，限定修飾用法でしか用いられない．(14i) では，less の交替形として用いられている．意味は「小さい」((14i, ii))か「重要性が低い」((14iii)) である．形態論的観点からいえば，lesser は「二重比較級 (double comparative)」である．なぜなら，比較を表す規則変化の接尾辞 -er が less についているが，less 自体が不規則変化形であるからだ．ほかにも二重比較級としては worser（より悪い）のようなものがあるが，現在の標準英語では用いられていない．

4.1.2　程度を表す決定詞の比較級
■「可算」対「不可算」による区別

上記の例 (8) では，**much** と **little** が不可算名詞に付いていた．複数形可算名詞の場合なら，以下のような形が可能である．

(15)　　　　　　　　肯定への指向性　　　　　　　否定への指向性
　i. 同等　I've as many shirts as Ed.　　I've as few shirts as Ed.
　　　　　（私は，エドと同じくらい　　（私は，エドと同じくらい
　　　　　　シャツを持っている）　　　　シャツを持っていない）
　ii. 優等　I've more$_i$ shirts than Ed.　I've fewer/less$_i$ shirts than Ed.
　　　　　（私は，エドより多くの　　　（私は，エドほどシャツを
　　　　　　シャツを持っている）　　　　持っていない）

many と few は，可算名詞につく決定詞の原級形であり，不可算名詞に付く much と little に対応している．優等比較では，可算名詞にも不可算名詞にも more が用いられる．否定への指向性がある場合は，不可算名詞なら less をとり，可算名詞なら fewer か less のどちらかをとる．これらは以下のように表せる．

(16) 　　　　　肯定への指向性　　　　　　　否定への指向性
　　　　　　　不可算単数　　**可算複数**　　**不可算単数**　　**可算複数**
　　同等　　as much　　　as many　　　as little　　　as few
　　優等　　　　　　　　more　　　　　less　　　　fewer/less

less と fewer の関係は，なかなか複雑である．不可算名詞の単数形では，less しか許されない（Kim has less/*fewer money than Pat.（キムは，パットよりお金を持っていない））．複数形の名詞句の場合は，以下のようになる．

(17) 　i.　She left less than ten minutes ago.
　　　　　（彼女が出発してから，10分たっていない）
　　ii.　Less/Fewer than thirty of the students had voted.
　　　　　（投票していた生徒は，30人に満たなかった）
　　iii.　He made no less/fewer than fifteen mistakes.
　　　　　（彼は15箇所もの間違いをした）
　　iv.　You pass if you make ten mistakes or less/?fewer.
　　　　　（君の間違いが10以下であれば，合格です）
　　v.　He took less/*fewer pains to convince us than I'd expected.
　　　　　（彼は，我々を納得させるのに，私が予想していたほど苦労しなかった）
　　vi.　He made fewer/less mistakes than the others.
　　　　　（彼は，残りの者より間違いをしなかった）

(17i) と (17ii) は，どちらも than + 数詞の形である．(17i) では ten minutes が，時間の数でなく時間の量を表している．このような場合，実質上 fewer は不可である．これは同等比較でも同じであり，やはり few は使えない（She left as little/*few as ten minutes ago.）．さらに，同じような例として，以下をあげておこう．We paid less than thirty dollars for it.（我々は，それに対して30ドルも払わなかった）や She's less than forty years old.（彼女は，40歳になっていない）や We were going at less than ten miles an hour.（我々は，時速10マイル以下で進んでいた）である．

(17ii) では個体数が問題になっており，同等比較になると little は用いられない（*as little as thirty of the students（生徒のうち30人ぽっち））．それでもやはり，非同等を表す際は，less のほうが fewer よりも多く用いられる．同じことが，比率を表す場合についても当てはまる（Less/Fewer than 30% of the students had voted.（投票していた生徒は，30%に満たなかった））．

(17iii) の構文では，比較級が no の後に現れている．意味からすれば可算名詞の複数形のはずだが，やはり fewer よりも less がよく用いられる．(17iv) では，数詞のあとに or が現れている．このときも，普通は less が用いられ，fewer は非常にまれである．また，この構文はスーパーマーケットでよく目にすることができる．アメリカやオーストラリアでは，eight items or less（お買い上げ商品 8 個以下（の方はこちら））などと表示された特急レジのレーンが設けられている．(17v) で，pains は複数形だが，意味を考えれば，可算でなく不可算である（彼の痛みは何個かを，尋ねることなどできない）．そのため，less しか許されない．最後に (17vi) では（(15ii) にもあったように），比較級が可算名詞の複数形に直接ついている．この場合は fewer と less のどちらも使えるが，less は規範上，誤りとされてしまう．そのため，形式ばった文体でも，くだけた話し言葉でも，fewer のほうが広く用いられている．[2]

■可算名詞が等級付けに用いられる場合

(18) i. Jill's more of a scholar than Tom is.
(ジルは，トムよりも学者である)
ii. The delay turned out to be less of a problem than we'd expected.
(その遅れは，我々が予想していたほど問題ではないことが判明した)

可算・単数名詞が叙述名詞句の主要部となっている場合には，その等級付けをするために，比較級 more と less が用いられる．ここでは，どの程度ジルが学者であるかと，どの程度その遅れが問題になったか，が問題となっている．これらの名詞句の統語構造については第 3 巻を参照．

■節構造における，程度を表す付加詞

(19) i. She trusts you [more than her own solicitor].

---

[2] less 対 fewer の問題については，用法事典によっても意見が割れている．かたくなに less mistakes のような形は誤りであるとするものもあれば，一般的にはよくないとされるが標準英語でもよく用いられると述べるものもある．初期近代英語（1500 年ごろ〜）以前は，more は不可算名詞にしか用いられず，many の比較級には moe が用いられていた．当時は，less が fewer とともに可算名詞に用いられていたが，その用法はよくないとされるようになり，めったに使われなくなった．再びよく使われるようになってきたのは，ごく最近の話に過ぎない．more との類似性が強く意識されるため，このように復活した less がすたれることはないだろう．

(彼女は，自分のお抱え弁護士よりもあなたのほうを信頼している)

ii. It hurt [less than I'd thought it would].
(それは，わたしがそうであろうと思っていたほど痛まなかった)

角括弧内の句は，動詞を修飾している程度の副詞である．対応する原級の much と little も，同等比較に生じられる (It hurt as much/little this time as on the previous two occasions. (今度も，前2回と同じくらい，痛んだ／痛まなかった))．ただし何も修飾要素をつけないと，much は非断定的文脈にしか現れない (She doesn't trust you much. (彼女は，あまりあなたを信用していない))．なお，little ではこの使い方ができない．

4.2 尺度的非同等比較を導入する要素の周辺的メンバー (rather, prefer, superior)

■ rather

rather は比較の接尾辞 -er を含んでいるが，元の語幹 rath ("soon" の意味) はすでに失われており，もはや rather を屈折変化した比較級と分析することはできない．それでもなお，意味的にも統語的にも通常の比較構文とのはっきりとした共通性がみられる．rather が than とともに比較構文に現れている，4つの用法について考えてみよう．

(a) イディオム would rather (「〜したい」の意味)

(20) i. She would rather live in danger than die of loneliness and boredom.
(彼女は，孤独と退屈のあまり死ぬよりも，むしろ危険な人生を送りたい)

ii. I'd far rather give it to charity than to the government.
(私は，それを政府にやるくらいなら，慈善事業に回すほうがずっといい)

iii. I'd rather you left the position vacant than that you appointed your son.
(私は，あなたがその地位を自分の息子に継がせるよりは，むしろ空位のままにしておくほうがいいと思う)

iv. I'd rather he came on Tuesday than on Wednesday.
(私は，彼に水曜よりも火曜に来てほしい)

これらは項比較であり，下線で示した箇所同士を比較している．would rather は原形動詞補部 ((20i, ii)) または定の補部 ((20iii, iv)) をとる．どちらの場合も第一項は，(20i, iii) のように補部全体にも，(20ii, iv) のように補部の一部分にもなりうる ((20ii, iv) は (20i, iii) のように拡充して than give it to the government, than that he came on Wednesday とも言える)．また，sooner で rather を言い換えることもでき，would as soon (＋as)（むしろ～したい）という同等比較もある．

(b) 原形動詞をとり「優先して」の意味

(21) i. Many of them went to jail rather than pay the fine.
    （彼らの多くは，罰金を払うよりも，刑務所に入るほうを選んだ）
  ii. Rather than talk about it, let's do it.
    （それについて話しているより，やってみようよ）

意味的には (a) と関連しているが，統語的には，(a) と異なり rather のすぐ後に than 補部を続けなければならない．たとえば，(21i) の went の前に rather をもってきたり，(意味を変えずに) than pay the fine を省略したりすることはできない．

(c) 対比的に連結し，「～でない ("not, instead of")」の意味

(22) i. Care rather than skill is all you need.
    （あなたに必要なのは，技術でなく配慮だ）
  ii. Things like that would increase rather than be done away with.
    （そのようなものは，廃止されずに増加するだろう）

この場合「優先」の意味は失われ，rather than は等位接続詞として機能する（第8巻参照）．(22ii) では，rather than の後に原形動詞が来ているが，意味的にも統語的にも，(21) の構文とは異なっている．用法 (c) で，このように原形動詞を用いる場合には，必ず rather の前も，原形動詞（ここでは increase）でなければならない．*Things like that increased rather than be done away with. では，rather の前が原形動詞でないから，(22ii) と異なり不可である．

(d) 冗語的用法で，than だけにしても意味が変わらない場合

(23) i. Wouldn't it be better to travel with friends, rather than total strangers?
（まったく見ず知らずの人と旅をするよりも，友人と旅するほうがよくはないですか？）

ii. These people are more likely to be referred to courts rather than to aid panels.
（こういった人々は，援助相談課よりも法廷に行くように言われるだろう）

ここで rather は独立した意味をもたず，すでに better や more が表している「優れた」という意味を，繰り返したり強調したりしているだけである．もちろん，通常は than だけでも済む．than が比較導入要素からかなり離れている場合だけ，rather の挿入が許される．Kim is more patient than Pat. （キムはパットよりがまん強い）のように than が離れていないと，than を rather than で置き換えることはできない．また，決定詞 more と組み合わせて使うこともできない（*Kim has more patience in situations of this kind, rather than Pat. （キムはこの種の状況においては，パットより忍耐強い））．

■ prefer

prefer は，like better（より好む）と同じ意味であり，みてわかるように比較級である．ただし prefer 自体は，統語的に比較を表す表現の中で周辺的な存在である．以下のような構文に生じる．

(24) i. They prefer kangaroo meat to beef.
（彼らは，牛肉よりもカンガルーの肉のほうが好きだ）

ii. She prefers to read rather than watch television.
（彼女は，テレビを観るよりも読書するほうが好きだ）

iii. ?He'd prefer to put David over the cliff than let him have the land for building.
（彼は，デイビッドに開発のための土地を渡すくらいなら，デイビッドを崖っぷちに追いやりたいだろう）

iv. They preferred to sell their produce for gold rather than the local currency.
（彼らは，農産物の代金をその土地の通貨で支払ってもらうのではなく，

金と交換するほうを好んだ）

   v. He prefers plucking the guitar string to the bow-string.
     （彼は，弓の弦を引くよりもギターの弦をはじくほうがいい）

最も多く用いられるのは（24i）の形である．これは項比較で，第一項が目的語の名詞句で，第二項が前置詞 to の補部で表されている．しかし，この前置詞 to は不定詞を補部にとれないので，第一項が不定詞の場合は用いることができない．その場合は，代わりに（24ii）のように rather than を用いる．この rather than の用法は，上記の用法（d）に関連づけることができる．ただし，(d) と違って，rather than を than だけにすると，完全には容認されない．(24iii) のように than のみが現れている例は，非常にまれである（しかも，would rather と明らかに類似しているのに，規範文法家からはよくないとされる）．rather than は，(24iv) のように項が不定詞節の中にある場合でも使うことができる．この場合は，拡充して rather than sell it for the local currency（その土地の通貨で代金を支払ってもらうよりはむしろ）とすることができる．例 (24v) は，項が節内にある場合でも to を使えることを示しているが，普通は動名詞でしか使えない．(24iv) で，rather than の代わりに to を使うことはできない．prefer は平叙節の内容節をとることもできる．第二項が明示的に表されることはまれだが，第二項を表す場合には，不定詞の場合と同じく rather than を用いて，I'd prefer that the meeting was postponed than that it should take place without you.（私は，あなたが不在の時に会議を開催するよりは，むしろ延期するほうがいい）のようにする．[3]

■superior, inferior

これらの形容詞はラテン語の比較級から来ているが，英語の比較級と統語的に似ている部分は，非常に少ない．最も顕著な点は，than でなく to をとることである．

(25) i. They believe their culture is superior to any in the world.
     （彼らは，自分たちの文化が世界のどの文化よりも優れていると信じている）
   ii. It is absurd to speak of philosophy as a superior enterprise to so-

---

[3] (24) 以外の前置詞も，時折みられる．たとえば over がそうである．ただし over は their preference for the country over the city（彼らが都会よりも田舎を好むこと）のように，名詞 preference と用いられることのほうが多い．

ciology.
　　　(哲学が社会学よりも優れた知的活動であるとするのは，ばかげている)

ここでの superior の意味は「より優れた("better")」である．(25ii) のような限定修飾用法は，比較級の限定修飾用法 (Students find philosophy a more difficult enterprise than sociology. (生徒たちは，哲学が社会学よりも難しい知的活動であると思う)) と似ていて，主要部の名詞が意味的に sociology にも philosophy にも適用される．つまり，sociology もひとつの「知的活動("enterprise")」であることが前提となっている (2.4 節 (40) も参照のこと)．

　superior と inferior がとる修飾要素は，比較級がとる修飾要素と似ている (4.4 節参照)．たとえば，(25) の superior に much や far を加えることができる．しかし，very のように，原級と用いられる修飾要素もとることができる (This is a very inferior design. (これはとても劣ったデザインである))．このような場合は，通常，比較の意味自体も失われるので，very inferior は単に「とてもひどい品質の」と解釈される．ただし比較の意味「ずっと劣った品質の」という解釈も可能である．最後に注意しておきたいのは，屈折の比較級をさらに比較級にすることはできないのだが，superior と inferior はさらに比較級にすることができる，ということだ．

(26) i. *Our forces are more worse than theirs than you acknowledge.
　　　(我が軍は，あなたが認めている以上に，彼らの軍より劣っている)
　　ii. Our forces are more inferior to theirs than you acknowledge.
　　　(我が軍は，あなたが認めている以上に，彼らの軍より劣っている)

[専門的解説]
ラテン語の比較級から派生した形容詞には，ほかにも，anterior (前の)，posterior (後の)，prior (先の)，senior (年上の)，junior (年下の)，major (大きいほうの)，minor (小さいほうの) がある．major と minor 以外は，叙述用法で後に to 補部をとることができるし，また senior/junior は far と much を修飾要素にとることができる (He's far senior to me in experience. (彼は，私よりずっと経験豊富だ))．しかし，それ以外のことで，英語の比較級と統語的に類似している点は，ほとんどない．[4]

---

[4] senior と junior では，She is [two years my senior]. (彼女は，私より2歳年上だ) のよ

4.3　同等を表す尺度的比較：as, so, such

尺度的同等を表す，基本的な程度の副詞は as である（Kim is as old as Pat.（キムは，パットと同じくらいの年だ））．限られた条件下においては so も可能になる．

(27)　i.　It's not so simple as that.
　　　　（これは，それほど単純ではない）
　　ii.　The floor and furniture didn't gleam nearly so much as yours do.
　　　　（床も家具も，まったくあなたの家の床や家具のようにピカピカではなかった）
　　iii.　Is putting a rocket in orbit half so significant as the good news that God put his son, Jesus Christ, on earth to live and die to save our hell-bound souls?
　　　　（ロケットを衛星軌道に打ち上げるというようなことが，神が，我々人間の地獄へ向かう魂を救うために生きて死ぬようにと，自分の息子であるイエス・キリストを地上に遣わされたという慶事の半分ほども意味があることなのでしょうか？）

この用法における so は，非断定的文脈にしか生じない．ほとんどは (27i, ii) にあるように否定文だが，(27iii) のように疑問文などにも生じる．これらの文脈では，so の代わりに as を用いることができる．実は as のほうが使われる頻度はやや高い．so は，以下の 4.5 節で論じる比較のイディオムにも使われることがある（so/as far as I know（私が知る限り），No one else in the family had so/%as much as heard of it.（家族の中で他の誰も，それを聞いたことすらなかった））．

　さらに，同等を表す尺度的比較では，such が用いられる（5.3 節で扱う非尺度的比較にも用いられる）．

うに，第二項に所有格を用いることができる（第 1 章注 7 も参照のこと）．しかしこの場合，角括弧でくくられた句を統語的にどう分析するかは難しい．所有格がついているからには，名詞句ということになる．しかし，この句は主語や目的語のような，典型的な名詞句の位置には現れない（*[Two years my senior] supported me.（私の 2 歳上の先輩が，私を助けてくれた））．さらに，複数形にすることもできない（They are two years my senior/*seniors.（彼らは，私より 2 歳年上の人たちだ））し，またこの表現を言い換えた She is [two years senior to me].（彼女は，私より 2 歳年上だ）は，明らかに形容詞表現である．

(28) i. This country has never faced such great dangers as ___ threaten us today.
   （この国は，今日我々をおびやかしているものほどの大きな危険に，これまで直面してこなかった）
   ii. Few industries were growing at such a rate as catering.
   （食事宅配サービスほど急速に成長していた産業は，ほとんどなかった）
   iii. His second film wasn't such a success as his first.
   （彼の2作目の映画は，1作目ほどヒットしなかった）
   iv. Never again would the society assume such a high profile as in the late twenties.
   （この社会が，1920年代後半のころほどに脚光を浴びることは今後ないだろう）

so と同様に，この用法の such は通常，非断定的文脈にしか用いられない．しかし，非尺度的な such には，このような制限がない．また，程度を表す such が as 句をともなわない場合は，比較の意味が実質上失われて，単に強意語として用いられるのだが，この場合の such にも，このような制限はない．It seemed such a good idea at the time!（その時はとてもいい考えに思えたのだが）や They are such pedants!（彼らはなんと頭が固いんだ）のように，非断定的文脈でなくても容認可能である．

■ 1つ目の as の省略

比較補部が as＋名詞句でできているとき，1つ目の as が省略されることがある．主な例としては good as gold（とてもよい），quick as lightning（間髪を入れず），safe as houses（まったく安全）のような慣用的な直喩である．くだけた言い方で，「多分」という意味の (as) like as not という表現もある（He'd like as not prefer to eat his meals there.（彼は，多分そこで食事するほうが好きだろう））．

4.4 修飾

4.4.1 程度の修飾

尺度的比較を導入する要素は，以下のような表現で修飾することができる．

(29) i. 非同等：much, far, immensely（非常に）, a great deal（とても）, a lot（ずっと）, somewhat（いくぶん）, rather（かなり）, slightly（わずかに）, a bit（少し）, (a) little（少し）, no（まったく〜ない）, any（まったく／少しでも）, easily（ゆうに）

ii. 同等：at least（少なくとも）, about（だいたい）, approximately（おおよそ）, roughly（だいたい）, every bit（どの点からみても）, half（2分の1）, twice（2倍）, nearly（ほぼ）, nothing like（〜どころではない）, nowhere near（〜にはほど遠い）

iii. いずれも：hardly（ほとんど〜ない）, scarcely（ほとんど〜ない）, a third（3分の1）, three times（3倍）

非同等比較に用いられる修飾要素は，屈折による比較でも分析的比較でも同じである（far bigger（はるかに大きい），far more careful（はるかに注意深い））。very にはこの機能がないので，代わりに much を使わねばならない（*very bigger でなく much bigger のように）。この much になら，very をつけて修飾することができる（very much bigger）。(29i) にある表現で no 以外のものは，周辺的な比較導入要素の superior, inferior, preferable（好ましい）でも用いられる。

乗数 half（2分の1）と twice（2倍）は同等比較にしかつかないが，a third（3分の1）や three times（3倍）などは，非同等比較にも用いることができる。それぞれの表現の意味関係は，次のようになる。

(30) i. a. I earn four times as much as Ed.（私は，エドの4倍稼ぐ）
　　　 b. I earn four times more than Ed.（私は，エドの4倍稼ぐ）
　　　　　　　　　　　　　　　　　　　　　　　　[(a) = (b)]
　　ii. a. I earn a third as much as Ed.（私の稼ぎは，エドの1/3だ）
　　　 b. I earn a third more than Ed.（私は，エドより1/3多く稼ぐ）
　　　　　　　　　　　　　　　　　　　　　　　　[(a) ≠ (b)]
　　iii. I earn a third as much again as Ed.　　　　[= (iib)]
　　　（私は，エドより1/3多く稼ぐ）

(30i) で，(a) と (b) は等価であり，いずれにおいても，もしエドが年に1万5千ドル稼ぐとしたら，私は6万ドル稼いでいることになる。(30ia) のほうがよく用いられ，意味もわかりやすい。つまり，エドの稼ぐ額が1万5千ドルであり，6万ドルというのはその4倍である。(30ib) は (30ia) ほど用いら

れない．I earn more than Ed.（私はエドより多く稼ぐ）と I earn four times what Ed earns.（私はエドの稼ぐ分の4倍稼ぐ）の混合とみなしてよいかもしれない．これに対して，(30ii) では，2つの構文が同じ意味にならない．(30iia) で，私は5千ドル，つまりエドの稼ぐ額の3分の1を稼いでいる．しかし (30iib) では，私は2万ドル稼いでいることになる．つまり，エドの1万5千ドルよりも5千ドル（1万5千ドルの3分の1）多い額だ．この後者の意味は，(30iii) にあるように again を用いて，同等比較でも表すことができる．この場合，私はエドの1万5千ドルに加えて，その額の3分の1をさらに稼いでいることになる．

4.4.2　the による修飾

the の主な機能は，名詞句における決定詞としてはたらくことだが，さまざまな比較構文内では修飾要素としても現れる．これらのうち集合比較がかかわるもの (It's Jill who wins the more/most often.（より頻繁に／一番頻繁に勝つのは，ジルだ）) については，以下の 6.3.4 節で取り扱う．項比較がかかわるもののうちで1つの例が，4.6 節で記述する相関比較構文 (The more you practise, the easier it becomes.（練習すればするほど，簡単になる）) である．他の事例としては，以下のようなものがある．

(31) i. This didn't make her achievement [any the less significant].
（このことがあっても，彼女が成し遂げたことは少しも意義を失わなかった）

ii. In the Swedish context, notable for its tradition of peace and non-violence, the senseless futility of this act stands out [the more starkly].
（平和と非暴力の伝統をもつことで有名なスウェーデンでのことだからなおさら，この行為の無意味さと無用さが，いっそう目立つ）

iii. The plight of the four British employees greatly perturbed Urquhart, [the more] because a request to the Governor for a contingent of Cossacks to escort them to safety had been turned down.
（安全なところまでコサックの分隊に送ってもらいたい，という総督への要求が拒絶されたのでいっそう，アーカートは，4人の英国人の使用人の窮状に強く心を悩ませた）

iv. The result is [all the more disappointing] because she had put in so much effort.

(彼女はとても努力していたので，その結果はいっそう残念だ)
- v. That's [all the more reason to avoid precipitous action].
(それゆえいっそう，無謀な行動を避けるべきである)
- vi. He went prone on his stomach, [the better] to pursue his examination.
(彼は点検をさらにいっそうよく行うために，腹ばいになった)

ここで，the はその後に続く比較級 (more, less, better) を修飾して，形容詞 ((31i, iv))，副詞 ((31ii))，動詞 ((31iii, vi)) を修飾する句，または名詞の決定詞 ((31v)) になっている．[5] (31i, ii) で，the は自由に省略できる．(31iii) では，下線部の the が修飾要素を導く場合なら，この the を省略することができる（その場合は，コンマが落ちる）．しかしこの例文では，下線部の the が補足的要素を導入しているため，この the を省略することはできない．(31iv) では，all the で「さらに ("even")」，または all the ＋比較級で「とくに ("especially")」の意味を表している．この場合の the は，all と一緒に省略することができる．(31v) も同様だが，ただしここでの all the more（さらにいっそう）は，名詞句内の決定詞句として機能している．(31vi) では the better が，目的を表す不定詞句内で，前置された修飾要素である．この位置では，the がなければならない．しかし次の例にみられるように，基本的な位置では，あってもなくてもよい．in order to pursue his examination (the) better（彼の点検をもっとうまくやるために）．

もし第二項があれば，the は現れない．*The result was the better than I had expected.（結果は，私が期待したよりもよかった）のように．また，第二項が前に述べられたことから前方照応的に補える場合も，the は許されない．たとえば，It was cloudy and cold for the first two days but on the third day the weather was better.（最初の2日間は曇っていて寒かったが，3日目に天気が回復した）では，最後の better は "better than on the first two days（最初の2日間よりも）" と理解される．この better の前に the を挿入することはできない．[6]

---

[5] 歴史的にみれば，この the は通常の定冠詞と異なる．古英語の道具格で，おおよそ「その分だけ ("by so/that much")」という意味を表していたものが，化石化したものである．音韻的には定冠詞の the と同じになってしまったが，統語的分布は，いまだに起源の違いを反映している．

[6] Kim was good but Pat was better.（キムは優秀だが，パットはさらに優秀だ）のような例なら，the を挿入することができる．しかし，そうすると項比較が集合比較に変わってしまう．

4.5 比較のイディオムと再分析

比較導入要素を含む表現の中には，使われているうちにイディオム化したり，統語的に再分析されたりしているものがたくさんある．この節では，そのようないくつかの例を紹介しよう．

(a) 修飾要素としての **more than**, **less than** など

Kim earns more/less than Pat (does). (キムはパットよりも稼ぎが多い／少ない) では，比較級 more と less が主要部（より正確には，決定詞が融合した主要部）で，than 句がその補部になっている．しかし，than が統語的に more や less と合体し，than の後に続く語を修飾していることもある．同様の再分析は，as でもみられる．わかりやすい例としては，than/as の後に動詞が来る場合をあげることができる（ただし less than は除く）．ここで，動詞は過去形になってもよい．

(32) i. This <u>more than</u> compensated for the delay.
  （これは，遅れを補ってあまりあった）
 ii. She expects to <u>more than</u> double her capital in three years.
  （彼女は，3 年後には元手を 2 倍以上にするつもりだ）
 iii. She <u>never so much as</u> turned her eyes on any other bloke.
  （彼女は，他の奴らには目をくれることさえしなかった）
 iv. He <u>as good as</u> admitted he'd leaked the information himself.
  （彼は，情報を漏らしたのは自分だったと，認めたようなものだった）

more than compensated for the delay は動詞句であり，その主要部は more ではなく compensated でなければならない．たとえば，more than を消しても文として成り立つが，than compensated for the delay を消すわけにはいかないことを考えれば，納得がいくだろう．それゆえ，この more than は，ひとまとまりで動詞を修飾していることになる．(32ii) においても同様だ．double は動詞の原形であり，(32i) の compensated のように過去形ではないが，これは **expect** + to 構文のせいであり，more than のせいではない．重要なのは，double が過去形でも同じように使えるということである．たとえば

"better than Kim（キムよりよい）" ではなく "the better of the two（2 人のうちのよりよいほう）" を表すことになるからだ．

She more than doubled her capital.（彼女は元手を2倍以上にした）のように，(32iii) は，同等比較での再分析の例である．これらの例は非断定的文脈で用いられることが多く，(32iii) のように so much as の形をとる．しかし (32iv) のように，as good as を使うこともできる．この表現は「～も同然（"virtually"）」の意味で用いられる．

> [専門的解説]
> She more than doubled her capital.（彼女は，元手を2倍以上にした）と一見似ているのが，She did more than double her capital.（彼女は，元手を2倍にする以上のことをした）である．この表現では，double が必ず原形でなければならない．再分析は起こっておらず，more が主要部，than double her capital がその補部である．またこの構文では，more の代わりに less を用いることもできるが，この点でも (32ii) の構文とは異なる．さらにこれら2つの構文は，統語的だけでなく意味的にも異なっている．たとえば，彼女の財産が初めは1万ドルであったとしよう．すると She more than doubled her capital. は，彼女が元手を2万ドル以上に増やしたことを意味する．しかしそれは She did more than double her capital. の意味とは違う．こちらの文は，彼女が財産を倍にして，さらにそれ以上のことをしたことを述べている．「それ以上のこと」とは，財産をさらに増やしたことでもいいし，たとえば仕事で昇進したというような，別のことでも構わない．

この再分析は，more than や less than に形容詞や副詞が続いた場合にも起こる．たとえば He'd given a [more than satisfactory] explanation for his behaviour.（彼は自分の行動について，十分すぎる説明をしていた）では，satisfactory が角括弧内の形容詞句の主要部であり，more than は，それを修飾しているだけである（しかし，more than fifty people（50人より多数の人）のような例には，再分析がかかっていると考えない．）

(b) no/any more than＋比較節

(33) i. The horses were <u>no more</u> on parade <u>than</u> was their driver.
（馬は，御者と同様に，行列に加わっていなかった）

ii. Kim wouldn't do anything prematurely or in bad taste <u>any more</u>

than Pat would.
(キムは，パットと同様に，どんなこともおませだったり悪趣味だったりすることはなかった)

この構文における more は修飾要素の機能をもつが，程度を表す意味は実質上，失われている．そのため，(33i) は，馬が行列に加わっていた程度と，御者が行列に加わっていた程度とを比較しているものとしては解釈されない．むしろ，程度の修飾要素を使わずに，The horses weren't on parade, just as their driver wasn't.（御者が行列に加わっていなかったように，馬も行列に加わってはいなかった）と言い換えられる．このような文と通常の比較構文との違いは，かなり微妙かもしれない．たとえば This prospect did not please Mrs King any more than did the possibility that her daughter might marry a Bohemian.（キング夫人は，娘がボヘミアン（自由きままに生きる人）と結婚するかもしれないということが気に入らなかったのと同様に，この見通しについても気に入らなかった）という文がある．字義通りの解釈では，喜ばせる程度（それがどの程度なのかについては述べられていない）を比較しているが，イディオム的に解釈すると，その見通しと結婚の可能性のどちらも，キング夫人を（まったく）喜ばせなかったことになる．また，従属節が明らかに偽である命題を表していれば，否定を強調する，という修辞的効果が出てくる．Social invention did not have to await social theory any more than the use of the warmth of a fire had to await Lavoisier.（火の暖かさを享受するのにラヴォアジエ（「近代化学の父」とされるフランスの化学者）を待つ必要がなかったように，社会的発明も社会理論の発展を待つ必要がなかった）のように．

(c)　soon を含むイディオム

would rather というイディオムでは，rather の代わりに sooner と as soon を用いることができる．I'd rather/sooner/as soon stay at home.（私は，家にいるほうがいい／家にいたい）．非同等の sooner は「～のほうをしたい（"I'd prefer"）」を，同等の as soon は「～と同程度にはしたい（"I'd like as much"）」を表す．さらに，as soon as と no sooner は通常の比較の意味だけでなく，イディオム的な意味ももっている．

(34)　i.　a.　The car may not be ready as soon as I said it would.
〔通常の比較〕
(その車は，私が用意できると言ったほどすぐには，用意できないかも

b. I'll phone you as soon as the meeting is over.　　[イディオム]
　　　　（会議が終わり次第，あなたに電話しましょう）
　ii. a. We got home no sooner than if we'd taken the bus.

[通常の比較]

　　　　（我々は，もしバスに乗っていた場合よりも，何ら早くない時間に帰宅した）
　　　b. We'd no sooner got home than the police arrived. [イディオム]
　　　　（我々が帰宅した途端，警察が到着した）
　　　c. No sooner had we got home than the police arrived.
　　　　（我々が帰宅した途端，警察が到着した）

　(34ia) は変項比較であり，（できる限りで）どれだけ早く車が準備できるのかと，どれだけ早く準備できるだろうと私が言ったのかとを，比較している（「変項」対「定項」の比較にすると，It may be ready as soon as tomorrow.（それは，早ければ明日にも準備できるかもしれない）になる）。しかしこのような比較の意味が，(34ib) では失われており，as soon as は「～するとすぐに（"immediately"）」を意味するイディオムになっている（そのため，複合前置詞と考えるのが最もよい）。

　同様に，no sooner も，(34iia) では字義通りに比較の意味をもつが，(34iib, iic) ではイディオムであり，「警察は私たちが帰宅してすぐ到着した（"The police arrived immediately after we got home"）」という意味を表している。この用法では，no sooner を前置して，主語と助動詞を倒置させた (34iic) の形式のほうがよく用いられる。意味は次の hardly/barely/scarcely + when と同じである。We had hardly got home/Hardly had we got home when the police arrived.（私たちが帰宅してすぐに，警察が到着した）。また，意味が等価であるため，これらの構文が混合されることもある。次の例のように，no sooner の後に than ではなく when が用いられたり，逆に hardly の後に when ではなく than が用いられたりする。

　(35) i. No sooner had we got home when the police arrived.
　　　　　（我々が帰宅した途端，警察が到着した）
　　　ii. Hardly had we got home than the police arrived.
　　　　　（我々が帰宅した途端，警察が到着した）

(d) long と far を含むイディオム

(36) i. I'll look after them as/so long as you pay me.
（あなたが代金を払ってくれる間は，お世話しましょう）
ii. As/So far as I know, he's still in Paris.
（私の知る限りでは，彼はまだパリにいる）
iii. As/So far as the weather was concerned, we were very lucky.
（天気に関する限り，私たちはとても幸運だった）
iv. He went so/as far as to compare the proposal to a tax on sunshine.
（彼は，その提案が，日光に税金をかけるようなものだとさえ言った）
v. Insofar as it's any business of mine, I'd say they should give up.
（私に少しでも言う権利があるのならば，彼らは諦めるべきだと言っておきましょう）

as long as に関して，(36i) はあいまいである．普通の変項比較ならば，私が彼らの面倒をみる期間と，あなたが私に賃金を出してくれる期間を比べていることになる．しかし as long as が比較の意味を失い，「〜ならば ("provided")」を意味する複合前置詞として再分析されている解釈も可能である ("I'll look after them provided you pay me. (もしあなたが賃金を出してくれるならば，彼らの面倒をみましょう)")．このような断定的な文脈では，so はイディオム的意味の場合にしか許されない．同様にイディオム的前置詞 as/so far as では，so と as のどちらを用いることもできる．as far as I know はおおよそ「私の知る限り ("to the best of my knowledge")」を意味している．ここでの I know は内容節であり，比較節ではない．as far as X is concerned の意味は「X に関する限り ("regarding X")」である．そのため，the weather was concerned (天気に関する限り) は，やはり比較節でない．また，be concerned を落として，as/so far as を，名詞句補部をとる前置詞とする話し手もいる．[%]As far as the weather, we were very lucky. (天気に関して，私たちはとてもついていた)．(36iv) のイディオムは，go so/as far as + 不定詞の動詞句である．ここでは，彼がその提案を，日光に税金を課すことになぞらえたと断定しており，それが相対的に驚くべきこと，あるいは極端なことだ，ということを示している．

(36v) の insofar as は「～の限りにおいては ("to the extent that")」を意味している．

(e)　well, better, best
as well (as) には，I doubt if I'll ever play as/so well again. (再びこんなにうまくやれることはないだろう) や She did as well as could be expected. (彼女は，期待できるのと同じくらいうまくやった→期待通りうまくやった) のように字義通りの比較の意味があるが，イディオム的な意味もある．

(37) i. a. They invited Kim as well as Pat.
(彼らはパットだけでなくキムも招待した)
　　b. It was raining, as well.
(雨も降っていた)
　ii. a. We might as well have stayed at home.
(家にいても同じことだった→家にいたほうがましだった)
　　b. You may as well leave it at that.
(それをそのままにしておいても構わないが)
　iii. It's just as well we called the doctor.
(医者を呼んでおいてよかった)

(37ia) で，as well as は「～に加えて ("in addition to")」を意味しており，「～でない ("not, instead of")」を表す rather than と同じく，等位接続詞とみなすのが最もよい．(37ib) で，as well は単独で「加えて ("in addition")」を意味しており，接続詞的な付加詞として機能している．(37ii) の as well は通常，可能性を表す助動詞 may, might, could のいずれかと組み合わされて用いられる．We might as well have stayed at home as come here. (我々はここに来るなら，家にいても同じだった→ここに来るよりも，家にいたほうがむしろよかった) のように，as＋原形動詞から成る比較補部をとることもできるが，第二項を表さない形のほうが一般的である．as well のこの用法はイディオム的である．というのも，well にはこれに対応する，比較を表さない用法がないからである (#We stayed at home well. は，この意味にならない)．(37iia) で as well は，私たちがしたことに対する不満足を示している．つまり，わざわざ出かけたりせずに家にいた場合よりもいいことなんて何もなかった，ということだ．(37iib) で as well が表しているのは，乗り気でない，いくぶんしぶしぶの提案である．"There's no reason why you shouldn't leave it at that. (あ

なたが，それをそのままにしておくべきでない理由は何もない)"のように．(37iii)
で，(just) as well はおおよそ「運がよい("fortunate")」を意味している．
　better と best のイディオム的用法には，以下のようなものがある．

(38) 　i. 　I knew better than to question his decision.
　　　　　　（私は，彼の決定に異議をはさむほどばかではなかった）
　　　ii. 　We'll manage as best we can.
　　　　　　（我々は，精一杯やってみよう）

know better than to は「すべきでないことを知っている("know one shouldn't")」を意味している．(38i) には "I didn't question his decision. (私は彼の決定に異議を唱えなかった)" という否定的含意があるが，You know better than to talk with food in your mouth!（口を食べ物でいっぱいにして喋らないでよ）には "You have been talking with food in your mouth.（これまであなたは，口を食べ物でいっぱいにして喋ってきた）" という肯定的含意がある．(38ii) では，奇妙なことに as well as でなく最上級が用いられている．この as best は **can** と一緒にしか現れない．had better/best については第 1 巻を参照．

4.6　相関比較構文

ここで**相関比較構文** (**correlative comparative construction**) とよぶものには，2 つの形式がある．それぞれの例は，(39i, ii) に示したとおりである．

(39)
　　　i. 　a. 　The more sanctions bite, the worse the violence becomes.
　　　　　　　　（制裁措置がこたえればこたえるほど，暴力はよりひどくなる）
　　　　　b. 　The more conditions I impose, the less likely is he to agree.
　　　　　　　　（私が条件を出せば出すほど，彼は同意しそうになくなる）
　　　　　c. 　The older he gets, the more cynical he becomes.
　　　　　　　　（年をとればとるほど，彼は皮肉屋になる）

［前置形式］

ii. a. The violence becomes <u>worse</u> the <u>more</u> sanctions bite.
(暴力は，制裁措置がこたえればこたえるほど，よりひどくなる)

b. He is <u>less likely to agree</u> the <u>more</u> conditions I impose.
(彼は，私が条件を出せば出すほど，同意しそうになくなる)

c. He becomes <u>more cynical</u> the <u>older</u> he gets.
(年をとればとるほど，彼は皮肉屋になる)

［基本形式］

どちらの形式でも，比較句と比較句（下線部）が対になって（＝相関して）いる．(39i) のほうが非常によく用いられるが，統語的には (39ii) のほうが基本的である．the more sanctions bite（制裁措置がよりこたえるほど）は，付加詞として機能する従属節であり，the more conditions I impose（私が条件をより多く出すほど）と the older he gets（彼が年をとるほど）も同様だ．(39ii) では，これらの従属節が，主節の最後という，従属節の本来の位置にあるが，(39i) では文頭に来ている．どちらの形式においても，従属節の最初に比較句が現れているが，主節の最初に比較句が現れるのは，従属節全体が前置されたときのみである（＝(39i)）．比較句は前置されると the で始まるが，これは 4.4.2 節で論じた修飾要素の the である．(39ii) のような本来の形式では，前置されていない比較句に the がつくこと（The violence becomes <u>the</u> worse, the more sanctions bite.（暴力は，制裁措置がこたえればこたえるほど，よりひどくなる））は，可能だがまれである．

この構文は，主節と従属節で表された 2 つの尺度上で，それぞれの値が平行して，または比例して増加（less を用いれば減少）することを表している．[7] そのため，従属節が as の補部になっている構文を使っても，ほぼ同じ意味を表すことができる．

(40) i. As sanctions bite <u>more</u>, so the violence becomes <u>worse</u>.
(制裁措置がよりこたえるにつれて，暴力はさらにひどくなる)

---

[7] (39ii) の基本形式では，統語的な比較表現の代わりに increase（増す）のような動詞が許されることもある．The violence increases the more sanctions bite.（より制裁措置がこたえるにつれて，暴力は増す）のように．

ii. The violence becomes worse as sanctions bite more.
　　　（暴力は，制裁措置がよりこたえるにつれて，さらにひどくなる）

[専門的解説]
2つの尺度上での平行した移動なので，依存の方向をひっくり返せることが多い．

(41) i. The more we pay them, the harder they work.
　　　（我々が彼らにより多く払えば払うほど，ますます彼らは熱心に働く）
　　ii. The harder they work, the more we pay them
　　　（彼らが熱心に働けば働くほど，ますます我々は多く支払う）

(41i) では work 節が上位である．つまり，彼らの賃金を上げるにつれて，彼らはより一生懸命仕事に取り組む．これに対して，(41ii) で上位節なのはpay 節のほうである．つまり，彼らがより一生懸命働くにつれて，彼らに支払う賃金の額が上がる．ただし，この2つの言い方は等価でない．たとえば，もし彼らが，賃金が増えれば必ずより一生懸命働くが，賃上げなしでも別の理由によってより一生懸命働くことがあるとしたなら，(41i) は真だが (41ii) は偽になってしまう．

　(39i)（＝前置された形式）の最初の節と，(39ii)（＝基本形式）の2つ目の節が，それぞれもう一方の節に従属していることを示す統語的証拠として，以下の例がある．

(42) i. Won't the violence become worse, the more the sanctions bite?
　　　（制裁措置がよりこたえればこたえるほど，暴力はさらにひどくならないでしょうか）
　　ii. He is clearly the sort of person [who would be less likely to agree, the more conditions I impose].
　　　（彼は明らかに，私が多くの条件が出せば出すほど，より同意しなくなるような類(たぐい)の人物です）

(42i) は，yes-no 疑問文であり，形式上も主節で主語と助動詞の倒置が起こっている．(42ii) の角括弧でくくられた部分は関係詞節であるが，関係詞化により構造が影響を受けるのは，やはり上位節である．このような疑問文や関係詞節を形成する操作は，基本形式に対して行うことができるが，前置形式に対し

てはできない．前置形式を従属化することは可能だが，それは従属節を導く that や in which case のような関係詞句の修飾要素を使って，そのまま全体を埋め込む場合のみである．

(43) i. He realised [that the longer he delayed the more difficult the task would be].
    （彼は，遅れれば遅れるほど，それだけ仕事が大変になることに気づいた）
  ii. She may call an election, in which case the sooner we resolve these differences, the better our chances will be.
    （彼女は総選挙に持ち込むかもしれない．そうした場合は，こういった食い違いを早く解消すればするほど，勝利のチャンスがより見込める）

■構造上の縮約

比較句が叙述用法の形容詞句である場合，動詞 be は省略できる．さらに前置形式では，主節を縮約して，あるいは両方の節を縮約して，比較句のみにすることができる．

(44) i. [The harder the task], the more she relished it.
    （仕事がきつければきついほど，彼女はそれに喜んで取り組んだ）
  ii. The more directly the sun strikes walls and roof, [the greater its heat impact].
    （太陽光が壁や屋根に，より直接当たれば当たるほど，熱の影響は大きくなる）
  iii. The sooner you leave the firm, [the better].
    （あなたがその会社を辞めるのは，早ければ早いほどよい）
  iv. [The sooner,][the better].
    （早ければ早いほどいい）

[専門的解説]
■従属節の分類
　どちらの形式の相関比較構文においても，従属節は内容節である．その内部構造をみれば，特殊なのは比較句が前置されていることだけである．しかしこの特徴は，前置形式の主節にもみられる．だから比較句が前置されているから

といって，これが従属化の標識ではないことになる．内容節は常に主節と構造が異なるわけではない（第6巻）．相関比較構文は，そのような従属化の標識が内側にない事例の1つである．[8]

---

[8] しかし話者によっては，%The more that sanctions bite, the worse the violence becomes.（制裁措置がこたえればこたえるほど，暴力はそれだけ悪化する）のように比較句の後に that を入れることがある．また別の形式として，関係詞節を用いた，次の実例がある．The more centralised information became and the more uses to which the Australia Card was put, the more unease the Law Council would have.（情報を中央に集中させればさせるほど，そしてオーストラリア国民カードがより使用されればされるほど，オーストラリア弁護士連合会はより猜疑心を強めるだろう）のように．ただしこの文は文法的とはみなされない．the more uses the Australia Card was put to のように前置詞 to を残置することを避けるために，この形が用いられたのかもしれない．

第5章　非尺度的比較

尺度的比較に比べて，非尺度的比較では，項比較と集合比較との違いがあまりない．したがって，この節では，項比較と集合比較を一緒に扱うことにする．この両者の関係について一般的な点を2つ述べたあと，比較を導入するさまざまな要素を順番にみていく．

■ 集合比較か項比較かがあいまいな場合

(1) i. They offered the <u>same</u> deal to Kim and Pat.
    （彼らはパットとキムに対して同じ取引を申し出た）
    a. 彼らはパットに対する取引と同じ取引を，キムに申し出た／
    b. 彼らはキムとパットの2人に対して，（先行文脈で言及されたものと）同じ取引を申し出た）

ii. Our views are <u>similar</u>.
    （私たちの見解は似通っている．）
    a. 私たちの見解は，お互いのものに似通っている
    b. 私たちの見解は，（先行文脈で言及されたものに）似通っている）

項比較で第二項が表現されていないと，集合比較とあいまいになることがある．たとえば，(1i) は Kim と Pat からなる集合比較を表すことができる．これは，項比較の They offered the same deal to Kim as to Pat. (彼らはパットに対する取引と同じ取引を，キムに申し出た）と等価である．しかし，(1i) は They offered the same deal as this to Kim and Pat. （彼らはパットとキムの2人に対して，これと同じ取引を申し出た）と等価にもなりうる (this はすでに述べてある何らかの取引）．この2番目の解釈では，Kim and Pat が複数のものを指示して

いても，それは本質にかかわることではない．しかし1番目の解釈で，Kim and Pat が複数のものを指示していることは本質にかかわる．つまり，They offered the same deal to Kim. (彼らはキムに同じ取引を申し出た) は，項比較にしかなりえない (第二項は文脈から理解される)．同様に，(1ii) は代名詞が指示する人物同士の見解を比べた集合比較になりえるし，私たちの見解を，すでにわかっている何らかの他の見解と比べた項比較にもなりえる．

■ 集合比較と相互代名詞

(2) i. These questions are very different (from each other).
(これらの質問は，(互いに) まったく違っている)
ii. The same question occurred to both of them: why had no one called the police?
(2人とも，同じ疑問が心に浮かんだ．「なぜ誰も警察を呼ばなかったのか？」)

項比較の第二項を相互代名詞にすれば，集合比較と等価になることがよくある．(2i) はカッコ内の句がなければ，一連の質問同士を比較していることになる．しかし，from で始まる句があると，第一項の these questions と第二項の each other とを比べた項比較になる．ただし，集合比較構文のほうが，相互代名詞をともなった構文よりもはるかに一般的で，相互代名詞をともなった構文はくどく感じられる．Kim and Pat have the same colour hair. (キムとパットは，同じ髪の色をしている) と Kim and Pat have the same colour hair as each other. (キムとパットはお互いに同じ髪の色をしている) とを比べてみると，後者は不自然である．また (2ii) のような場合では，相互代名詞を使って等価な文をつくることができない (*The same question occurred to both of them as to each other.)．これは，比較導入要素が集合を表す表現より前にある場合 ((2ii) でいえば，same が both of them より前にあるような場合) には，相互代名詞を用いることができないからである (ただし前置されている場合は別)．

5.1　same

■ 内在的な定性

限定修飾用法の場合，same は定の名詞句にしかならず，叙述用法の場合は，the と共起する．same の分布と identical の分布を比べてみよう．

(3) i. a. The same mistake was made by Ed.
(エドは同じ間違いを犯した)
   b. The identical mistake was made by Ed.
(エドは同じ間違いを犯した)
  ii. a. *A same mistake was made by Ed.
(エドは同じ間違いを犯した)
   b. An identical mistake was made by Ed.
(エドは同じ間違いを犯した)
 iii. a. The two copies are the same. (2部とも同じものだ)
   b. The two copies are identical. (2部とも同じものだ)
  iv. a. She treats them all the same.
(彼女は彼ら全員を同じように扱う)
   b. She treats them all identically.
(彼女は彼ら全員を同じように扱う)

(3ia) におけるように，名詞句では same が通常 the と共起するが，this same version のように指示決定詞とも共起する．(3iiia) では the same が名詞句ではなく形容詞句で，the は形容詞の依存要素である (4.4.2 節で論じた非同等比較の場合と同じ)．同様に，(3iva) では same が副詞句の主要部で，the が依存要素である．[1]

■ 比較節をともなった項比較

same は as + 比較節と共起することがよくある．

(4) i. He goes to the same school as his father went to ___ /did.
(彼は，父が通っていた学校と同じ学校に通っている)
  ii. She'll be using the same method as ___ proved so successful last time.
(彼女は，前回うまくいくことがわかった方法と同じ方法を使うだろう)

---

[1] くだけた会話では，We stayed at home, same as usual/always. (私たちは家にいた．いつもと同じように) のように，the が省略されることがある．また，Thank you for the application form; I enclose (the) same herewith, duly completed. (申込用紙をありがとうございます．きちんと記入したものを，同封いたします) のように，same を照応的に使った場合にも，the が省略されることがある．

第 5 章　非尺度的比較　　213

  iii. They behaved in the same way as you had predicted ___.
    （彼らは，あなたが予想したのと同じように振る舞った）
  iv. We achieved the same result as ___ (was) obtained in the first experiment.
    （私たちは，最初の実験で得た結果と同じ結果を得た）

この比較節は，尺度的比較とだいたい同じことを表わせる．ただし，(5) におけるように，比較句の主要部名詞を対比することはできない．

 (5) i. He has the same phonetics tutor as he had ___ last year.
    （彼には，去年と同じ音声学のチューターがいる）
  ii. *He has the same phonetics tutor as he has ___ syntax lecturer.
    （彼には，統語論の講師でもある音声学のチューターがいる）

(5ii) と違い，尺度的比較なら He wrote as many symphonies as he wrote ___ piano concertos.（彼はピアノ協奏曲と同じくらい多くの交響曲を書いた）のように容認可能になる．(4iii) は 2.1 節の (d) で論じた構文の例で，that 節が省略されている（"you had predicted that he would behave in y way（彼は y のように振る舞うと，あなたは予測した）"）．しかし，このような省略は尺度的比較の場合に比べてかなり頻度が低い．(4iv) では，省略されている比較要素が受動文の主語で，この場合は助動詞の be も省略できる．

■ 関係詞節の場合
as ＋比較節の代わりに，関係詞節でも同じ意味を表すことができる．

 (6) i. We're going to the same hotel as we stayed at ___ last year.
                      ［比較節］
    （私たちは，去年泊まったホテルと同じホテルに行く）
  ii. We're going to the same hotel that we stayed at ___ last year.
                        ［関係詞節］
    （私たちは，去年泊まったホテルと同じホテルに行く）

この 2 つの構文の意味からすれば，このように等価になるのは当然である．比較構文の場合，「私たちはホテル x に行く＋私たちは去年ホテル y に泊まった＋$x=y$」("We're going to hotel x; we stayed at hotel y last year; $x=y$") となる．関係詞の場合，「私たちはホテル x に行く＋私たちは去年 x に泊まっ

た（"We're going to hotel x; we stayed at x last year"）」となる（第I部3.1節を参照）．(6i)では，変項xとyが等しいということをsameが表している．(6ii)では，関係詞構文自体に，変項同士が同じであるということが組み込まれている（このことは，意味を表示する際に，xという同じ記号を使っていることにも反映されている）．(6ii)ではsameを省略できる[2]が，sameがあると，「同じである」ということが強調される．構造的には，この2つの構文は非常に似ている．たとえば，(6i)でも(6ii)でも従属節ではatの補部が省略されている．主な違いは，関係詞節よりも比較節のほうが縮約できる場合が多いということである．たとえば，the same hotel as ___ usual（いつもと同じホテル）に対応する関係詞はない．というのも，関係詞節はこのような動詞のない構造に縮約することができないからである．また，比較節では倒置がよく起こるが，関係詞節では倒置が許されない．次の対比をみてみよう．Sheep and goats turned up on Timor at the same time as/*that did the dingo. （羊と山羊は，ディンゴと同じ時期にティモール島に出現した）．[3]

■ 名詞句補部をともなう same as

比較の補部は，as＋名詞句からなることが多い．この名詞句の後ろに動詞を続けることができる場合と，できない場合とがある．

(7) i. a. I am in the same class as Pat (is).
         （私は，パットと同じクラスにいる）
      b. I left at the same time as Pat (did/left).
         （私は，パットと同時に出発した）
   ii. a. Kim's views are the same as Pat's.
         （キムの見解は，パットのものと同じだ）
      b. This version looks the same as that one.
         （この版は，あの版と同じにみえる）

(7i)は，I am in a higher class than Pat (is).（私はパットより上のクラスにいる）

---

[2] このために，一部の規範を重んじる用例事典では，関係詞構文を使うべきではないと述べている．sameが冗長だというのである．しかし，関係詞構文は非常によく用いられ完全に適格であり，関係詞構文を禁じる経験的証拠はない．

[3] こういった理由で，ここでは伝統的な分析のようにasを関係代名詞として分析することをしない．(6)の2つの例は，意味的には等価でも統語的には別々の構文に属するのである．

や I left earlier than Pat (did/left). (私はパットより早く出発した) のような尺度的比較と似ている．しかし，(7ii) は Kim's views are better informed than Pat's. (キムの見解はパットの見解よりも，十分な情報に基づいている) や This version looks more authentic than that one. (この版は，あの版より信頼できるようにみえる) のような尺度的比較とは異なり，be をつけ加えることができない．ここでの the same as は identical to や equivalent to に似ており，(7ii) は単に定項同士の比較（キムの見解とパットの見解，この版とあの版）とみなすのが最もよい．動名詞も，この構文に生じる（Promising to do something is not the same as doing it. (あることをすると約束をすることと，それを実行することは同じではない)）．

[専門的解説]
■尺度的同等比較と非尺度的同等比較の区別がぼやける場合
same は測定可能な特性を表す age (歳)，size (大きさ)，height (高さ)，length (長さ) のような名詞（もっと言えば段階性をもつ名詞）と共起した場合，その解釈が尺度的比較の解釈と似たものになることが多い．

(8) i. a. He'll soon be the same height as me.
             (彼は，じきに私と同じ身長になる)
         b. He'll soon be as tall as me.
             (彼は，じきに私と同じくらいの背の高さになる)
     ii. a. I don't earn the same salary as you.
             (私は，あなたと同額の給料をもらっていない)
         b. I don't earn as much as you.
             (私は，あなたと同じほど稼いでいない)
     iii. a. It's not the same quality as the earlier model.
             (それは，前のモデルと同じ品質ではない)
         b. It's not as good as the earlier model.
             (それは，前のモデルほどよくない)

(8i) から (8iii) のそれぞれにおいて，(b) は尺度的同等比較の中心的事例であるが，(a) のように same を用いても，典型的にはほとんど同じことを伝えている．しかし，これはあくまでも含意によりそうなっているだけだ，と我々は考える．(a) と (b) の真理条件は同じでない．as (... as) が表す尺度的同等比較は「少なくとも等しい (at least equal)」を意味するが，これは

> same の意味と同じではない．Is he the same age as you?（彼はあなたと同い年ですか）と Is he as old as you?（彼はあなたと同じくらいの年齢ですか）という疑問文を考えてみよう．前者の問いに No, he's two years older.（いいえ，彼のほうが2歳年上です）と答えるのはまったく自然だが，後者の問いに対しては自然ではない（後者の場合，Yes, two years older, in fact.（はい，実は2歳年上です）などになる）．同様に，(8iia) に続けて，I earn $1,000 more.（私は 1,000 ドル多くもらっている）と言っても自然だが，(8iib) に続けてそのように言えるのは，(8iib) がメタ言語否定として解釈された場合だけである（「私はあなたと「同じくらい稼いでいる」のではない」）．あるいは，If I earn more than you, then necessarily I earn as much as you.（もし私があなたより多く稼いでいるなら，必然的に私はあなたと同じくらいは稼いでいる）と #If I earn more than you, then necessarily I earn the same as you.（#もし私があなたより多く稼いでいるなら，必然的にあなたと同じ額を稼いでいる）でも，両者の違いがわかるであろう．[4]

■ (just) as や like と等価な the same as

(9) i. They stay here the same as you do.　　　　　　[= (just) as]
　　　（彼らは，あなたと同様にここに滞在する）
　　ii. You deserve a break the same as everyone else.　　[= like]
　　　（あなたは，他のみんなのように休んでよい）

この構文はくだけた文体で用いられる．(9i) の従属節は，単に you stay here（あなたはここに滞在する）と解釈されるだろう．つまり，比較句に相当するものがないのである．この点で，この文は比較節の中では周辺的な事例である．しかし，これは as usual のような形式（We're going to the movies on Friday, the same as usual.（私たちは，金曜日に映画に行く予定だ．いつもと同様に））にできるという点で，中心的な事例とつながっている．[5]

---

[4] (8) の (a) の例が一般的にもつ含意は，明示的な比較表現のない名詞句でもみられる．たとえば，I don't earn your salary. は，「私はあなたよりも稼ぎが少ない」を含意する傾向がある．また (8) の (a) と (b) が似たような意味を表すことは，非尺度的比較と尺度的比較が混合される遠因にもなる．以下は実例．He used a rod that was exactly the same length as the model tower was high.（彼は，その模型の塔の高さとまったく同じ長さの釣り竿を使った）

[5] より形式ばった文体でも，次のような，いくぶん似たタイプの構文がある．In exactly the same way as we best see something faint (Halley's Comet, say) by not looking directly at

■ 項比較における the same の照応的用法

比較の補部，つまり比較構文の第二項は，よく省略される．

(10) i. He arrived on Tuesday morning and left for Sydney the same day.
   （彼は，火曜日の朝に到着し，同じ日にシドニーに向けて出発した）
   ii. Kim certainly tried, and the same can be said for Jill.
   （キムは確かに努力した．同じことがジルについても言える）
   iii. They rejected my application and the same thing happened to Kim.
   （彼らは私の申請を拒否した．同じことがキムにも起こった）

(10i) で，the same day は照応的に on Tuesday と解釈される．(10ii) では，「ジルについても言えること」というのは，「彼女が確かに努力したこと」である．(10iii) では「同じこと」というのは，「彼らがキムの申請も拒否した」ということである．これは英語の主要な照応の仕組みの1つである．とくに the same が do の目的語や happen の主語になった場合に，よくみられる．

■ 集合比較における the same

(11) a. Kim and Pat are the same age.
   （キムとパットは，同い年だ）
   b. We asked them all the same question.
   （私たちは，彼ら全員に同じ質問をした）

(11a) では，集合が等位構造で表されているが，この表現は Kim is the same age as Pat.（キムはパットと同い年だ）のような項比較と等価である．この2つの違いは情報のまとめ方の問題である．項比較では，キムとパットが第一項と第二項として区別される．一方，(11a) では，キムとパットが，比較されてい

---

it, so the thinking part of our brain tends to work better when we're not conscious of thinking.（かすかなもの（たとえば，ハレー彗星）は，直接みようとしないことでかえって最もよくみえる．これとまったく同じように，私たちの脳の思考をつかさどる部位も，考えることを意識していない時のほうがよく機能する傾向がある）ここでも，in exactly the same way as を just as で置き換えることができる．ただし just as では，比較節の前に in exactly the same way に相当する修飾要素がついているという解釈にはならず，「ちょうど〜のように」という意味になる．

る集合の成員として対等の地位にある．

■ **修飾**

名詞句内の same は，the very same mistake as you made last time（この前あなたがしたのとまったく同じ間違い）のように very で修飾することができる．意味的に言えば，これは程度を表しているのではなく same を強めているのである．つまり，That's very good.（それはとてもよい）の very（とても）ではなく，That's the very point I was making.（それが，まさに私の言っていたことだ）の very（まさに）に相当する．selfsame（同一の）という複合語でも同じような強調を表すことができる．また，much the same のように，much, almost, roughly, exactly のような語が the の前から same を修飾することもある．much 以外のこれらの語は，尺度的同等比較を修飾する主要な語である（第4章の (29) を参照）．

5.2 similar

比較を導入する要素の中には，to, from, with と共起するが，典型的な比較の前置詞である as, than とは共起せず，そのため比較節とは共起しないものがいくつかある．[6] ここではそのような導入要素の代表例として，similar を検討する．

■ **比較の補部をともなう similar**

similar は to をとり，以下のような構文に現れる．

(12) i. This festival is rather similar to Munich's Oktoberfest.［叙述用法］
（この祭りはミュンヘンの十月祭とかなり似ている）
ii. The tribunal has powers similar to those of the courts.［後置用法］

---

[6] as を用いた実例として，次のものがある．The average Australian retiring in twenty years will need up to $2 million in assets to live at a similar standard as today.（20年後に退職する平均的なオーストラリア人が現在と似た水準で生活するには，最大200万ドルの資産が必要となるだろう）．しかし，このような例は，文法的とみなせるほど頻繁にみられるわけでも体系的でもない．構造が複雑になると，類推から similar の代わりに same がちらついてくるようであり，この種の as はそのようなやや複雑な例に限られているようにみえる．したがって，*My views are similar as yours. や *I have similar views as you. のような例は見当たらない．

(tribunal（正規の司法体系外の「裁判所」）には courts（正規の司法体系内の「裁判所」）と似た権力がある）
 iii. She was using a similar argument to that outlined above.
                 ［限定修飾用法 I］
  （さきほど概略を述べておいた論法と似た論法を，彼女は使っていた）
 iv. This problem is of similar complexity to the last one.
                 ［限定修飾用法 II］
  （この問題には，前の問題と似た複雑性がある）

すべての例で，比較の第二項が to の補部で表されている．similar の叙述用法では，第一項はその叙述の対象（predicand）である（(12i) では主語 this festival, They have made this festival rather similar to Munich's Oktoberfest. では目的語）．後置用法では，第一項は similar の前に現れる名詞である．(12ii) では powers であり，ここでは tribunal がもつ権力と court がもつ権力とが比較されている．similar の限定修飾用法（他の2つよりもはるかに頻度が低い）では，2つの可能性がある．(12iii)（タイプ I）のように第一項が比較句内（a ... argument）にあってもよいし，(12iv)（タイプ II）のように第一項がそれ以外の名詞句（主語の this problem）であってもよい．普通はタイプ I が用いられる．たとえば，以下のペアでは (13ii) より (13i) のほうが，より一般的に用いられる．

(13) i. She was using a similar argument to yours. ［限定修飾用法 I］
    （彼女は，あなたの論法とよく似た論法を使っていた）
  ii. She was using a similar argument to you. ［限定修飾用法 II］
    （彼女は，あなたとよく似た論法を使っていた）

しかし，タイプ II の例も容易にみつかる．

(14) i. We should set up a local Labour Party along similar lines to the London one.
    （私たちは，ロンドン労働党に似た路線で，地元の労働党を創設すべきだ）
  ii. Errors on this new task take a very similar form to those which are made on the conservation or class inclusion task.
    （この新しい課題でのエラーは，保存課題やクラスの包摂課題のエラーと非常に似た形をとる）
  iii. A semi-synthetic molecule available in Europe and Japan, arte-

pon, has a similar mechanism of action to the drugs currently under study.
（ヨーロッパと日本で入手可能な半合成分子である artepon は，現在研究されている薬と似た作用のメカニズムをもつ）

比較補部は，照応的に復元可能ならば省略できる．ただし後置用法では，少し事情が異なる．たとえば，もし (12ii) で to those of the courts を省略すると，形容詞の語順に関する一般的な規則のために，similar を主要部の前に動かさなければならない（The tribunal has similar powers.）．

■集合比較における similar

(12) で例示されている比較のうち，2 つ（叙述と限定修飾語のタイプ II）には対応する集合比較がある．

(15) i. This festival and Munich's Oktoberfest are rather similar.
（この祭りとミュンヘンの十月祭は，かなり似ている）
ii. This problem and the last one are of similar complexity.
（この問題と前の問題には，似た複雑性がある）

■修飾

similar は段階性をもつ形容詞であるから，very（とても），quite（かなり），rather（かなり），extremely（きわめて）などのような副詞で修飾できる．また，この語自体も尺度的比較の対象になる（The Opposition's policy is more similar to the government's than they care to admit.（野党の政策は，彼らが認める以上に，政府の政策によく似ている））．一般的に言って，similar が表す類似の度合いは，「完全に同じ」までいかない．しかしその意味で使われることもあり，その場合には exactly（まさに）や almost（ほぼ）のような語で修飾できる．

■語彙的派生語

以下は similar に対応する名詞と副詞である．

(16) i. The shooting had remarkable similarities with/to a terrorist execution.
（その狙撃は，テロリストによる犯行と著しく似ていた）
ii. Purchase of state vehicles is handled similarly to all state pur-

chases.
（州の公用車の購入は，すべての州の公費購入と同様に扱われる）

dissimilar という形容詞は，通常 to をとるが from もみられる．

5.3 such

この節は，比較補部をとって非尺度的比較を表す such に焦点をあてる．尺度的比較の such に関しては，4.3 節を参照のこと．such が集合比較に生じることはない．

■ **比較節をともなう such as**

(17i, ii) におけるように，such は主要部名詞の前にあってもよいし，後ろにあってもよい．[7]

(17) i. a. Would you yourself follow such advice as you give me ___ ?
（あなたが私にこうしたらいいというようなことを，あなた自身がしてくれませんか）

　　 b. We have been requested to discuss with you such matters as ___ appear to us to be relevant.
（関連があるように思える事柄をあなたと議論するように，私たちは求められている）

　　 c. Applications shall be made in accordance with such regulations as the Secretary to the Treasury may prescribe ___ .
（申請は，財務長官が定めるような規則にしたがって行うものとする）

　　 d. Such roads as ___ existed were pretty much open roads.
（既存の道路は，ほとんど一般道である）

　　 e. We were in the worst possible shape to deal with the immediate task of trying to co-operate with the Russians, who suffered from no such disadvantages as did we.
（そのロシア人たちと協力しようという当面の課題を扱うには，私たち

---

[7] such の句は，次のように後置することもできる．No depression occurs such as is seen clinically or may be produced in normal persons by drugs.（臨床的にみられる鬱も，薬によって普通の人に生じるかもしれない鬱も生じない）

は考えうる限り最悪の体調だった．対してロシア人たちは，私たちのように不利な立場にいなかった）

ii. a. There were no homes for old people such as there are ___ today.
（今日のような老人ホームは，昔はなかった）
b. A new payroll tax, such as the Minister proposes ___ , would be highly unpopular.
（大臣が提案するような新しい給与税であれば，かなり評判は悪いだろう）
c. He questioned the value of certification, such as ___ provided by these courses.
（彼は，これらの課程で与えられるような認定書の価値を疑った）

比較句は such を含む名詞句であり，後に続く比較節では，such に対応する要素が必ず省略される．この比較構文には，さらに，(17id) のように語順が倒置されたり，(17iic) のように受動態の助動詞 be が省略されたりするといった特徴がある．

such の中心的な意味は，「種類が似ている」ということである．たとえば，(17ia) は advice like that which you give me（あなたが私に与える助言に似たような助言），(17iib) は a new payroll tax of the kind the Minister proposes（大臣が提案する類の新しい給与税）と言い換えられる．(17ic) は法律文書によくあるタイプで，such ... as の意味は whatever（～ならどんなものでも）の意味に近い．(17id) も融合関係詞構文に似ているが，この場合は whatever roads existed ではなく what roads existed（既存の道路）の意味である．この表現では，道路の数が比較的に少なかったという含みがある．[8] しかし，関係詞と意味が似ているにもかかわらず，such は通常，same のように比較補部の代わりに関係詞節をとることがない．Such overseas interests that Australian companies do have are summarized in Appendix 5.（オーストラリアの会社が実際にもっているこのような対外利権は，付録5で要約されている）のような実例がみつかることもあるが，まれであり，また容認できるかどうかも疑わしい．

such + as には，その後に主要部の名詞が続かないものもある．

---

[8] このような「大したものでない」という解釈は，such as they are（こんなものだが）などのようなイディオム表現でもみられる．My opinions, such as they are, are my own.（私の意見は，このように大したものではありませんが，私自身の考えです）は，この意見にあまり価値や意義がないことを暗に伝えている．

第 5 章　非尺度的比較

(18) i. The concern they felt for me was such as I shall never forget ___.
（彼らが私に対して感じた懸念は，私が決して忘れることのないようなものだった）

ii. We are to admit no more causes of natural things than such as ___ are both true and sufficient to explain their appearances.
（自然界に存在するものの原因として，真の原因であり，かつその姿・形を説明するのに十分であるような原因だけを，我々は認めるべきである）

(18i) で，省略された目的語を復元するには，such 句だけをみていてはダメで，主語名詞句 (the concern they felt for me) を参照する必要がある．この点で，この例は普通の比較構文とは異なっている（ただし，第 2 章の (45) と比較すること）．また，この例は比較構文と，The concern they felt for me was such that I shall never forget it. のような結果を表す内容節構文とが混合したものかもしれない．(18ii) で，such は修飾要素と主要部が融合されたものである．

■ 句をともなう such as

such (...) as の最も一般的な用法では，as の後に単一の要素（通常は名詞句）が続く．

(19) i. What is one to make of such statements as this?
（このよう声明は，どのように理解すべきか）

ii. The choice depends on such factors as costs and projected life expectancy.
（どれを選ぶかは，費用や推定される余命のような要因による）

iii. Traditional sports such as tennis, cricket, and football led in popularity.
（人気では，テニスやクリケット，サッカーのような伝統的なスポーツがトップだった）

iv. It is no interference with sovereignty to point out defects where they exist, such as that a plan calls for factories without power to run them.
（欠陥がある場合にそれを指摘するのは，主権への干渉にならない．たとえば，ある計画が工場を必要としているが，工場を動かす電力がない，といった場合である）

大半の事例では，動詞を加えることができない（この点は，4.3 節の (28) の尺度的比較の such の例と異なる）．as の後に続く名詞句は，縮約節ではなく，直接的な補部と考えたほうがよい (2.2 節参照)．とくに such が主要部名詞の後に続く場合，(19iii) におけるように，類似の意味が弱まり，such as は単に例を導入するだけになる．[9]

5.4 different, other, else

■項比較：different+from

different の比較補部は，通常 from が主要部になる．上で論じた similar+to と同じく，以下の構文をとる．

(20) i. My brushes are different from those used by most watercolourists.　　　　　　　　　　　　　　　　　　　　　　　　［叙述用法］
（私の絵筆は，ほとんどの水彩画家が用いるものとは違う）

　　ii. They have an examination system not very different from ours.
　　　　　　　　　　　　　　　　　　　　　　　　　　　　　　　［後置用法］
（彼らには，我々とそんなに違わない試験制度がある）

　　iii. You're answering a different question from the one I asked.
　　　　　　　　　　　　　　　　　　　　　　　　　　　　　［限定修飾用法 I］
（あなたは，私が尋ねたものとは違う問いに答えている）

　　iv. Do Catholics have different attitudes from Anglicans?
　　　　　　　　　　　　　　　　　　　　　　　　　　　　　［限定修飾用法 II］
（カトリック教徒は，英国国教会の信徒とは違う態度をとっているだろうか）

タイプ I の限定修飾用法では，第一項が比較句 (a ... question ...) で表されるが，タイプ II の限定修飾用法では，比較句以外で表される．たとえば，(20iv) では主語で表されている．(20iv) の Anglicans を those of Anglicans で置き換えると，タイプ I の構文になるが，(20iv) の構文のほうが単純である．[10]

---

　[9] 存在構文で thing とともに such as が使われると，類似性ではなく同一性が問題になる．There's no such thing as a free lunch.（ただの昼食のようなものはない）は，「（文字通りに）無料の昼食というものは存在しない」ということである．

　[10] 似たような単純化は，叙述用法でもみられる．Public attitudes to historical material

■different+to と than

動詞 differ は from しかとらないが，形容詞 different は以下のように to や than もとる．

(21) i. This version is very different to the one we shall hear in the simulcast.
   （このバージョンは，同時放送で私たちが聞くものとは非常に異なっている）

ii. %Records provide a different sort of experience than live music.
   （レコードでは，生演奏とは違った類(たぐい)の経験ができる）

iii. %The focus of interpersonal relationships is different in marriage than in a pre-marital situation.
   （結婚すると，対人関係の焦点が結婚前とは異なる）

iv. %There was no evidence that anything was different than it had been.
   （何か以前とは変わっている，という証拠はなかった）

しかし，to や than は from よりも使われる頻度がはるかに低い．than は地域によって違いがある．イギリス英語ではほとんど使われないが，アメリカ英語では十分に確立されている．もっとも，アメリカであっても最も単純な叙述用法や後置用法ではあまり使われない（?My needs are different than yours.（私が必要なものはあなたが必要なものとは違う），?We expected a result rather different than this.（私たちはこれとはかなり違う結果を予想していた））．他の場合と同様に，than の後には，単一の要素（(21ii) では名詞句，(21iii) では前置詞句）が続いてもよいし，明らかに節を成す構文（(21iv)）が続いてもよい．from と to は通常，名詞句補部しかとらない．そのため，(21iii, iv) のような事例で，than を from にすると，名詞化をしてもっと長い表現にしなければならなくなる．たとえば融合関係詞を使って，(21iii) は different in marriage from what it is in a pre-martial situation となり，(21iv) は different from what it had been となる．[11]

---

were very different then from now.（歴史資料に対する一般市民の態度が，当時は今と違っていた）ここでは，第一項が主語ではなく then で表されている．from what they are now となっていれば，第一項は当然主語になる．

[11] different にどの前置詞を続けるべきか，は用法事典で多く論じられている．もっとも規範を重んじる用法事典は from だけが正しいと述べているが，ほとんどの用法事典では，この規則が一般に受け入れられている用法と明らかに食い違うことを認めている．アメリカの用法

■ differently

副詞 differently は,形容詞の different と同じ前置詞をとる.

(22) i. We need to remember that Israel treated sheep differently <u>from</u> us.
(私たちは,イスラエルが私たちとは違ったやり方で羊を扱ったことを覚えておく必要がある)

ii. %People often behave differently in a crowd <u>than</u> they would individually.
(人は,群衆の中では1人の場合とは違った振る舞いをすることがよくある)

(22i) では,第一項が主語の Israel で表されている.しかし (22ii) では,differently (違ったやり方で) で始まる比較句の中に,第一項が隠れている.つまり,群衆の中での行動の仕方と,1人でいるときの行動の仕方とが比較されている.

■ 集合比較

(23) i. The two versions of the incident are very different.
(その事件についての2つの説明は,非常に異なっている)

ii. They proposed three different ways of solving the problem.
(彼らは,この問題を解決する3つの異なった方法を提案した)

iii. Different people hold different views on this matter.
(この件について,違った人が違った見方をしている)

iv. The various candidates had reacted quite differently.
(さまざまな候補者が,かなり異なった反応を示した)

上で見た similar と同様に,different は叙述用法 ((23i)) やタイプⅠの限定修飾用法 ((23ii)) による集合比較で用いられる.タイプⅠの限定修飾用法では,(23iii) におけるように,different が何度も現れてもよい.このように繰り返

事典は,とくに後ろに節補部が続く場合に than を容認している.一方,イギリスの用法事典では,この問題に対する態度はさまざまである.(21iii, iv) のような事例では,than を使ったほうがより単純な形式で済む,という理由で(そして,different は no や much のような修飾要素をとるから,比較級に形が似ているという理由で),than を擁護しているものもある.しかし,ほとんどのものは different than を標準的なイギリス英語として認めていない.

すことで，それぞれの人がそれぞれの見方と結びつけられることになる．1人の人がさまざまな見解をもつという意味にはならない．(23iv) では，副詞 differently が集合比較で用いられている．

■ **修飾**

different は (similar と同様に) 段階性をもつ形容詞で，このクラスの形容詞が通常とる修飾要素をとる．たとえば very や尺度的比較 (His views were more different from mine than I'd expected. (彼の見解は，私が予想したよりも私の見解とは異なっていた) における more) のように．しかし，同時に非同等を表す尺度的比較でみられる修飾要素 (no, any, far, a great deal など) もとる (第4章の (29) を参照)．much もここに含めてよいが，ただし It isn't much different from the previous version. (それは前のものとあまり違っていない) のように非断定的文脈で使われるのが一般的である．

■ **other＋than**

other は項比較にしか現れない．比較補部には than が前置詞として現れる．[12] 形容詞であるから，other は叙述用法でも，後置用法でも用いられるし，タイプⅠの限定修飾用法でも用いられる．

(24) i. It turns out that the US policy is in fact other than he stated. ［叙述用法］
(アメリカの政策は，実際には彼が述べたものとは違うことが判明した)

ii. He has no income other than his pension. ［後置用法］
(彼は年金以外の収入がない)

iii. We must find some other means of restricting imports than tariffs. ［限定修飾用法Ⅰ］
(私たちは，関税以外で輸入を制限する手段をみつけなければならない)

叙述用法は比較的まれで，other の後ろに補部が必要になる．したがって，た

---

[12] 代わりに other が but と組み合わされることがある．I wouldn't want any other pet but a dog. (私は犬以外のペットはほしくない) のように．これは any pet but と any other pet than との混合である．この組み合わせは，other と except とが組み合わさったものとは異なる．たとえば，He has no other friends except you. では，あなたが彼の唯一の友達だと言っているわけではない．ここでの解釈は「彼にはあなたを除いて，この人たち以外の友達がいない」というものである．つまり，比較の other には省略されたもう1つの項があるのである．

とえば，*Our policy is other.（私たちの政策は違う）ということはできず，Our policy is different. としなければならない．(24i) のように，other が叙述用法で用いられる場合でしか，than は補部節をとることができない．後置用法では，*He has no income other than the government provides.（彼は政府が支給してくれる以外の収入がない）のように不可である．ただし He has no income other than that which the government provides.（彼は政府が支給してくれるもの以外の収入がない）とすれば，名詞句が than の直接補部になっているので適格になる．

後置用法に比べて，限定修飾用法が用いられることは，はるかに少ない．しかし統語的には，限定修飾用法のほうが明快である．というのも than 句が省略可能で，名詞句内で明らかに独立した依存要素だからである．other は，尺度的比較と等位接続することができる (My mother had the faculty of gazing beyond people into space inhabited by other and more exciting ones than those who were actually in the room.（母は，視線を部屋の中に実際いる目の前の人たちを素通りさせて，他のもっとわくわくさせる人たちがいる空間をじっとみつめることができた))．このことから，other が比較構文の中心的なタイプからかけ離れているわけではないことがわかる．また，やはり明快なのは，other が名詞の代用形になっている構文である．These wrongs are public in the sense that they involve others than the agent.（これらの不正は，職員以外の人もかかわっているという意味で，公のものだ）では，others が主要部（「他人」の意味）で than the agent が比較の補部である．

後置用法では，than を省略することができない (*He has no income other.)．このことから，other than を besides（〜に加えて），except（〜以外），apart from（〜に加えて）のような意味をもつ複合前置詞として再分析する道が開かれることになる．other than の後に名詞句が続かずに，全体で付加詞として機能している構文では，このような再分析が確かに適用されているようである．

(25) i. [Other than this very significant result,] most of the information now available about the radio emission of the planets is restricted to the intensity of radiation.
（この大変重要な結果以外では，その惑星の電波放出について，現在手に入る情報のほとんどは，放射の強度に限られている）

ii. Little has changed [other than that it is now a silent and deserted

place].
(今は静かでさびれた場所であるということ以外は，ほとんど変わっていない)

iii. For a long time we didn't talk [other than to confirm our common destination].
(長い間，私たちは共通の目的地を確認するため以外には，話をしなかった)

さらに，以下の構文でも other than が 1 つの構成素として機能しているようにみえる．

(26) i. Did he consider the possibility of recording other than popular music in this way?
(彼は，ポップミュージック以外をこのように録音する可能性を考えていたか)

ii. No one suggests these deals are other than legitimate commercial operations.
(誰も，この取引が正当な商業活動でないとは示唆していない)

iii. He is at pains to define his key terms other than anecdotally.
(彼は，個人的経験に基づいた説明に頼らないで重要な用語を定義するのに苦心している)

ここでも，other だけではこの位置に現れることができない．また，other を主要部としてみなすのがよいかも，疑わしい．下線部の要素が，(26i, ii) では名詞句，(26iii) では副詞句であり，それぞれ範疇が異なっているからである．むしろ，それぞれ music, operations, anecdotally が統語的主要部であり，other than はそれらを修飾しているだけ，と考えるほうがよさそうである．これは，4.5 節で議論した more than と less than の再分析された用法と似ている．

■ **else**

else は意味的に other と等価であるが，than 句か but 句を補部としてとる．また補部は省略できる．つまり，anyone else (than/but you)（あなた以外なら誰でも），nowhere else (than/but in France)（フランス以外のゼロの場所→フランスだけで）という形式になる．叙述用法でない other と同じく，else は than + 比較節をとることができない．つまり，*anything else than she gave you（彼

女があなたにあげた以外なら何でも）ではなく，anything else than what she gave you（彼女があなたにあげたもの以外なら何でも）としなければならない．else は，疑問詞（who/what/how else など），複合決定詞（everyone, anything など），決定詞と主要部が融合した much, little, all とのみ，生じる．

5.5　as
この節で扱う as の用法は，項の同等比較に当たる．前置詞 as が単独で生じて，same, such, so のような比較導入要素や先行する as は現れない．

(27)　i.　<u>As you know</u>, we face a difficult year.　　　　［比較の付加詞］
　　　　　（ご存じのように，私たちは困難な年に直面しています）
　　　 ii.　I did it <u>as I was told to do it</u>.　　　　　　　　　［様態］
　　　　　（私は言われたとおりに，それをやった）
　　　iii.　The universe today looks just <u>as it did millions of years ago</u>.
　　　　　　　　　　　　　　　　　　　　　　　　　　　　　［叙述補部］
　　　　　（今日の宇宙は，何百万年も前の宇宙と同じようにみえる）
　　　iv.　The plan <u>as currently conceived</u> is seriously flawed.
　　　　　　　　　　　　　　　　　　　　　　　　　　［名詞の依存要素］
　　　　　（現在考えられている計画には，著しい欠陥がある）

この as はそれ自体が比較導入要素であり，ゼロの比較補部（1.3 節参照）をとる．as は集合比較では生じず，常に項比較の第二項に当たる要素を従える．

主として as が節補部をとる構文に焦点を当て，(27) で例証される 4 つの範疇を順に考えていくことにする．原因を表す as (As it was raining they cancelled the match.（<u>雨が降っていたので</u>，彼らは試合を中止した））や時間を表す as (She fell as she was going downstairs.（彼女は，<u>階段を下りていた時</u>に転んだ））は，比較構文ではないのでここでは触れない．これらの as は内容節を補部としてとっているだけで，比較節を補部としている (27) の as とは異なる．

■ 比較の付加詞
(27ii-iv) で下線が引かれている付加詞や補部は，本質的に比較を表しているわけではない．as 句を，たとえば carefully（注意深く），remarkable（顕著である），in its present state（現状の）などによって置き換えても，機能は変わらない．しかし，(27i) の付加詞は本来的に比較を表しており，比較を表さない他

の表現で置き換えることはできない．(27i) の付加詞を比較の付加詞とよぶのは，まさにこの理由からである．さらに，次のような例もある．

(28) i. [As I have already observed ___,] no reason has yet been offered for this change.
（すでに述べたように，この変化の理由はまだ説明されていない）
 ii. The event was sponsored, [as ___ is the fashion these days,] by a brewery.
（このイベントは，最近の流行のように，ビール会社がスポンサーだった）
 iii. He didn't report the matter to the police [as you'd predicted ___].
（あなたが予想していたように，彼はその問題を警察に報告しなかった／彼は，あなたが予想していたようにその問題を警察に報告することはしなかった）

as の補部として機能する比較節は，構造的に不完全である．というのも，独立節であれば動詞がとっていたはずの節補部が，ないからである．この節補部は主節から復元できる．たとえば，(28i) では，「私がすでに述べたこと」が「この変化の理由がまだ説明されていない」ということである．同様に (28ii) では，「最近流行していること」が，「ビール会社が，似たイベントのスポンサーになっている」ということである．(28iii) は二通りにとれる．「あなたが予想したこと」は，「彼が警察にその問題を報告する」ということかもしれないし，「彼は警察にその問題を報告しない」ということかもしれない．

この種の付加詞は，it 分裂文で前景化することができない（*It's as you know that we face a difficult year.）．また，否定の作用域にも入らない．たとえば，(28iii) はどちらの解釈でも，従属節が否定語の作用域に入っていない．つまり，「彼が警察にその問題を報告した／しなかったことをあなたは予想しなかった」ということを伝えるのに用いることはできない．この種の付加詞は一般的には韻律上，主節から分離しており，補足的に用いられる．解釈に関して言えば，従属節が真か偽かは，問題にされていない．真であることは当然のこととされているか，あるいは前提とされている．[13]

---

[13] as I recall（あるいは as I remember）は，(28) の例とはいくぶん違った解釈をもつ（「私が覚えている限りでは」）．ここでは，従属節が真であるということが，当然とされていない．この as 句は，言質をとられないようにする表現で，断定を弱める働きをしている．そして，主節の情報が回想に基づいている，ということを示している．だから as far as I recall の意味

第 II 部　比較構文

この構文の比較節では，次のような動詞もよくみられる．

(29)　acknowledge　argue　claim　demonstrate　discover
　　　（認める）　　（論じる）　（主張する）　（示す）　　（発見する）
　　　expect　　　find　　hear　　insist　　　note
　　　（期待する）　（気づく）（聞く）　（主張する）　（述べる）
　　　promise　　remark　say　　show　　　suggest
　　　（約束する）　（述べる）（言う）　（示す）　　（ほのめかす）

これらは，補部として内容節をとる動詞である．また形容詞でも，aware のように同じパターンをとるものがある (as you will be aware（おわかりになるように))．省略されている補部は，受動文 (as is widely known（よく知られているように))なら，動詞の主語として理解される．また節主語をとる他の表現 (as happens frequently（よくあることですが))や動詞＋叙述補部 (as will be obvious（明白なように))でも同じことが言える．この構造は中心的な比較構文の構造と似ている．(28iii) を Not as many people came [as you'd predicted ___]．（あなたが予想していたほど多くの人は来なかった）と比較してみればわかるだろう．ただし違いもあって，この構文では他の多くの付加詞と同様に as 句が文頭，文末，文中 (We face, as you know, a difficult year.) といろいろな位置に生じることができる．これは，ここでの as がそれ自身，比較導入要素だからである．もし as が the same や such などの上位の導入要素によって選択されていれば，その導入要素の後に生じなければならなくなってしまう．

・関係詞構文との関係

比較の付加詞を含む構文は，補足関係詞節をともなう構文と非常に似ている．

(30)　i.　a.　He phoned home every day, [as he'd promised to do]．　　［比較］
　　　　　　　（彼は，約束どおりに毎日家に電話した）

と似ている．対照的に，as I well recall（私がよく覚えているように）は通常のパターンにしたがう．As I recall, no one had raised any objections to the proposal．（私が覚えている限りでは，誰もその提案には反対しなかった）と The Society to which I myself belonged in my own college at Oxford was, as I well recall, of this latter sort．（よく覚えているが，私がオックスフォードの大学で所属していた協会は後者の類のものだった）を比べてみれば，この違いがはっきりするだろう．

第 5 章　非尺度的比較　　　　　　　　　　　　　　　233

  b. He phoned home every day, <u>which he'd promised to do</u>.
                    ［関係詞］
   （彼は毎日家に電話した．<u>それは彼が約束したことだった</u>）
 ii. a. She has recovered quickly, [as <u>her doctor will confirm</u>]．［比較］
   （彼女は，<u>医者が認めるように</u>すぐに回復した）
  b. She has recovered quickly, <u>which confirms that it wasn't serious</u>.   ［関係詞］
   （彼女はすぐに回復した．<u>そのことが，彼女の病気が重くなかったことを裏付けている</u>）

　下線部は，比較節であれ関係詞節であれ，従属節を示し，(a) の例の角括弧は比較の付加詞をくくっている．(30ia) は，2 つの変項間の同等比較である．つまり「x (彼は毎日家に電話した) + 彼は y をすることを約束した + x = y」となる．(30ib) の関係詞節構文では，同じ変項が 2 回生じる．つまり「x (彼は毎日家に電話した) + 彼は x をすると約束した」ということである．結果的に，2 つの構文は同じことになる．これは，same + as が same + 関係詞節と等価になるのと同様である (5.1 節参照)．しかし，この 2 つの構文には語用論的，統語論的に違いがある．

　比較節が伝える情報は背景化されているが，関係詞節が表す情報は，主節の情報とは別のものとして提示されている．(30iia) では，which よりも as のほうがはるかに自然だが，(30iib) で as は不可能である．ここでの関係詞節は，主節を出発点として，主節と同じくらい重要な新情報を表している．

　統語的には，この比較節は中心的な比較構文の特徴を示す．

(31) i. He was a devout Catholic, [as were ＿＿ both his brothers].
   （彼は，兄弟 2 人ともがそうだったように敬虔なカトリック教徒だった）
 ii. They claimed it as a deductible expense, [as ＿＿ permitted under US tax law].
   （彼らは，アメリカの税法の下で許可されているとおり，それが控除可能な費用だと主張した）
 iii. Kim won convincingly, [as ＿＿ usual].
   （キムはいつものように，文句なしに勝った）
 iv. I've also felt at times like leaving my wife, [as she has ＿＿ me].
   （妻がそう感じることがあるように，私も時々妻と別れたいと感じることがある）

(31i) では主語が後置されているが，関係詞節ではこれが不可能である．つまり，which both his brothers were too とは言えても，*which were both his brothers too とは言えない．(31ii) では，受け身の助動詞 be が省略されているが，これも関係詞節では許されない．which is permitted はよいが，*which permitted は容認されない．(31iii) では，比較節が形容詞に縮約されている．which であれば，which is usual のように定形節にしなければならない．(31iv) では，has が残置されているが，省略された動詞の後に目的語が続いている．ここでも関係詞節の *which she has me は不可能である．

・**縮約は必ずしも義務的ではない**
この as 構文がより中心的なタイプの比較構文と異なるのは，従属節が必ずしも構造的に不完全になっていなくてもよい，ということである．たとえば，(31iv) の代わりに，as she has felt at times like leaving me としても容認可能で，この場合，何も省略されていない．中心的な比較節の縮約では，最低限，比較導入要素に対応するものが省略されていなければならない（2.1 節参照）．しかし，この構文では，as が導入している付加詞に対応する従属節は存在しない．

ただし，常に縮約はしてもしなくてもよい，と言っているわけでもない．(27i)，(28)，(31ii, iii) のような事例では，明らかに縮約をする必要がある．これらの事例では，省略されている補部を代名詞にすることができない（*as you know it, *as I have already observed it など）．変項 y が，動詞あるいは動詞＋叙述補部の補部として埋め込まれているのであって，as の補部全体になっているのではない．

・**新しい要素，あるいは対比を成す要素がなくてもよい**
この比較節は通常，主節の要素とは区別される要素を含んでいる．(27i) では，you know が従属節でのみ生じ，(31iv) では，対比を成す主語（she と I）や目的語（me と my wife）がある．しかし，同等を表す尺度的比較（She's as fit as she is because …）の場合と同様，従属節が新しい語彙要素や対比を成す語彙要素を含まなくてもよい．

(32) i. If the aim is to create disunity, [as it is ___,] we should reject his proposal.
(もしその狙いが不統一を創り出すことなら，そして実際そうなのだが，

私たちは彼の提案を拒絶すべきだ)

　　ii. She suggested he hadn't been honest with her, [as indeed he hadn't ___].
　　（彼は私に正直ではなかった，と彼女はほのめかした．実際，彼は正直ではなかった）

　　iii. The deadlock is a disappointment coming [as it does] after such a promising start.
　　（行き詰まりとは，順調なスタートの後に，このように失望がくることである）

なぜこれらの文が可能になるかといえば，比較節は命題が真であるということを**断定**しているだけだから，主語と助動詞さえあれば，十分なのである．だから，比較節は確かに新しい内容を導入しているが，何か新しい語彙的内容を導入しているのではない．(32i) では，the aim is to create disunity が if の補部であり，それゆえ主節では単に条件として考えられているだけであって，断定されてはいない．同様に，(32ii) では変項 x が suggested（ほのめかした）の補部で表されているから，x が真であることが論理的に含意されていない．(32iii) には非定形の coming があるが，これ自体では何かを断定していない．実際に，ここで coming を because it comes に置き換えることはできない．

・単一要素への縮約

比較節は，単一の要素に縮約することができる．

(33) i. In sport, [as in everything else], attitude is all important.
　　　（スポーツでは，他のすべてのことと同様に，心構えがきわめて重要である）

　　ii. We took the precaution, [as always], of having the paintings authenticated.
　　　（私たちはいつものように念のため，その絵画が本物であることを証明してもらった）

　　iii. These qualities are necessary today [as never before] if we are to march together to greater security, prosperity, and peace.
　　　（もし私たちがともにより一層の安全，繁栄，平和へと歩もうとするなら，今日，かつてなかったほどこれらの資質が必要だ）

下線部はそれぞれ，"As it is in everything else"，"as we always do/did"， "as they have never been before" だと理解される．この構文も中心的な比較構文 (Attitude is as all important in sport as in everything else.; These qualities are more necessary today than ever before.) に似ている．しかし，大きな違いが1つある．この構文では通常，節を主語や目的語の名詞句に縮約することができない．たとえば，(31i) から動詞を省略することはできない．*He was a devout Catholic, as both his brothers. は不可である．その場合，代わりに like を使えば，He was a devout Catholic, like both his brothers. のように容認される．

■ 様態
ここで，as 句は主節で様態の要素として機能し，比較節にはその要素と比較される様態の要素が隠れている．

(34) i. He uses statistics [as a drunk uses a lamppost ___], for support rather than illumination.
(酔っ払いが明りのためでなく，寄りかかるために街灯柱を使うように，彼は本質を照らし出すためではなく，自分の理論を支えてもらうために，統計学を用いる)

ii. The louvres are constructed [as ___ shown in the diagram].
(よろい窓は，略図で示されるように作られている)

iii. These people don't know how to go about complaining [as Europeans do].
(この人たちは，ヨーロッパ人がするような不平の言い方を知らない／この人たちは，ヨーロッパ人のように不平の言い方を知ってはいない)

それゆえ，(34i) は中心的な比較節と同様のやり方で分析してもよい．つまり，「彼は x のやり方で統計を用いる＋酔っ払いは y のやり方で街灯柱を用いる＋x＝y」となる．ここでもまた，関係詞節で同じことを表せる (He uses statistics in the way a drunk uses a lamppost.)．(34ii) は過去分詞構文の別の例で，受け身の助動詞 be が省略されている．省略されている主語は how louvres are constructed と解釈できる．

(34iii) にみられるように，様態タイプか比較の付加詞タイプかであいまいになることがある．様態の解釈は，ヨーロッパ人の不平の言い方を問題にしている．つまり，この人たちは，そのような不平の言い方を知らない，ということになる．比較の付加詞の解釈では，彼らが知らないことと，ヨーロッパ人が

第 5 章　非尺度的比較　　237

実際に知っていることとが，同等比較されている．as 句が how の前に置かれた場合（They don't know, as Europeans do, how to go about complaining.）は，比較の付加詞の解釈しかできない．

■ 叙述用法
ここでは，2 種類の状態が比較されている．

(35) 　i.　His behaviour was [as we'd expected it to be ＿＿].
　　　　　（彼の振る舞いは，私たちがそうなると予想していたものだった）
　　　ii.　Make sure you leave everything [as you find it ＿＿].
　　　　　（すべてが，最初のままになっているようにしてください）
　　　iii. The design of the building is [as ＿＿ shown ＿＿ in Figure 12].
　　　　　（その建物の設計図は，図 12 で示されるようなものだ）

これらには，これまでどおりの分析が適している．つまり「彼の振る舞いは x だった + 彼はそれを y だと予想した + x = y」というものである．ここで，変項は叙述補部である．(35ii) は，名詞 state を主要部にして leave everything in the state in which you find it という関係詞構文にしても，等価である．(35iii) は，また過去分詞の例である．as 句は叙述補部として機能している．(35i, iii) では主語補部であり，(35ii) では目的語補部である．(35i, ii) では，比較節で叙述補部が省略されている．(35iii) では主語が省略されており，主語は "the design of the building" と解釈される．さらに，ここでは叙述補部も省略されている（図 12 がその設計図を**どのように**示しているのか）と考えることができる．

■ 名詞や名詞句をともなう構文

(36) 　i.　This is a photograph of the church [as it was ＿＿ in 1900].
　　　　　（これは，1900 年当時の教会の写真だ）
　　　ii.　Computer technology may make the car, [as we know it ＿＿,] a Smithsonian antique.
　　　　　（コンピュータテクノロジーは，現在私たちが知っているような車をスミソニアン博物館の骨董品にしてしまうかも知れない）
　　　iii. No one thought that Margot, [as she was then known ＿＿,] would last the distance.

(マーゴット（当時はその名前で知られていたのだが）が最後までやり通すとは，誰も思わなかった)

(36i) の as 句は，church を主要部とする名詞の修飾要素である．一方，(36ii, iii) の as 句は，名詞句 the car と Margot の補足要素となっている．この構文は，これまで考察してきた他の構文と意味的にいくぶん異なっており，変項 x と y を使う分析にはなじまない．むしろこの as 句は，主要部の名詞や名詞句が表すものについて，そのある特性やある側面を指定する．(36i) では，その教会が1900年にどのような様子だったのか，(36ii) では，私たちがその車をどのように知っている（思い描いている）のか，(36iii) では，該当する人物が問題となっている時にどのように（どんな名前で）知られていたのか，ということである．

統語的には，as の補部はやはり比較節であり，そのため構造的にも独立節と比べて不完全である．これは，(36i) をみると最もはっきりする．(36i) を The church was in such-and-such a state in 1900. (この教会は1900年にしかじかの状態にあった) という独立節と比較してみればわかるだろう．同様に，(36ii, iii) の比較節を，それぞれ We know it in such-and-such a form. (私たちは，しかじかの形でそれを知っている) と She was then known as such-and-such. (彼女は，その時しかじかの名前で知られていた) と比べてみれば，これらの比較節に何が欠けているかがよくわかるだろう．

■ イディオム的用法

以下のような例は，あまり生産性がない．

(37) a. As it happens, I met her only yesterday.
(たまたま，私はつい昨日彼女にあったところだ)
b. Do as I say／as you like.
(私が言うとおりに／あなたの好きなようにしなさい)

it happens は，これだけで現れることができない．この点で構造的に不完全である．しかし，では省略されている要素が何かとなると，はっきりしない．ようするに，as it happens は固定表現なのである．また as things stand (現状では) や as it is (そのままでは) も類似した表現である．(37b) は，どちらも統語構造が例外的である．というのも，do は通常，名詞句の目的語をとるからである (Do this.; Do what I say.)．このパターンは他の他動詞では生じない

(*Take as you like.). 比較的最近, 使われるようになった, 似たようなイディオムに as is がある (All items are sold as is. (すべての商品が, 現状のままで売られている)).

■ **as if** と **as though**

as if 句と as though 句は, as 句と同じ範囲の機能をもつことができる. ただし, as if と as though が名詞の依存要素として機能することはない.

(38) i. He had scurried up the hatch <u>as if we were abandoning ship</u>.
    (彼は, まるで私たちが船を見捨てるかのように, ハッチを急いで上がっていった)
  ii. They were treated <u>as if they were Commonwealth citizens</u>.
    (彼らは, まるでイギリス連邦市民であるかのように扱われた)
  iii. There was a ragged edge to her voice now, <u>as if she'd been crying</u>.
    (まるでそれまでわんわん泣いていたかのように, 今や彼女の声はひどく動揺していてまともに聞きとれるものでなかった)
  iv. The effect is <u>as if he had materialised out of nowhere</u>.
    (彼がどこからともなく現れたかのような効果があった)

as if 句は, (38i) では様態の付加詞, (38ii) では様態の補部, (38iii) では比較の付加詞, (38iv) では叙述補部である.

・**複合前置詞としての as if と as though**

(38) の例では, as と if の間に語句を挿入して拡充することができる.

(39) i. He had scurried up the hatch as he would if we were abandoning ship.
  ii. They were treated as they would be if they were Commonwealth citizens.
  iii. There was a ragged edge to her voice, as there would have been if she'd been crying.
  iv. The effect is as it would have been if he had materialised out of nowhere.

このことから, (38) には何も特殊なことはなく, 下線部の句は単に as が主

要部でif句がその補部になっているだけだと思えるかもしれない．たとえば，(38iii)であれば，There was a ragged edge to her voice, as when she'd been crying. と同じことになるだろう．しかし，asとifは結合して1つの複合前置詞になっており，内容節を補部としてとっている，ということを示す強い統語的・意味的証拠がある．だから，(38)の例を(39)が縮約したものとは分析できない．

[専門的解説]
複合語分析を支持する証拠として，まず，(38)のas ifをas thoughに置き換えても意味は変わらないが，(39)のifをthoughで置き換えることはできないことがあげられる．

　つぎに，等位構造でifを繰り返すことができない．*They were treated as if they were Commonwealth citizens or if they had resided here for ten years or more. は不可である．

　三番目に，(39)のように拡充しようとしても，できないことが多い．

(40) i. Don't attack a mouth as if you're dipping a mop into a slop-bucket!
（スロップバケツにモップを浸けているように，口を攻撃しないで（＝乱暴にキスをしないで））
ii. It was highly imprudent of him to drink as if he were a youngster like ourselves.
（まるで私たちと同じ若者のようにお酒を飲むなんて，彼は非常に軽率だった）
iii. She acts as if she hates me.
（彼女は，私を憎んでいるかのように振る舞う）
iv. It seems/looks as if we've offended them.
（私たちは，彼らを怒らせたようだ）
v. Max seems/looks as if he's in difficulties.
（マックスは，困っているようだ）
vi. As if this news wasn't bad enough, I found that the printer wasn't working either.
（まるでこの知らせだけでは，悪いことの打ち止めには足りないかのように，さらにこのプリンターが動かないこともわかった）

第 5 章　非尺度的比較

　(40i) は，二通りの口の攻撃方法ではなく，乱暴にキスをする方法とモップをスロップバケツに浸ける方法とを同等比較している（実際には「同等」でなく「類似」）. (40ii) は，「彼が実際にお酒をどのように飲んだか」ということと，「彼が若者だと仮定した場合のお酒の飲み方」とを比較しているのではない．「彼が実際にお酒をどのように飲んだか」ということと，「仮に彼が若者だったらこのように飲むのが適切で妥当だろうというお酒の飲み方」とを比較している. (40iii) は仮定法過去の hated であれば，She acts as she would act if she hated me. と拡充できるが，現在時制の hates のままであれば拡充することはできない.

　(40i, ii) では，as と結びついている比較の概念がまだはっきりしているが，(40iii) では弱まっている. (40iii) は，彼女の振る舞い方から，彼女が私を憎んでいるということが示唆される，ということである．このように，比較から「内容節が真かどうか」という問題へと移っているが，これがさらに進んだのが (40iv) である. seem をともなった場合，as if を that で置き換えても，ほとんど意味が変わらない．この構文で，as if は動詞が表す「～のようだ」の意味を強調するか，またはその意味と調和する．したがって，大ざっぱに言って，「様子から判断して，私たちは彼らを怒らせた可能性が高い」という意味である.

　seem/look と意味が似ている他の動詞も，同じようにこの形式の補部をとる（appear（みえる），feel（感じられる），sound（聞こえる），taste（味がする）のことで，be もここに含まれる).[14] (40iv) の非人称構文に加えて，(40v) のように通常の主語でも，この構文は可能である.

　最後に，(40vi) は as if/though の特別な用法である．すでに何かが起こっているところに，さらにまた同じようなことが起こった，という意味を表す．この「何か」は通常，悪いことで，この例では悪い知らせが相次いでいる．この用法で，as if は常に否定の補部をとり，ここでもまた，比較というよりは，内容節をどのように捉えているか，が問題になっている．この構文は，内容節を，単に「可能性が高い」ではなく，真として示している．すなわち，この知らせは十分に悪い（いわば，私の運気を悪くしている存在を満足させるくらい

---

[14] be が否定されていると，実際には内容節が偽であることを含意する．It's not as if he wasn't trying.（彼は努力しなかったわけではない）は，彼が努力していたことを含意する．つまり，この構文は，否定されなければこれこれであろうと推論されている命題を，否定するのに用いられるのである（ひょっとしたら，彼は予想されたほどうまくできなかったのかもしれない).

に悪い，これ以上，私に悪いことを起こす必要がなくなるほど悪い）のではなかった，ということである．

・**as if/though 句だけで単独節になる場合**

as if/though 句は，これだけで感嘆節になることがある．

(41) i. As if I didn't have enough on my plate as it was!
（まるで私のお皿に十分なかったかのようだ！）
ii. As if I would try to cheat you!
（私があなたをだまそうとしているなんて！）

最初の例は，(40vi) が構造的に不完全になった形である．自分のお皿に他に何があったのかは表されておらず，文脈から復元できる．(41ii) では内容節を偽として提示している．私があなたをだまそうとしているとほのめかされ，それを怒って拒絶しているのである．

・**仮定法**

as if/though 構文は，仮定法過去形の動詞をとる．主節が現在時制の場合，仮定法過去か，それとも現在時制か，で内容節に相違がある．

(42) He moves about on camera, angular, emaciated, graceful, as if his body were/is weightless.
（彼はやせこけ，やつれ，かつ優美に，撮影中動き回る．まるで体重がないかのようだ）

仮定法過去の were が用いられるのは，彼の体重が実際にゼロであるわけではないからである．つまり，内容節が事実に反することを表している．対照的に，is の場合，彼の体に重さがないということを，真か偽かを問題にせずに提示しており，それゆえ「彼は重さがないようにみえる」ということになる．また，She acts as if she hated me. と She acts as if she hates me.（= (40iii)）を比べてみよう．後者は彼女の行動からすると，彼女が実際に私を憎んでいる，あるいはその可能性が十分にあるということを伝えている．一方，仮定法過去の hated は，彼女が私を憎んでいることを，より可能性が低いものとして提示している（ただし，事実に反するものとして提示しているのではない）．

少しわかりにくいのが，主節が過去時制の場合である．

(43) i. He was treated as if he were a Commonwealth citizen.
  （彼は，まるで連邦市民であるかのように扱われた）
 ii. As the trooper left the room, the gambler turned to the army girl with an odd expression, as though he were remembering painful things.
  （警察官が部屋を出て行ったとき，その賭博師は奇妙な表情で女性兵士のほうを振り返った．つらいことを思い出しているかのようだった）

(43i) の自然な解釈は「彼は連邦市民ではないのに，そのように扱われた」というものである．しかし，(43ii) は「彼が辛いことを思い出していなかった」ということは含意していない．それどころか，(43ii) は「彼はそのことを思い出していた」あるいは「思い出しているようにみえた」ことを示唆する．(43i) は as if he had been a Commonwealth citizen としてもよい．完了形は時制の一致のため，時制が過去の方向へ1つ繰り上がることを示し，過去形は可能性の低さを示している．しかし，このような文脈では，as if/though の後ろを仮定法過去完了にするより，単に仮定法過去にするほうがはるかに普通である．

(43ii) では仮定法過去（were）が用いられているが，意味論的に動機づけられているようには思えない．確かに，この文脈で was にしてしまうと，それを仮定法とみなす理由がなくなってしまう．それゆえ，この were は，仮定法過去の「拡張的」用法と結びついているとみなすのが最もよいだろう．その用法の場合もそうだが，この were には，過剰修正の気配が感じられる．was は (43i) のような可能性の低い構文で用いられる were のくだけた形である．そのため，伝統的に was を使うのがよくないとされる，似たような構文では，were のほうが was よりも文体的に好ましいと感じる話者もいる．[15]

・不定詞補部と動詞のない補部をともなった as if/though

さらに as if/though と if が異なっている点として，as if/though は主語のない不定詞や動詞のない節を補部としてとることができる，ということがあげら

---

[15] 主節が現在時制の構文でも，この仮定法の were を拡張した用法がみられることがある．It sounds from the guide book as if Verona were worth a visit.（ガイドブックを読むと，ヴェローナは行ってみる価値があるように思える）．ここでは過剰修正の色合いがより強い．この例は (40iv) の as if の用法に属する．この用法は，内容節が真である可能性が比較的高いことを示すので，仮定法は意味的にふさわしくない．

れる．

(44) i. He examined the notes thoroughly, as if to see if they were real.
（彼は，そのメモが本物であるか確かめるように，徹底的に調べた）

ii. She combed her hair back with her fingers as if to see better.
（彼女は，視界をはっきりさせようとしているかのように，手櫛で髪をかきあげた）

iii. Unruly hair goes straight up from his forehead, standing so high that the top falls gently over, as if to show that it really is hair and not bristle.
（ぼさぼさの髪が彼の額から真っ直ぐ上に上がり，とても高く立っているので毛先がなだらかに下がっている．それが本当に髪の毛であって，ブラシの毛ではないことを示すかのように）

iv. He rose up as if weightless.
（彼は，体重がないかのように，ふわっと立ち上がった）

不定詞節が続く場合は，目的や意図があるものと解釈される．主節の主語は普通，人間の動作主である．(44iii)のような例外は，擬人化であり，髪が目的をもって行動しているものとして考えられている．ここでの as if/though は，(40iii)の as if と非常に似ている．つまり，「彼がメモを徹底的に調べたこと（あるいは彼のそのやり方）から，彼はそのメモが本物であるかどうかを確かめようとしていたのだ，と思える」ということである．(44iv) では，主語＋be が省略され，動詞のない補部になっている．

・尺度的比較における as if/though

これまでは，非尺度的比較について考察してきた（もっとも一部の例では，比較の意味がほとんどなくなっていたが）．最後に，以下のような尺度的比較の例を考えてみよう．

(45) i. Our aim is to be as competitive as if we had rivals breathing down our necks.
（私たちの目的は，あたかも競争相手が私たちの後にぴったりくっついているかのように，何が何でも勝とうという気持ちになってやることだ）

ii. The part of her that was in control was as calm as though she were just shedding an outer garment during a photo session.

（彼女の心の中にいるしっかりとした彼女は，まるで単に写真撮影中に上着を脱ぎ去っているだけのように，落ち着いていた）

(45i) では，二番目の as が比較句の主要部で，if 句がその補部である．この場合，as if は複合前置詞ではない．にもかかわらず，(45ii) のように，if の代わりに though をともなう例がみつかることもある．しかし，その容認性は疑わしい．おそらく，as と if/though が複合前置詞を形成する構文（上述の非尺度的比較の例）と，尺度的同等比較を示す as の補部の主要部に if が現れている構文とが，混合したものとして扱うのが最もよいだろう．

5.6　like

like は，広範囲の構文において比較の意味を表す．まず 5.6.1 節で，like が補部に名詞句をとる構文をみる．つぎに，5.6.2 節で定形節の節補部をとる like の用法をみてから，5.6.3 節で，さまざまな他の構文をかいつまんで概観する．

5.6.1　like＋名詞句補部

補部に名詞句が生じる場合，非尺度的な同等の項比較では，as ではなく like が用いられる．

(46) i. a. Jill is like her mother.
　　　　　（ジルは，彼女の母に似ている）
　　　b. *Jill is as her mother.
　　ii. a. Like you, I welcome this decision.
　　　　　（あなたと同じく，私はこの決定を歓迎する）
　　　b. *As you, I welcome this decision.
　　iii. a. Jill was talking like a lawyer.
　　　　　（ジルは，法律家のように話していた）
　　　b. Jill was talking as a lawyer.
　　　　　（ジルは，法律家として話していた）

(46ib) と (46iib) は非文法的である．一方，(46iiib) は比較構文ではなく，比較構文の (46iiia) とは意味が完全に異なる．(46iiia) はジルの話し方について，ジルと法律家とを同等比較している（つまり「似ている」）のに対して，(46iiib) はジルが法律家という資格で話していた，という意味である．ここで

as は叙述補部をとり，ジルは法律家だったと推測される．一方，(46iiia) では，ジルは法律家だったかもしれないし，そうではなかったかもしれない．

　名詞句を補部としてとる like 句は，節の中で，叙述補部か，様態の補部か，付加詞として機能する．また名詞の依存要素，あるいは名詞句の補足要素としても機能する．

(a) 叙述補部としての like 句

(47) i. Max is just like his father. It seemed like a good idea at the time. It feels like silk. The wine tasted like vinegar.
　　　（マックスは彼の父にそっくりだ．あの時はよい考えのように思えた．それはシルクのような手触りだ．このワインは酢のような味がした）

ii. It is just like Max to be late.
　　（遅刻するなんて，マックスらしい）

iii. The effect was to make him even more like his father.
　　（結果として，彼は彼の父にさらにそっくりになった）

iv. I don't want Sally to see me like this. It would be better like this.
　　（サリーに，こんなところをみられたくない．こんな風だともっとよいのに）

like 句は普通，be や他の複合自動詞（とくに外見を表す動詞 seem と appear, 知覚動詞 feel, look, sound, taste）の補部になる．[16] Max is like his father. は第一項の Max と第二項の his father とを同等比較しており，「同等である」すなわち「似ている」と解釈される．どのような点において似ているかは，in his attitude to work（彼の仕事に対する態度において）のような修飾要素を付けて指定できる．

　(47ii) は like の特殊な用法で，「～らしい」という意味を表す．(47iii) で，like 句は目的語叙述補部である．この構文は，よくみられるわけではない．というのも，叙述補部をとる他動詞が like 句をそのような補部としてとること

---

[16] I feel like an intruder.（私は邪魔者のように感じる）はこの構文に属するが，I feel like a drink.（私は1杯飲みたい）はそうではない．ここでは feel like は，おおよそ「欲しい (want)」という意味のイディオムで，前置詞句をとる動詞の feel に，非叙述補部の like a drink が続いている．That looks like Kim over there.（向こうにいるのはキムのようだ）は，比較の「似ている」という意味ではなく，「たぶん～／～のように思える」を意味する．

は，ほとんどないからである（?I thought him like his father., *This got him like a raving lunatic. など）．(47iv) の like this は，叙述の付加詞である．

(b) 様態の補部

(48) i. Liz is behaving like a prima donna.
　　　　（リズは，プリマドンナのように振る舞っている）
　　ii. Jill treated Max like the others.
　　　　（ジルは，他の人がマックスを扱うのと同じように，マックスを扱った／ジルは，マックスを他の人と区別せず扱った）
　　iii. You shouldn't treat her like that.
　　　　（あなたは，そんな風に彼女を扱うべきではない）

二，三の動詞（behave や treat）は様態を表す句を補部にとるが，そのような動詞なら，like 句を様態句としてとれる．(48i) は，リズの振る舞い方に関して，リズとプリマドンナが似ていることを表している．(48ii) はあいまいで，比較の第一項がジルにもマックスにもなる．つまり，「ジルは，他の人がマックスを扱うのと同じやり方で，マックスを扱った」とも「ジルは，ジルが他の人を扱うのと同じやり方で，マックスを扱った」とも解釈できるのである．この二義性は，Sue phoned Angela more often than Liz.（スーはリズがアンジェラに電話するよりももっと頻繁に，アンジェラに電話した／スーは（スーが）リズに電話するよりももっと頻繁に，アンジェラに電話した）のような尺度的比較でみられる二義性に似ている．ただし，like の補部を縮約節として分析することはありえない．最後に，(48iii) は「「変項」対「定項」の比較」（I stayed longer than six weeks.）とよんできたものの例である．(48iii) の意味は「あなたは x のやり方で彼女を扱うべきではない＋x＝that」というもので，比較構文でない You shouldn't treat her that way.（あなたはそんなふうに彼女を扱うべきでない）と等価である．

(c) 非叙述的付加詞（non-predicative adjunct）

like 句は，非叙述的付加詞として非常によく用いられる．この場合，like 句はかなり広範囲な解釈をもつ．3つの事例を考えてみよう．ただし，2つ目と3つ目の区別は決してはっきりしたものではない．

(49) i. Like his brother, Max is a keen gardener. ［叙述の類似］

　　　　　（マックスは，彼の兄と同様に，熱心に庭の手入れをする）
　　ii.　Max talks like his brother.　　　　　　　　　　　［様態の類似］
　　　　　（マックスは，彼の兄のように話す）
　　iii.　Like a fool, Max believed everything they told him.
　　　　　　　　　　　　　　　　　　　　　　　　　　　　［上記以外の類似］
　　　　　（ばかみたいに，マックスは彼らが言ったことのすべてを信じた）

・叙述の類似

　(49i) で，マックスと彼の兄が似ているのは，両者とも熱心に庭の手入れをするということである．このタイプでは，第二項にもあてはまることが第一項について述べられている．第一項はほとんどの場合，節の主語によって表される．それゆえ，これを「叙述の類似」とよぶ．同じ叙述が両方の項に適用されるからである．我々は，比較における 2 つの項に「第一・第二」という区別をしているが，この区別がここでは 2 つの命題の性質における差になって表れている．「マックスが熱心に庭の手入れをする」という命題は主要な情報として述べられており，その一方，「彼の兄が，熱心に庭の手入れをする」という命題は背景化され，前提とされた情報であり，当然のこととされている．

　このタイプは，否定に関して他の 2 つのタイプと異なり，like が否定の接頭辞 un- をとることができる．たとえば，以下を比較してみよう．

　(50)　i.　Unlike his brother, Max is a keen gardener.
　　　　　　（マックスは，彼の兄と違って，熱心に庭の手入れをする）
　　　　ii.　*Max talks unlike his brother.

　(50ii) は「マックスは，彼の兄とは違った話し方で話す」という意味では許容されない．もっとも，talks の後ろにコンマがあれば容認されるだろう．しかし，その場合，(49ii) に対応するものではなく，Max talks, like his brother.（マックスは話す．彼の兄と同じようにね）に対応するものである．これは叙述が類似しているのであって，様態が類似しているのではない．(50i) では，否定が節より小さいレベルにかかっており，unlike は 2 つ目の命題を否定している．したがって，この意味は「マックスは，熱心に庭の手入れをする．しかし，彼の兄はそうではない」となる．節レベルで否定がかかると，以下のようになる（より自然になるように，命題の内容を変えている）．

　(51)　i.　Like his brother, Max had not received a distribution from the family trust.

（マックスは，彼の兄と同様，家族信託の分配金を受け取らなかった）

ii. Max had not, like his brother, received a distribution from the family trust.

（マックスは，彼の兄と同様，家族信託の分配金を受け取らなかった／マックスは，彼の兄のように家族信託の分配金を受け取ることはしなかった）

iii. Max had not been to university like his brother.

（マックスは彼の兄と同様，大学に行ったことがなかった／マックスは，彼の兄のように大学に行ったことがあるわけではなかった）

(51i) では，like が否定の作用域に入らない．したがって，マックスと彼の兄は，2人とも家族信託の分配金を受け取らなかったという点で似ている．(51ii) は二通りに解釈できる．like が否定の作用域に入らずに (51i) と同じ意味を表すか，あるいは like が否定の作用域に入り，マックスと彼の兄は似ていないという意味になるか，である．後者の解釈では，マックスの兄は分配金を受け取ったが，マックス自身は受け取らなかったことになる．韻律を考慮しなければ，同じ二通りの解釈が (51iii) でも成り立つ．この文が単一の音調句として読まれると，like 句は否定の作用域に入る（彼の兄は大学に行ったことがあったが，マックスはなかった）．しかし，like his brother が別の音調句として読まれると，通常，否定の作用域に入らない（両者とも大学に行ったことがなかった）．

[専門的解説]
like が人称代名詞を補部としてとる場合，通常は対格になる．like 句が主語より前に現れるか，または動詞句の後に現れる場合は，対格にしかしようがない．しかし，like 句が主語と動詞の間に現れる場合は，主格の形も時折みつかる．

(52) i. Like us/*we, Max is a keen gardener.

（私たち同様，マックスは熱心に庭の手入れをする）

ii. The Russians, like us/%we, have an obvious interest in avoiding war.

（ロシア人は，私たち同様，戦争を避けることに明らかに関心をもっている）

主格の形から，代名詞が主語として解釈されていることがわかる．しかし，

> the Russians と等位接続されているわけではないし，この位置で拡充して定形節にすることもできない．それゆえ，おそらくこれは過剰修正とみなすのが最もよいだろう．

非常に多くの場合，比較の第一項は節の主語である（(52i) では Max, (52ii) では the Russians). このパターンから逸脱しているものが以下である．

(53) i. Like any stray, his response to these comforts was instantaneous.
（どんな迷子でもそうなるように，彼はこれらの心地よいものにすぐに反応した）

ii. Like Moscow, the main streets in Leningrad are wide and tree-lined.
（モスクワ同様，レニングラードの大通りは，道幅が広く並木道である）

iii. Like certain expensive restaurants, just sitting there gave you the illusion of being wealthy yourself.
（高価なレストランの場合にそうなるように，そこに座るだけで自分がお金持ちだという気にさせてしまうようなところだった）

iv. Like so many great successes, the ideas are surprisingly simple.
（非常に多くの成功がそうであるように，その着想は驚くほど単純だ）

(53i) で，第一項は代名詞 his である．これは主語名詞句内の決定詞であり，節の主語ではない．(53ii) では，第一項は主語名詞句内の in の補部であり，(53iii) では，主語の節の内部についている，場所の付加詞 there である．(53iv) では，第一項は表されていないが，「着想が驚くほど単純な仕事か何か」と理解される．このような例は，文体のマニュアルではひどく非難されており，慎重に書かないといけない場合には，一般的には避けられるものである．その場合は，節を組み立てなおし，第一項を主語 (he responded ...) で表したり，as+前置詞句 (as with so many great successes, ...) をともなった構文を使ったりする．

・様態の類似

(54) i. These birds walk like human beings.
（これらの鳥は，人間のように歩く）

ii. These birds don't walk like human beings.

(これらの鳥は，人間のようには歩かない)

(54i) は「これらの鳥は，人間と同じ方法／様態で歩く」と解釈される．それゆえ，「様態の類似」とよぶ．(54ii) では，like 句が否定の作用域に入っている．つまり「これらの鳥は，人間と同じ方法／様態では歩かない」となり，「これらの鳥は実際に歩くが，人間と違った方法で歩く」を含意する．様態の補部と同様に，like の後にくる名詞句が，それだけで様態を表すこともある．したがって，You should do it like this. (それはこのようにしたほうがよい) では，それの望ましいやり方と this が，比較されている．

また，比較の第一項は常に主語で表されるわけではない．

(55) i. He loved her like a sister.
(彼は，彼女を妹のように愛した)
ii. Bergs will simply rip through sea ice like tissue-paper if the overall current is at variance to the top few metres of the water-mass.
(氷山は，海流全体が海表面数メートルの水塊の流れと一致しなければ，海氷をティッシュペーパーのように引き裂く)

・やや抽象的な類似

(56) i. The girls shrieked their applause like a mob of cockatoos.
(その女の子たちは，インコの群れのようにキャーキャーと歓声をあげた)
ii. The afternoon sun shone through her chestnut hair like a fiery halo.
(午後の日差しが，燃えたつ後光のように，彼女の栗毛色の髪を輝かせた)
iii. He just slid his hand slowly out again like a snake.
(彼は，蛇のように，再び手をゆっくり，そっと出した)
iv. I followed his instructions, like a coward.
(私は，臆病者のように，彼の指示にしたがった)

(56i-iii) の例は (54i) といくぶん似ている．しかし，比較されているのはインコの群れの歓声のあげ方でもなければ，燃えあがる後光が彼女の髪を輝かせる様態でもなく，彼が蛇をゆっくりと引っ張り出す様態でもない．単に，女の子たちがキャーキャーと歓声をあげた時にインコの群れと似ていたのである．彼女の背後から午後の日差しが差し込んで，彼女の髪を輝かせた．それを彼女

に向き合って正面からみると，燃えたつような後光に似ていたのである．彼が手を再びゆっくりと出した時，蛇に似ていたのである．(56iv) の like a coward はいくぶん違っている．これは視覚的に似ていたのではなく，彼の指示にしたがうことが臆病者に似ていたのである．

(d)　名詞の修飾要素か名詞句の補足要素

(57) i. She gave an <u>account of their meeting</u> <u>very like the one published in the press</u>.
（彼女は，まさに新聞に載るような，会議の報告を提出した）
ii. I don't think there'll ever be another <u>rider</u> <u>like him</u>.
（<u>彼のようなライダー</u>が，また現れることはないだろう）
iii. Tossing around <u>terms</u> <u>like 'new right'</u> benefits no one but the left.
（<u>「新右翼」のような言葉</u>を振りかざすのは，左翼以外誰のためにもならない）
iv. I hope that wearing a <u>dress</u> <u>like this</u> will give me confidence.
（このような服を着ることで自信が出てくるといいなあ）
v. There were others who ingested <u>strange objects, like live fish</u>.
（生きた魚のような，変なものを食べていた他の人たちがいた）
vi. ?She had an <u>accent</u> <u>like a Dutch kid I used to know</u>.
（彼女は，私がかつて知っていたオランダ人の子供のような発音の仕方をしていた）

(57i) の like 句は，関係詞節 which was very like the one published in the press に拡充できる．これは明快に，類似性を問題にしている．(57ii) も同じように拡充できるが，やや不自然になる．この解釈は as good as him のような尺度的比較の解釈（彼と同じくらい上手）に似ている．(57iii) の like は such as と等価で，new right が問題になっている言葉の例である．より規範を重んじる文体のマニュアルの中にはこの用法を非難するものもあるが，そのように非難することに経験的な根拠はない．この用法は非常によくみられ，くだけた文体に限られるものではない．like は私たちが同等比較とよんでいるもので，「似ている」が「〜の一例」や「〜と同じ」になってはいけないという理由はない．たとえば，(57iv) では，this がまさにこれから着られる服である可能性が高い．この文脈では，a dress like this （このようなドレス）は this dress （このドレス）と異なり，服の**種類**を問題にしている．(57i-iv) のすべて

において，like 句は 1 つの修飾要素として名詞句の構造に組み込まれている．対照的に，(57v) では like 句が補足要素である．最後に，(57vi) は実例であるが，その容認性は疑わしい．ここでは，私がかつて知っていたオランダ人の子供と発音の仕方を比較しているのではなく，オランダ人の子供と she の指示対象を比較しているのである．She had an accent like that of a Dutch kid I used to know.（彼女は，私がかつて知っていたオランダ人の子供の発音のような発音をした）とすれば，彼女の発音の仕方と子供の発音の仕方を比較することになり，このような食い違いがなくなる．そのように書き換えなければ，(57vi) は，文体的には (53) の例と似ている．

5.6.2　like＋定形節

like は補部に比較節をとってもよいし，内容節をとってもよい．

(58)　比較節
　i.　He wanted to see if she was really like [she always seemed to be ___ in his dreams].
　　（彼は，彼女が本当にいつも夢でみているような人かどうか知りたかった）
　ii.　You talk like [my mother talks ___].
　　（あなたは，私の母が話すように話す）
　iii.　You didn't look both ways before crossing the road like [you promised ___].
　　（あなたは，約束したように道路を渡る前に左右をみることをしなかった）
　iv.　She was pushing a pram, a high-riding one with large wheels like [you see ___ in English movies].
　　（彼女は乳母車を押していた．イギリス映画でみられるような，大きな車輪のついた，座面が高い乳母車である）

(59)　内容節
　i.　It looked like [the scheme would founder before it was properly started].
　　（その構想は，きちんと始められる前に失敗するようにみえた）
　ii.　You look like [you need a drink].
　　（あなたは，一杯必要なようにみえる）
　iii.　She clasped it in her hand like [it was a precious stone].
　　（彼女は，それをまるで宝石であるかのように手の中に握っていた）

iv. It was like [I had lost something valuable in a vault full of my own money].
(それは，自分のお金がいっぱい入った金庫室で貴重なものをなくしたようなものだった)

(58) で，like は as ((58iv) では such as) と同じ意味を表しており，角括弧の節は構造的に不完全である (5.5 節で論じた，as の補部と同じ意味で不完全である)．省略されている要素は，(58i) では叙述補部，(58ii) では様態の付加詞，(58iii) では補部，(58iv) では目的語である．たとえば，(58iv) を You see high-riding prams with large wheels in English movies. のように空所のない形にしてみると，このことがよくわかるだろう．(59) では，like が as if/though と似た意味を表しており，その補部は構造的に完全である．

規範的には，これらの構文を誤用だとする根強い伝統がある．like は名詞句補部をとるのであって，定形節をとることはできない (つまり，伝統的な分析で言い換えると，like は「前置詞」であって「接続詞」ではない) というのである．確かに，この規則にしたがい，(58)，(59) のような例で like を避け，as や as if/though を使う話者もいる．しかし，このような話者は非常に少数派である．実際には，どちらの構文も一般的に用いられている．ただし，この傾向はイギリス英語よりアメリカ英語のほうがいくぶん強い．イギリス英語では，これらの構文はくだけた文体に限られている．アメリカ英語でもくだけた文体でよくみられるが，くだけた文体に限られているわけではない．これは以下の例からも明らかである．

(60) There is nothing to suggest that the brain can alter past impressions to fit into an original, realistic and unbroken continuity like [we experience ___ in dreams].
(脳が，これまでの印象を変えて，私たちが夢で経験するような，初めて体験する，いかにも現実のような，切れ目のない連続体に適合するようにさせることができる，ということを示唆するものは何もない)

5.6.3 他の構文
(a) 前置詞句補部をともなう場合

(61) The shops stay open all night, just like [in the States].
(これらの店は一晩中開いている．ちょうどアメリカのように)

ここでもまた，like は as と同じ意味を表している．ただし形式ばった文体では，as のほうが一般的に好まれる（より規範を重んじる人たちは，as でなければいけない，と言う）．この構文は，than や as の後に前置詞句がくる構文 (They aren't as good as in the States（それらはアメリカほどよくはない））と同じである．like の補部は，縮約節として分析すべきかもしれない（2.2 節参照）．また They're going to Bournemouth like last year.（彼らは，昨年と同じくボーンマスに行くつもりだ）のような例も，ここに含めるほうがよいのかもしれない．last year は名詞句ではあるが，付加詞として機能する．そのため，この例は They are going to Bournemouth like they did last year.（彼らは，昨年したのと同じように，ボーンマスに行くつもりだ）と同じくらい容認可能である．

(b) 名詞句＋前置詞句

like の後には，（決定詞）＋名詞＋前置詞句の連鎖が続くことがよくある．この前置詞句は，名詞句を後ろから修飾している修飾要素（この場合は，この連鎖全体が1つの名詞句を成すことになる）なのか，別の要素（この場合は，この連鎖が動詞をもたない節を成すことになる）なのか，はっきりしない．以下の例の角括弧でくくられた語の連鎖を比較してみよう．

(62) i. He looks like [a guy in my tutorial].　　　　　　　［1つの名詞句］
（彼は，私の個別指導をしてくれている人に似ている）
ii. She took to it like [a duck to water].　　　　　　　［名詞句＋前置詞句］
（彼女は，カモが水を好むようにそれに慣れた→ごく自然にそれに慣れた）
iii. At every problem he goes running to the sergeant like [a child to its mother].
（問題が起こるたびに，彼は，子供が母のところに行くように，軍曹のところへ走って行く）
iv. Hate rose in him like [mercury in a thermometer].
（温度計の中の水銀のように，彼の中に憎しみがこみ上げた）
v. There were countless boats bobbing up and down like [corks in a bathtub].
（浴槽に浮かぶコルク栓のように，無数のボートが浮き沈みしていた）

名詞句＋前置詞句には，(62i) のような構造と (62ii) のような構造との，2つの可能性がある．(62i) では，in my tutorial が guy の修飾要素であるが，(62ii) の to water は duck の依存要素にはなりえない．これは，*She saw a duck to water. のような文が非文法的であることから明らかである. like a duck to water はよくある表現だが, 同じ構造が (62iii) でも適用されなければならない. 依存要素として to をとることのできる名詞は限られており, child はそのような名詞ではないからである. (62ii) と (62iii) は完全に文法的で, 規範的な立場から非難されることはない. ここで like を as で置き換えると, おかしくなる. ひょっとしたら容認性が疑わしいかもしれない. (62iv, v) や多くの似た例は, (62i) のようにも (62ii, iii) のようにも解釈することができる. in 句が mercury や corks の修飾要素であってまずいことはないが, 名詞句＋前置詞句と分析してまずい理由もない. その場合は,「温度計の中で水銀が上昇するように ("as mercury rises in a thermometer")」や「コルク栓が浴槽で浮いたり沈んだりするように ("as corks bob up and down in a bathtub")」という解釈になる. in 句は, 比較をする上で大事な働きをしているが, (62i) では単に名詞が表す物を限定する情報を与えているだけである. (62v) では, 前置詞句がなくても, 解釈に支障をきたさない (「コルク栓のように, 無数のボートが浮き沈みしていた」). というのは, ボートは海に浮かんでおり, コルク栓は浴槽でだけ浮いたり沈んだりするのではなく, 海でも浮いたり沈んだりするであろうからだ. しかし, (62iv) で前置詞句をなくしてしまうと, 語用論的におかしくなる (「水銀のように, 彼の中に怒りがこみ上げた」). 上昇することは, 水銀の一般的な特徴ではないからである.

(c) 動名詞

動名詞は, 名詞句が現れるのとほぼ同じ環境に現れる. そのため, 5.6.1 節で議論したほとんどの構文で, like の名詞句補部を動名詞で置き換えることができる. たとえば, Max is just like his father. のように like が名詞句をとる代わりに, Talking to Max is just like taking an oral examination. (マックスと話すのは, 口頭試験を受けるようなものだ) のように like が動名詞をとることもできる. さらに, 動名詞の以下の用法にも注目すべきである.

(63) i. He shook the barman once more, like a bull-terrier shaking a rat.
(ネズミをゆすっているブルテリアのように／ブルテリアがネズミをゆするように, 彼はバーテンダーをもう一度ゆすった)

ii. The project looks like continuing another few years.
(このプロジェクトはあと数年続くようにみえる)

(63i) では, (b) での議論と同じ問題が生じる. つまり like の補部が, 名詞句

（＝shaking a rat が bull-terrier の修飾要素で「ネズミをゆすっているブルテリア」の意味）なのか，それとも非定形節（＝a bull-terrier が主語で shaking a rat が述語になっており，「ブルテリアがネズミをゆすっている」の意味）なのか，はっきりしないのである．(63ii) は look＋like の特別な用法で，動名詞が連結動詞の補部になっている．この意味は，look as if と同じである（cf. The project looks as if it will last another few years.）．

(d)　再分析

(64)　i.　We have [nothing like finished].
　　　　（終えたなんて，とんでもない）
　　　ii.　His results aren't [anything like as good as they were last year].
　　　　（彼の結果は，まったく去年ほどよくない）

4.5 節で，尺度的比較の than や as を含む連鎖が，修飾要素として再分析されるいくつかの場合について述べた．(64) もやはり再分析の例で，非尺度的比較の like をともなっている．(64i) を，たとえば，We have nothing like this specimen. と同じように分析することはできない．この例では，nothing が目的語名詞句の主要部で，like this specimen がそれを修飾している．しかし (64i) では，角括弧でくくられた部分が完了の have の補部だから，その主要部は finished でなければならない．そして，nothing like がそれを修飾していることになる．この例は，We haven't [even nearly finished]. （終えたなんて，とんでもない）と同じように考えれば，よくわかるだろう．同様に，(64ii) では anything like が as を修飾している．anything の代わりに something を用いた We found something like thirty major errors. （我々は約 30 の大きな間違いをみつけた）では，something like がやはり thirty を修飾している．

(e)　名詞としての like，限定修飾用法の形容詞としての like

(65)　i.　I'd never seen the like of it.
　　　　（私は，そのようなものをみたことがなかった）
　　　ii.　We want to protect our privacy from ID cards and the like.
　　　　（私たちは，身分証明書やそれに類した物から私たちのプライバシーを守りたい）
　　　iii.　She had no mind to condemn the Queen's weakness knowing

herself guilty of the like.
(彼女は，女王の弱さを非難する気はなかった．自分自身も同じようなことに後ろめたさを感じていたからだ)

iv. A quarter of a million pounds was provided for preserving historic properties and a like amount for purchasing.
(歴史的資産を保存するために 25 万ポンドが提供され，それを購入するために同じくらいの額が提供された)

(65i-iii) では，like が下線部の名詞句の主要部名詞であるが，(65iv) では，amount を修飾する限定修飾用法の形容詞である．(65i) では，比較の第二項が of の補部だが，他の例では照応的に復元される．つまり，それぞれ "things like that (そのようなもの)", "a weakness like (or identical to) the Queen's (女王のような (または，「と同じ」) 弱さ)", "a similar amount to that for purchasing (購入のための金額と似た額)" と理解される．パターン (65i) は，くだけた文体なら複数形 the likes of us (私たちのような人々) も可能である．

(f) 集合比較：like と alike

(66) i. We are of like mind on this question.
(私たちは，この問題について同じ考えである)

ii. They seem to be growing more and more alike.
(彼らは，ますます似てきているように思える)

iii. She insisted on treating us all alike.
(彼女は，私たち全員を同様に扱うと言ってきかなかった)

iv. Revenues have been a great disappointment to planners and investors alike.
(収益は，立案者と投資家のどちらに対しても，非常にがっかりさせるものだった)

v. The prospect of mediocrity and the dread of oblivion were alike past bearing.
(このまま平凡で終わるという見通しと，忘れ去られてしまうという恐怖は，どちらも我慢の限界を超えていた)

(66i) におけるように，like は限定修飾用法の形容詞として，集合比較で用いることができる．しかし，これ以外では，集合比較には alike を使わなければ

ならない．alike は，(66ii) では叙述用法の形容詞であり，(66iii) では様態の副詞である．これに対して，(66iv, v) では等位構造と結びついた副詞として機能しており，この用法が最も頻度が高い．(66iv) では，alike が等位構造における付加詞であり，(66v) では節レベルでの分配を表す付加詞である．つまり，等位接続されているものが，比較されている集合を決定している．等位構造とは，そもそも似たようなものを並べているわけだから，等位接続されている項同士は似ていることが，必然的に含意される．alike は単にそれを明示しているだけである．

5.6.4 unlike
like が現れる構文のうちの一部では，否定形 unlike も生じる．

(67) i. Like poles repel, unlike poles attract.
（同じ極は反発し，異なる極は引き合う）
ii. Jill is quite unlike her mother.
（ジルは，彼女の母とはまったく違う）
iii. It's unlike Max to be late.
（遅刻するなんて，マックスらしくない）
iv. She came up with a proposal quite unlike any we had considered so far.
（彼女は，私たちがこれまで考えたどの提案ともまったく違う提案を思いついた）
v. Ice-bergs, unlike sea ice, are not greatly affected by winds.
（氷山は，海氷と違い，風にそれほど影響を受けない）
vi. Unlike other fruits, one cannot eat the skin of an avocado.
（他の果物と違い，アボカドはその皮を食べることはできない）
vii. Unlike in Europe, very few popular books about the natural world were printed in Australia.
（ヨーロッパと違い，オーストラリアでは，自然界についての一般向けの本が出版されたことは，ほとんどなかった）

(67i–iv) では，unlike が形容詞（限定修飾用法，叙述用法，後置用法）で，(67v–vii) では前置詞である．(67iii) は (47ii) に対応し，unlike は「～らしくない ("uncharacteristic of")」と解釈される．(67v–vii) の修飾要素の用法は like の「叙述の類似」の用法に対応し，とくに (67v) が最もよくあるパター

ンである．(67vi) はこのパターンから逸脱しており，比較の第一項が主語ではなく，目的語名詞句内の前置詞の補部（an avocado）である．この用法は，(53) の like に相当するだろう．

　unlike は補部に定形節をとらないが，(67vii) のように前置詞句が生じることがある．この unlike は，対応する like の構文（61）と同じ程度に容認可能である．しかし，形式ばった文体では like より as が好まれるが，as には unlike の代わりになるような否定の語がない．

第6章　尺度的集合比較

6.1　原級，比較級，最上級

最上級について述べるために，原級，比較級，最上級の対比に戻ることにしよう．以下がそれぞれの例である．

(1) i.　Sam is <u>good</u>.　　　　　　　　　　　　　　　　　　　　［原級］
　　　　（サムは，よくできる）
　　ii.　Pat is <u>better</u> than Sam.　　　　　　　　　　　　　　　　［比較級］
　　　　（パットは，サムよりよくできる）
　　iii. Kim is the <u>best</u> of the three.　　　　　　　　　　　　　［最上級］
　　　　（キムは，3人の中で一番よくできる）

このような例を3つ合わせて，一貫した文をつくることができる（Sam is good, but Pat is better and Kim is the best of the three.（サムはよくできるが，パットはもっとよくできる．キムは3人の中で最もよくできる））．このことから，この3つの範疇では，基体の語（good）が表す特性の程度が，この順にどんどん強まっていくように思えるかもしれない．しかし，この3つの範疇をそう考えるのは間違いである．まず，Pat is better than Sam.（パットはサムよりよくできる）だからと言って，Pat is good.（パットがよくできる）とは限らない．パットはできがよくないが，単にサムほどひどくはない，というだけのことかもしれない．さらに，older women（年配の女性）は女性の一部を表すが，この女性たちの平均年齢は，old women（年をとった女性）が表す女性たちの年齢より低いと一般的には解釈される（これに関しては，以下を参照）．2番目に，比較級でも最上級と同じことになる場合がある．たとえば Kim is the best of the three.（キムは3人の中で一番よくできる）は Kim is better than the other two.

261

(キムはほかの 2 人よりもよくできる) と等価であり，成績のよさの度合いに相違はない．

それゆえ，等級付けの体系は，ある尺度上で 3 つの異なる度合いが順に並んでいる，というような問題ではないのである．原級は他の 2 つとは異なり，比較を表さない．比較級と最上級の大きな違いは，ほとんどの場合，違った種類の比較を表すという点である．比較級は，圧倒的に項比較で用いられるのに対し，最上級は集合比較でのみ用いられる．

たとえば，(1i) はサムとほかの誰かをはっきりと比較しているわけではない．ただし，これは，まったく比較がないと言っているのではない．サム，パット，キムは学生で，学生としてどれくらいできがよいかについて評価されていると，仮定してみよう．すべての学生が，できのよい学生というわけではない．そのため，「サムはできがよい」ということは，学生一般の標準と何らかの比較をしていることになる．このような相対性は Jumbo is a small elephant. (ジャンボは小さな象だ) のような例でとくにはっきりする．これは，ジャンボが絶対的な意味で小さいと言っているのではなく，象の標準に照らすと，ジャンボは小さいと言っているだけである．さらに，以下のように，句をつけ加えて比較を表すことも可能である．Sam is a good student compared with the others in the class. (サムはクラスのほかの学生と比べてできのよい学生だ) このように比較の概念が皆無ではないのだが，原級がそれ自体で比較を表すわけではないという点に変わりはない．[1]

(1ii) は，項比較の例である．比較の項はパットとサム (than の補部を単なる名詞句と考えた場合) か，パットのできのよさの度合い x とサムのできのよさの度合い y (than の補部を縮約節と考えた場合) である．(1iii) は，集合比較である．3 人からなる集合の成員の間で比較が行われており，キムがその集合の「できのよさ」の尺度で，一番上に位置付けられている．

非尺度的集合比較は，すでに第 5 章で扱った．また Kim and Pat are equally guilty. (キムとパットは，等しく有罪である) のような同等の尺度的集合比較は，

---

[1] 訳者注：Huddelston and Pullum は，「原級」に plain grade という英語をあてている．その理由を以下のように説明している．

「原級」を表す伝統的な用語は positive grade だが，本巻では positive という語を negative と対比される場合のみに用いることにしている．別の用語として absolute もあるが，これは本文で述べた理由から，意味的に適切ではないと考える．また absolute comparative は伝統的に，第二項が省略された比較構文 (This is cheaper. (こっちのほうが安い)) を表す用語として用いられる．この点でも absolute という用語はふさわしくない．

第6章 尺度的集合比較

これ以上議論する必要がない．それゆえ，この章の最後の節では，非同等の尺度的集合比較を扱うことにする．これは主に最上級の形式で示されるが，まずは比較級を含む構文からみていこう．

6.2 集合比較における比較級

■中心的事例：the better of the two
集合の成員が2つだけであっても，比較級は集合比較になる．

(2) i. a. Pat is the more reliable of the two. ［比較級］
(パットは2人のうち，より信頼できる)
　　b. Pat is the most reliable of the three. ［最上級］
(パットは3人のうち，最も信頼できる)
ii. a. Which of the two is the better value? ［比較級］
(2つのうちどちらがより得な買い物か)
　　b. Which of the three is the best value? ［最上級］
(3つのうちどれが最も得な買い物か)

(2ib) と (2iib) で，最上級の most と best の代わりに比較級の more と better を用いることはできない．集合の成員が3以上からなる場合には最上級を用いなければならないからである．しかし，(2ia) と (2iia) では，比較級の代わりに，最上級が用いられることもある（ただし，これは一般的にくだけた文体に限られる）．集合の成員が2つしかないことが (2ia) と (2iia) ほどはっきり示されていなければ，最上級はもっと容易に使える．たとえば，言語学の教科書からとった以下の例が，そうである．

(3) For lexical units with identical grammatical properties, two alternative criteria for membership of the same lexeme will be proposed. The first is the most important.
(同じ文法特性をもつ複数の語彙ユニットが，同じ語彙素とされる基準として，2つの代替可能な基準を提案する．1つ目が最も重要である)

■older women タイプの比較級
(4) i. The programme is designed for older women.
(この番組は，年配の女性向けだ)

　　　　ii. Taller students are asked to use the top shelves.
　　　　　　(背の高い学生は，一番上の棚を使ってください)
　　　　iii. This was not one of his better suggestions.
　　　　　　(これは，彼の提案のうちのよいほうではなかった)

ここでの比較級は，項比較より集合比較とみなすほうがよい．というのも，(根本的に意味を変えずに) than 句をつけ加えることができないし，このような比較は定の決定詞をとりやすい (This programme is designed for the younger listener. (この番組は，若年の聴取者向けだ)，The obvious solution is for the taller students to use the top shelves. (自明の解決法は，背が高いほうの生徒たちが上の棚を使うということだ)，(4iii) の属格 his) からである．older women は，女性の集合内での比較を暗に意味し，平均年齢より上である部分集合を表す．一般的に，older は年齢の尺度上で原級の old よりも広い範囲を占める．たとえば，50歳の女性は older women とみなされるかもしれないが，old とはみなされない．

■ **語彙的比較級 upper, inner, outer**
これらの形式が比較級の接尾辞 -er を含んでいるのはみてのとおりだが，この接尾辞は屈折接辞よりも派生接辞とみなしたほうがよい．upper (上の)，inner (内の)，outer (外の) は限定修飾用法しかない形容詞であり，一方で up, in, out は前置詞であって，形容詞ではないからである．さらに，これらの比較級は than 句をとらない (cf. *I'd rather live in an outer suburb than this.) し，項比較にもならない．

　しかし，少なくとも一部の用法では，これらの語が，2つの成員からなる集合比較を表すこともある．このような比較では，upper は lower (これは屈折による比較級)[2] と，inner は outer と対比を成す．

　　(5) i. a.　her upper lip　　　　b.　her lower lip
　　　　　　　(彼女の上唇)　　　　　　(彼女の下唇)
　　　　ii. a.　the outer suburbs　　b.　the inner suburbs
　　　　　　　(遠郊外)　　　　　　　　(近郊)

---

　[2] 古風な nether という語もある．この語は，nether regions/garments (冥土／ズボン) やいろいろな土地の名前で用いられる．

また，ここで -er は -est とは対比を成さないことにも気付いてほしい．代わりに，-most を -er の後に加えると，uppermost（一番上），innermost（一番内側），outermost（一番外側）が形成される．これらは派生による最上級とみなしてもよいかもしれない（-er 形のない -most 形もある．topmost（一番上の），rightmost（一番右の），northernmost（最北端の）などである）．

■former と latter

ここでも，-er は屈折接辞ではなく派生接辞と考えられる．両者とも，さらに語形成の操作を受けることができる（-ly の接尾辞を付加できる formerly（先に），latterly（後に））．これは屈折接辞なら不可能なはずである．それから，upper 等と同じく，両者とも than 句をとらない．また，非照応的用法と照応的用法の両方があり，(6i, ii) がそれぞれの例である．

(6) i. a. She has had to take out an injunction against her former husband.
(彼女は，前夫に対して禁止命令を発しなければならなかった)

b. The poem was written in the latter part of the twelfth century.
(その詩は，12世紀後半に書かれた)

ii. a. The wine may be chilled in a bucket of ice and water or the freezing compartment of a refrigerator, the former being far preferable.
(そのワインは氷水をいれたバケツで冷やしてもよいし，冷蔵庫の冷凍室で冷やしてもよいが，前者のほうがはるかに好ましい)

b. If asked to choose between a terrible probability and a more terrible possibility, most people will choose the latter.
(多分起こるであろうひどいことと，起こる可能性は低いがもっとひどいことの，どちらがいいかを尋ねられると，ほとんどの人は後者を選ぶ)

former の非照応的用法（(6ia)）は，実は項比較の範疇に属する．つまり，今より前（あるいは，考察中の対象となっている時間より前）の時間を指しているのだ（「かつての」の意味）．しかし，それ以外（(6ib, iia, iib)）は集合比較である．非照応的用法の latter（(6ib)）は，2つの成員からなる集合から1つを選び出している（ここでは12世紀の下位区分）．この latter は，屈折による比較級の later とだいたい等価である．(6ii) の照応的用法では，比較されている集合の成員が，先行する文で指定されている．former は最初の成員を選び出し，latter は最後の成員を選び出している．だから，(6iia) では「氷水を入れ

たバケツ」で，(6iib) では「起こる可能性は低いがもっとひどいこと」になる．この用法では，former と latter が対になって用いられることが多い．

(7) It is not easy to make an economic comparison between clay pots and the various substitutes; the former may last indefinitely with luck, while the latter are often expendable and used only once.
（陶器とそのさまざまな代用品とでは，どちらが経済的かを判断するのは容易ではない．前者は，うまくいけばかなり長持ちするかもしれない．しかし後者は，消耗品で1回しか使えないことが多い）

former は通常2つの成員からなる集合に限られている．しかし，3つ以上の成員からなる集合で，最後に述べられたものに対して latter が使われることは，珍しくない．これは英語において，本来は2つの成員からなる範疇のはずが，少し文法化を経たために，必ずしも厳密に2つでなくてもよくなったのであろう．このような事例で latter の代わりに last が使える．また序数詞 (third, fourth 等) でも容認可能である．

6.3 最上級

6.3.1 屈折的最上級と分析的最上級

最上級の作り方は，比較級の作り方と非常によく似ている．比較級では接尾辞 -er をつけるところを，-est をつけて，屈折的に最上級をつくることができる．また比較級では副詞 more と less を使うところを，most と least を使って，分析的に最上級をつくることもできる．ここでもまた，下付き文字 a（= analytic 分析的）をつけて，分析的な標識であることを示すことにする．

(8) 　　　　　　　　　　比較級　　　　　　　　　最上級
  i. 優等性　easier　　　$more_a$ difficult　　easiest　　$most_a$ difficult
  ii. 劣等性　$less_a$ easy　$less_a$ difficult　$least_a$ easy　$least_a$ difficult

優等比較の最上級と劣等比較の最上級の例として，以下のものをあげることができる．

(9) i. This is the $most_a$ difficult problem of them all. ［優等比較の最上級］
  （これは，それらすべての中で最も難しい問題である）
  ii. This is the $least_a$ difficult problem of them all. ［劣等比較の最上級］

（これは，それらすべての中で最も難しくない問題である）

ここでは，問題（problem）の集合の成員を，困難さの尺度上で比較している．(9i) は尺度上で一番上にある問題を選び出しており，(9ii) は一番下の問題を選び出している．

比較級の more/less と同様に，最上級の most/least は，程度を表す決定詞の屈折的最上級にもなりうる．これまでと同様に下付き文字 i（＝inflection 屈折）を加えて，この屈折用法を示すことにする．(10) ではさまざまな形式をあげており，最上級の例が (11) である．

(10)

	肯定指向		否定指向	
	不可算・単数	可算・複数	不可算・単数	可算・複数
原級	much	many	little	few
比較級	$more_i$		$less_i$	$fewer/less_i$
最上級	$most_i$		$least_i$	$fewest/least_i$

(11) i. Kim shows (the) $most_i$ promise. ［不可算］ ⎫
　　　（キムは，最も見込みがある）　　　　　　　　　⎬ 肯定指向］
　　ii. Kim has (the) $most_i$ friends. ［可算］ ⎭
　　　（キムは，最も友達が多い）
　　iii. Kim has (the) $least_i$ patience. ［不可算］ ⎫
　　　（キムは，最も我慢強くない）　　　　　　　　　⎬ 否定指向］
　　iv. Kim made (the) $fewest/least_i$ errors. ［可算］ ⎭
　　　（キムは，最も間違いが少なかった）

(11iv) で $least_i$ と fewest がどちらも可能なのは，$less_i$ と fewer の場合とだいたい似ている．ただし，最上級の fewest と $least_i$ は，用いられる頻度が fewer と $less_i$ よりはるかに低く，fewer と $less_i$ ほどさまざまな構文には生じない．

伝統的・規範的な規則では，可算名詞の複数形と生じる場合，fewest を用いなければならないとされる．この規則は，決定詞が複数名詞を修飾する場合にはよく守られる．しかし，決定詞と主要部が融合している場合にはそうでもない（No one made many errors, but Kim made the $fewest/least_i$.（たくさん間違えた者はいなかったが，キムが最も少なかった））．

$most_i$ と $least_i$ は，節レベルで程度の付加詞としても機能する（(12i)）．しか

し，比較級の more$_i$ と less$_i$ とは違い，単数可算名詞の段階性を表すのには用いられない ((12ii))．

(12) i. Kim enjoyed it the most$_i$/least$_i$.
  (キムはそれを最も楽しんだ／楽しまなかった)
 ii. *Of all my teachers Kim was the most$_i$/least$_i$ of a scholar.
  (私が教わったすべての先生の中で，キム先生が一番学者だった／学者でなかった)

■ 形容詞の **least**

least$_i$ は，決定詞であるだけでなく形容詞でもある．

(13) i. Its attractiveness as an investment is least during periods of high inflation.
  (それの投資としての魅力は，高インフレの間，最も少ない)
 ii. [Even the least alteration to the plan] could prove fatal.
  (その計画に対するちょっとした変更でも，致命的になる可能性がある)
 iii. That's [the least of my worries].
  (それは私の心配事の中で最小のものだ→そのことはまったく心配していない)
 iv. She didn't seem [the least bit] interested in what they were saying.
  (彼女は，彼らが言っていたことに，ほんの少しも関心があるようにはみえなかった)

ここでの least は greatest の反対で，「最小／最少」を意味する．(13i) は叙述用法の例で，形容詞 less の最上級である．(13ii-iv) では，least が限定修飾用法で用いられており，名詞句構造内で修飾要素として機能している ((13iii) では，主要部と融合している)．また，least は形容詞の lesser と，ある程度まで対応する．(13iii) は，That's the lesser of my worries. (それは私の心配事のうち，大したことではないほうだ→そちらのことはあまり心配していない) と対応しており，to the least degree は to a lesser degree に対応している．

6.3.2 最上級でない **most** の用法

most には，最上級形や最上級の標識以外にもいくつかの用法がある．

■強意語の most

(14) i. Kim is a [most enthusiastic] supporter. ［強意］
　　　　（キムは，非常に熱心な支持者だ）
　　ii. This one is [most useful]. ［最上級か強意］
　　　　（これは，最も／非常に役に立つ）
　　iii. This one is [cheapest]. ［最上級のみ］
　　　　（これは，最も安い）
　　iv. You are [most kind]. ［強意の解釈が優勢］
　　　　（あなたは，とても親切だ）

(14i) は，比較的形式ばった文体である．この most は強意語で，おおよそ「非常に（highly），大変（very），きわめて（extremely）」を意味する．この most は比較を表さないが，それはちょうど very のような強意語が比較を表さないのと同じことである．

この most enthusiastic と違って，最上級 Kim is the most enthusiastic supporter I've come across.（キムは，私がこれまで出会った中で，最も熱心な支持者だ）の most enthusiastic では，私がこれまで会った支持者の集合内で，比較をしている．most の 2 つの用法は，冠詞をみれば区別できる．a がつけば必ず強意の解釈になり，the がつけば必ず最上級の解釈になる．(14ii) の意味はあいまいで，「これは，他のすべてのものより役に立つ」という最上級の解釈も，「これは，非常に役に立つ」という強意の解釈も，可能である．しかし，most の前に the を加えると，最上級の解釈にしかならない．

一般的に，屈折の接尾辞 -est が付いていると，強意の意味では用いられない．たとえば，(14i) の most enthusiastic を -est 形の語では置き換えられない（*Kim is a keenest supporter.）．だから (14iii) の cheapest は明らかに最上級で，the をつけても意味が変わらない．

(14iv) も，原理上は (14ii) と同じくあいまいである．しかし，kind は屈折をつけて最上級を作れるから，You are kindest. であれば最上級だろうと考えられる．結果として，(14iv) であれば，一般的には強意として解釈されるだろう．[3]

---

[3] 屈折形でも，例外的に強意を表すことがある．my dearest Anna（僕のとても愛しいアンナ）のような，愛情を示す用語の場合である．これは非常に例外的なので，この屈折形はやはり最上級とよび，my dearest Anna は最上級形が強意の用法で用いられている，と考えること

least には，これに対応する用法がない．たとえば，This one is least useful. は必ず「これは，それらの中で最も役に立たないものだ」を意味し，「これはそんなに役には立たない」の意味にはならない．

■ 比率の数量詞

(15) i. Most people think he's guilty.
   （ほとんどの人が，彼は有罪だと考えている）　　　　　　［比率の数量詞］
   ii. I agree with most of your points.
   （私は，あなたの主張のほとんどのことに同意する）
   iii. Kim had interviewed most candidates.　　　　　　　　［最上級か比率］
   （キムは，最も多くの候補者と面接をした／
   キムは，ほとんどの候補者と面接をした）
   iv. Kim had interviewed the most candidates.
   （キムは，最も多くの候補者と面接をした）　　　　　　　　［最上級のみ］
   v. Kim had interviewed (the) least candidates.
   （キムは，最も少ない候補者と面接をした）

(15i, ii) の most は「半分より多い，大部分」を意味し，一種の比率の数量詞を表す．対照的に，many と much は比率を表さない．たとえば，I agree with many of your points. （私は，あなたの主張の多くに賛成だ）では，あなたの主張のうち，私が賛成する主張の数が，賛成しない主張の数よりも多いかどうか，について何も言っていない．I agree with much of what you say. （私は，あなたが言うことの多くに賛成だ）の場合も，同じである．

この比率の意味と最上級の意味との違いは，(15iii) のようなあいまいな意味の例を考えると，はっきりする．最上級の解釈では，キムは他の誰よりも多くの候補者と面接をしたことになる．つまり，面接官の集合内で，各面接官が何人の候補者と面接をしたかを比較しており，キムがその尺度上で一番上にいたのである．この解釈では，キムが候補者の何割と面接したのかについては，何も示されていない．これに対して，比率の解釈では，候補者のうち半分以上をキムが面接したことになる．この場合，キムと他の人を比較しておらず，ま

にする．a most enthusiastic supporter のように，最上級ではない，とは考えない．強意の most の特別な用法として，司法や教会の高位職についている人の敬称（Most Honourable, Most Reverend（猊下））をさらにあげることができる．

たキム以外にも面接官がいた，ということすら述べていない．

　この2つの解釈は，統語的にも違いがあり，最上級の解釈の場合だけ the をつけることができる．だから (15iv) は，明らかに最上級の例である．同様に，most を least か fewest で置き換えることができるのは，最上級の解釈の場合のみである．そのため，(15v) も明らかに最上級の例である．least は集合比較を表し，比率は表さない．

> [専門的解説]
> ■almost の縮約
> 次のような例では，most が almost の縮約形として使われる．%I think most everybody would agree.（私は，ほとんど全員が同意すると思う）．この most の用法は，主にアメリカ英語でみられ，比較的くだけた文体でよく用いられる．そして，all, any, every やこれらの語を含む複合語 anything, everybody, always の修飾要素として機能している．

6.3.3　絶対最上級と相対最上級
最上級を含む名詞句は，**絶対的**にも**相対的**にも解釈できる．

(16) 　i.　Kim lives in the smallest house in England.　　　　　［絶対的］
　　　　　（キムは，イングランドで最も小さい家に住んでいる）
　　 ii.　Of all members of the team, Kim had the most difficult job.
　　　　　　　　　　　　　　　　　　　　　　　　　　　　　　　　　　［相対的］
　　　　　（そのチームのメンバー全員の中で，キムが最も難しい仕事をしていた）

(16i) は，イングランドにある家の集合内での比較である．下線部の名詞句は，この集合の中で，小ささの尺度上で一番上にある成員を指している．ここでの比較は，最上級形を含む名詞句内で完結している．対照的に，(16ii) の比較では，キムが重要な役割をはたしている．チームの他のメンバーの仕事がどれだけ難しいか，と比較して，キムの仕事がどれだけ難しいか，が問題になっている．そうすると，この仕事が一番難しいというのは，絶対的な意味で一番難しいのではなく，チームのメンバーに割り当てられた仕事の中で比較すると一番難しい，ということである．これらの集合比較を，同等の意味を表す項比較と比べてみると，この違いがはっきりする．

(17) i. Kim lives in a smaller house than any other house in England.
　　　（キムは，イングランドで他のどの家よりも，小さい家に住んでいる）
　　ii. Kim had a more difficult job than any other member of the team.
　　　（キムは，チームの他のどのメンバーよりも，難しい仕事をしていた）

(17ii) で，any other member of the team は「キム以外の他のどのメンバー」を意味する．キムは，(17ii) では直接，比較の対象になっているが，(17i) ではそうなっていない．

(16ii) の most は，最上級をつくる most である．対照的に，決定詞の $most_i$ (many/much の最上級) は，ほとんどいつも相対的である．

(18)　Kim scored the most points.　　　　　　　　　　　[相対的]
　　　（キムが，最も多く点をとった）

この most に絶対的用法があるとすれば，Kim scored the most possible points. かも知れないが，これはかなりまれである．この文で表そうとしている意味を表すには，Kim scored the highest possible number of points. (キムは，可能な限り最高の点をとった) などにするのが一般的である．

絶対的な最上級は，しばしば，考えられる限りで最大あるいは最小の程度を表す．

(19) i. We want to ensure that the fullest discussion takes place.
　　　（私たちは，徹底した議論が行われることを保証したい）
　　ii. I have the strangest feeling of having lived through this very same event before.
　　　（私は，以前これとまったく同じ出来事を経験したことがあるような，この上なく奇妙な感じがする）
　　iii. The ground was so soft that the lightest step made a deep imprint.
　　　（この地面はとても柔らかいので，ほんのかすかな歩みでも深い足跡がついた）
　　iv. She hasn't the slightest/least recollection of what happened.
　　　（彼女は，何が起こったのか，少しも覚えていない）

このような文脈で，the slightest/smallest/least などは，any at all (全然〜でない) と等価である (She hasn't any recollection at all of what happened. (彼女

は，何が起こったのか全然覚えていない))．この用法の特殊な事例が，at least（少なくとも），at most（せいぜい），in the least（少しも）という句である．最後に，次のペアは，意味と構造が異なっている．

(20) i. Kim was not the least concerned about what people might think. ［絶対的］
(キムは，人々がどう思うかを，少しも気にしていなかった)
ii. Kim was the least concerned about these developments. ［相対的］
(キムは，これらの発展について，最も気にしていなかった)

(20i) では，the least は1つの構成素にまとまって，concerned を修飾している．the を落とすことはできず，the least bit, in the least, at all と同じ種類の表現である．(20ii) では，the が省略可能で，least と1つの構成素にまとまっていない．この最上級は，キムとキムが属する集合とが比較されていることを，含意している．

6.3.4 最上級句の構造

最上級句の構造を記述する場合，**編入された**最上級と**編入されていない**最上級の2つを区別する必要がある．両者の例はそれぞれ (21i) と (21ii) であり，下線部が最上級句である．

(21) i. a. They rejected [the two best novels she has written].
(彼らは，彼女が書いた小説のうち，最もよい2冊を却下した)
b. Kim has [the most valuable collection of all].
(キムは，すべてのコレクションの中で，最も価値のある物をもっている)
c. This is [her most perfectly constructed novel].
(これは，彼女の最も構成が完璧な小説だ) ［編入］
d. Pat made [the most mistakes].
(パットは，最も多く間違えた)
e. He offered me [the least valuable of the paintings].
(彼は，その絵画の中で最も価値のないものを私にくれた)
f. [The most we can hope for] is a 2% rise.
(私たちが望める最大の上昇率は，2パーセントだ)

ii. a. She's [the candidate most likely to be elected].
    (彼女は，選ばれる可能性が最も高い候補者だ)
  b. These were the ones that the grown-ups laughed at loudest.
    (これらが，大人たちが一番大きな声で笑ったものだった)
  c. He's the least able to look after himself.
    (彼は，自分の面倒をみることが一番できない)
  d. It was Jill who presented her case the most effectively.
    (最も効果的に自分の意見を主張したのは，ジルだった)

[編入されていない]

(21i) の最上級句は，角括弧でくくられている名詞句内に編入されている．より正確に言うと，これらの句は主要部の前に現れる ((21ia, id)) か，主要部と融合している ((21ie, if)) かのいずれかである．これに対して，(21ii) の最上級句は名詞句の外に現れる ((21iib, iid)) か，あるいは主要部の後の位置に現れる ((21iia)) ．

(21ia-ic) で，最上級句は名詞句主要部の修飾要素か，その一部になる．(21ia, ib) の the は最上級句の一部ではなく，名詞句内の決定詞である．だから (21ia) のように，この the と最上級の間に別の修飾要素 ((21ia) では two) を入れることができるし，この the を他の定の決定詞 ((21ic) の属格や指示詞 (this most recent edition の this)) で置き換えることもできる．

しかし，(21id) の most は many の屈折最上級であり，the most はこの名詞句で決定詞として機能する決定詞句を成す．この the はなくても大丈夫で，代わりに属格や指示詞をこの位置に置くことはできない．

同じ区別が (21ie, if) にもあてはまる．ここでは，最上級句が名詞句の主要部と融合している．(21ie) で，the は決定詞で，least valuable は修飾要素と主要部が融合したものである．ここでもまた，the と least valuable の間に，two のような修飾要素を挿入できることに注意してほしい．(21if) で，the most は決定詞と主要部が融合したものである．この場合は the を落とせないが，やはり属格や指示詞を，代わりにこの位置に置くことはできない．

(21ii) の編入されていない最上級は，もっとすっきりしている．(21iic, iid) の最初の the は，主節の名詞句の決定詞ではなく，最上級句の一部である．この the は，最上級句から分離することができず，属格のような定の決定詞で置き換えることもできない．以下では，主要部の後ろの要素に関しても，

第6章 尺度的集合比較

編入されている構文と，編入されていない構文とで違いがあることをみる．

■the の有無

編入されていない最上級句では，通常 the をつけることができるが，必要というわけではない．たとえば，(21iic, iid) では the を省略することができるし，(21iia, iib) では the を挿入することもできる．ただし，(21iia) のように，最上級句が後置された形容詞句の場合（つまり，名詞句主要部を後ろから修飾している場合）は，the を省略するほうがずっと普通である．the をつけることができない構文もあり，(22) のような補足要素がその一例である．

(22) i. <u>Most important of all</u>, the weather at the time was dry: there was no rain to bring down the radioactive materials.
  （何よりも重要なことだが，その時は日照り続きだった．つまり，雨が降って放射性物質を洗い流すことがなかったのである）

  ii. <u>Most surprisingly of all</u>, they continued to believe in his innocence.
  （中でも最も驚いたことに，彼らは彼の無実を信じ続けた）

編入された最上級は一般的に，その最上級を含む名詞句を定にするので，不定の決定詞とは相容れない (*a brightest girl in the class).[4] 定名詞句なら，the（や他の決定詞）は常に生じることができる．たいていは the をつけるほうが好まれ，the が必要なことも多い．以下について考えてみよう（角括弧は名詞句を示す）．

(23) i. The prize was won by [the <u>youngest</u> competitor].
  （その賞は，最も若い参加者が受賞した）

  ii. These are [the two <u>tallest</u> buildings in the city].
  （これらは，町で最も高い2つのビルだ）

  iii. The programme gives [(the) <u>best</u> results] if you begin before the age of thirty.
  （このプログラムは，30歳になる前に始めれば，最良の結果が出る）

  iv. The rebates should be given to those in [(the) <u>greatest</u> need].

---

[4] 例外的に名詞句が不定である場合も，時々みられる．Several of the competitors achieved personal best times.（出場選手の何人かは，個人ベストタイムを出した）のような例である．このような例は，非常に語彙化されたコロケーションの場合によくみられる．

(払い戻しは，最も必要としている人になされるべきだ)
v. It was Kim who attracted [(the) most attention].
(最も注目を集めたのは，キムだった)

(23i, ii) では the が必要だが，(23iii-v) では the があってもなくてもよい．(23i) では, competitor は可算単数名詞だから，名詞句構造の一般規則により，決定詞が必要となる．最上級 youngest があるので，この決定詞は定でなければならない．(23ii) では，the を省略することができない．これは，主要部名詞のためではない．the を省略すると，two が決定詞になり，その結果，名詞句が不定になってしまう．そのため，最上級によってもたらされる内在的な定性と，相容れなくなってしまう．

(23iii-v) には，このようなことが当てはまらず，the を省略することができる．しかし，省略しても意味が変わらないことに注意してほしい．とくに，the がなくても不定になっていないことに注意してほしい．(23v) では，(21id) と同じく，the が決定詞句の一部である．

■ 関係詞節
最上級のみにみられる特徴として，たとえ名詞句になっていなくても，統合関係詞節を依存要素としてとる点をあげることができる．

(24) i. The price of gold is the lowest it has been for ten years.
(金の時価は，この10年間で最低だ)
ii. The system seems to be working the most efficiently that it has ever worked.
(このシステムは，これまでで一番効果的に機能しているようにみえる)

(24i) の lowest は形容詞で，(24ii) の efficiently は副詞である．また，これらの語を主要部とする下線部の句が，名詞句であると考えるべき理由は何もない．たとえば，ゼロ関係詞を wh 関係詞に代えることはできず (*the lowest which it has been for years)，また (24i, ii) を項比較にしてみると，lower than it has been for ten years と more efficiently than it has ever worked before になる．この構文では，the が必要である．

■ 主要部の後ろに現れる，その他の依存要素
関係詞節のほかに，最上級は ever (これまでで), imaginable (想像できる限り

で), possible (可能な範囲で), practicable (実行可能な範囲で), of 句のような依存要素をとる．of 句をとった場合，その of 句は，比較されている成員が属する集合を表す．

(25) i. a. We'll aim for the best possible result.
          (私たちは，可能な範囲で最善の結果を目指す)
      b. We'll aim for the best result possible.
          (私たちは，可能な範囲で最善の結果を目指す)
    ii. a. Kim's essay was the best of all.
          (キムのレポートは，すべてのレポートのうちで最もよかった)
      b. Kim wrote the best essay of them all.
          (キムは，すべてのレポートのうち／全員のうち，最もよいレポートを書いた)

編入された最上級の場合，一語からなる依存要素なら，後置して名詞句内の間接的な依存要素にすることができる．(25ib) と (25iib) がその例である．of 句の場合は，必ずこのように後置しなければならない ((25iib) に対して，*the best of them all essay は不可)．また，(25iib) の them は essay の集合 (この場合は絶対最上級になる) を指すことも，essay を書いた人の集合 (この場合は相対最上級になる) を指すこともできる．

■主要部の前に現れる依存要素

主要部の前に現れる依存要素は，以下のように2つのグループに分けられる．

(26) i. very；next と first 以外の序数詞
     ii. absolutely (絶対に), almost (ほぼ), altogether (まったく), barely (かろうじて), by far (圧倒的に), easily (ゆうに), entirely (完全に), fully (完全に), hardly (〜とはいいがたい), more or less (ほとんど), much (はるかに), nearly (ほぼ), practically (ほぼ), quite (完全に), scarcely (〜とはいいがたい), virtually (事実上), ...

(26i) の依存要素は the の後ろにくるが，(26ii) の依存要素は the の前にくる．

(27) i. It was the very best performance I can recall.
         (それは，私が思い出せる中で，まさに最高のパフォーマンスだった)
    ii. Kim's the second youngest in the class.

(キムは，クラスで 2 番目に若い)
iii. This one works <u>easily</u> the <u>most efficiently</u>.
(これは，間違いなく最も効率的に働く)
iv. I made <u>by far</u> the <u>most</u> errors.
(私は，圧倒的に一番多く間違えた)

very はここでは「絶対に (absolutely)」を意味し，屈折的最上級とは共起するが，分析的最上級とは共起しない．序数詞は上から数えた順位を示す（劣等比較 (in the third least expensive model (3 番目に安い型では)) ならば，下からになる）．たとえば，(27ii) では，キムより若い人は 1 人しかいない．(26ii) の各語が the より前に現れることを考えれば，(27iv) のような編入された最上級では，これらの語が名詞句を外から修飾していることになる．最上級句の修飾要素ではない．

文献情報：もっと知りたい人のために

英文法に関する膨大な文献をカバーする解説書，これをつくるのは私たちにとってほとんど不可能といってもいいくらいの試みである．また，もしできたとしても，かなりの大著になってしまうであろう．本シリーズを準備するにあたって，参照したすべての著作に解説をつけようとするならば，それはそれでページ数を超過してしまうことになるだろう．しかし，本シリーズを執筆するにあたって参考にし，大いに影響を受けた文献が実際にあるわけであり，読者の皆さんがさらに研究を進めるためにどういった文献に目を向ければよいかをここで説明しておくことは，著者としての務めであると考える．とはいうものの，やはりここでの注釈も，また以下にあげる文献も，けっして代表的なサンプルとはいえないし，さらに，本シリーズではここにあげている以外にもたくさんの本や論文にあたり，それらからも有益な情報を得ていることを強調しておきたい．もう1つ明記しておきたいことがある．それは，以下の文献リストにあげられているからといって，私たちがその参考文献の立場を採用しているわけでもなければ，そこでいわれていることが正しいと考えているわけでもないということである．巻によっては，そこで示されている分析を直接使うためではなく，その分析がどう改良できるかを読者の皆さんに考えてもらうために言及した場合もある．そういった場合も，ほかの著者の分析に従って忠実に説明を行っている場合と同じように，本シリーズへの貢献として，適切に評価されるべきことは当然である．（もちろん，本シリーズに間違いや欠点があるとすれば，それは私たち著者のみに帰せられるべきものであることはいうまでもない．）

■ **英語**
英語とその使用に関し，世界中の何千という書物のなかで英語の主要な地域差について概説しているものとして Trudgill and Hannah (1985) がある．また，英語がいかにして現在の国際語としての地位を獲得したかについては Crystal (1997) の解説がある．

■ **辞書**
英語に関する辞書類のなかでもっとも重要なものは *Oxford English Diction-*

ary (*OED*) 第2版である．これは言語を問わず，これまでに編纂された辞書のなかでもっとも優れ，もっとも完成されたものといえる．アメリカ英語の辞書で，とくに「問題のある語法」にもしかるべき注意を払ったものとして *American Heritage Dictionary* （第4版，2000）がある．オーストラリア英語の標準的辞書で本シリーズでも利用したものとしては *Macquarie Dictionary of Australian English* がある．上記以外にも，実際のコーパスからの優れた用例集で，本シリーズを編纂するにあたって助けとなった辞書に Paul Procter (1995) 編の *Cambridge International Dictionary of English* と John Sinclair (1987) 編の *Collins COBUILD English Language Dictionary* の2冊がある．

■用語集

非常に有益な言語学用語集で，本シリーズで頻繁に活用したものとして，Peter Matthews の *Concise Oxford Dictionary of Linguistics* （Matthews (1997)）と Larry Trask の *Dictionary of Grammatical Terms in Linguistics* (Trask (1993))の2冊がある．

■文法書

20世紀前半のもっとも完成された英文法書の1つとして Otto Jesperson による7巻本（1909-1949）があげられる．真摯な英文法学者であれば，誰もが定期的に紐解く著作であろう．それより幾分前に書かれた同類の著作として Poutsma (1926-1929) がある．20世紀後半に出版され，もっとも充実し，もっとも影響力のある文法書としては Quirk et al. (1985) があげられる．同書は，The Survey of English Usage at University College London の調査をもとに，1970年代初め以来出版されてきた文法書の集大成である．Biber et al. (1999) のコーパスに基づく文法書は基本的に同じ分析手法を用いている．しかし，話しことばと書きことばの文体やレジスターの違いによる異なった構文とそれらの出現頻度を定量的に細かく見ることに，通常の文法書には見られないほどの紙面を割いている．*Collins COBUILD English Grammar* には，さまざまな文法特性を共有する多くの単語リストが掲載されており，非常に有益な文法書である．また，Renaat Declerck の *A Comprehensive Descriptive Grammar of English* (1991a) も本シリーズを編纂するにあたり参考にした文献の1つである．変形生成文法学者による英語統語論の包括的な著作は比較的少ないが，そうしたなかでも，Stockwell, Schacter and Partee (1973) はかなり広い射程をもった生成文法初期の共同研究であり，McCawley (1998) は，

それ以降に出版された最良にしてもっとも詳しい変形文法に基づく著作となっている．

■ 語法マニュアル

権威主義的な語法マニュアルの古典的なもので，第0巻で批判的に論じたものに Phythian (1979) がある．権威主義的でない，経験的データに基づく現代の著作の好例としては *Merriam-Webster's Dictionary of Contemporary English* があり，本シリーズ執筆にあたっても有益な例文を提供してくれた．*American Heritage Dictionary* (2000) の用例解説もまた有益である．本シリーズが参照したそのほかの語法マニュアルとしては，Fowler の古典 *Modern English Usage* の第3版となる Burchfield (1996) や Reader's Digest から出版されている *The Right Word at the Right Time* (1985) がある．

■ 歴史

第0巻でも強調したように，本シリーズは英語の歴史的な説明を目指すものではない．他方，Jespersen (1909-1949) は明らかに歴史的アプローチをとっており，今なお高い価値のある著作である．*OED* も英文法史にかかわる巨大な資料集である．英語統語論の歴史に関する研究としては Visser の4巻本 (1963-1973) がきわめて重要である．また，*The Cambridge History of the English Language* (6巻本：Hogg (1992-2002)) は，英語の歴史に関する綿密な調査書であり，おそらく現在入手できるものとしてはもっとも完成されたものである．

■ 発音と綴り

本シリーズでは，英語の音声および音韻は扱っていない．ただし，屈折形態にかかわる資料で必要となる音声表記法については，第10巻で紹介している．英語の発音についてさらに知りたい人は Wells (1990) を読むことをお薦めする．これは，イギリス英語とアメリカ英語の両方の標準語をカバーする，現在もっとも信頼のおける発音辞典である．音声学の専門知識がない人には，Pullum and Ladusaw (1996) が発音記号とその使い方を知る参考図書として使いやすいであろう．Mountford (1998) は，近年発行された英語の綴りに関する重要な著作であり，第10巻で使っている書記記号について重要な概念を紹介している．

■ 動詞

英語の動詞体系についてこれまで多くの研究がなされてきた．第1巻の内容に影響を与えたもっとも重要な著作として Palmer（1987）と Leech（1987）があげられる．時制一般に関する概説書としては Comrie（1985）が，英語の時制にかかわる重要な研究としては Binnick（1991），Declerck（1991b），McCoard（1978）などがある．また，本シリーズで採用している分析と同じ立場に立つ Huddleston（1995a, 1995b）の論文も参照．アスペクトについては，Comrie（1976）および Tobin（1993）を参照．モーダル動詞およびモダリティ一般については，Coates（1983）と Palmer（1990, 2001），さらに Duffley（1994）の need と dare の特徴を扱った議論を参照．英語の仮定法と関連する研究については Jacobsson（1975）の研究がある．

■ 節構造と補部

本シリーズ第2巻では節構造と補部について扱ったが，そこで参考にした多くの文献のなかでも，とくに，初期の重要な研究としては Halliday（1967-1968）を，便利な概説書としては Matthews（1981）と Dixon（1991）を，そして補文特性についての非常に有用な語彙集としては Levin（1993）をあげておきたい．主題役割に関しては，Wilkins（1988）と Dowty（1991）にある論文で詳しく論じられている．主題役割について概観した文献としては Palmer（1994）を参照．非標準的な構文の主語に関しては Seppänen, Granath and Herriman（1995）が，目的語と述語的補部の区別については Seppänen and Herriman（1997）が有用である．連結節に関しては Declerck（1988）に詳しい説明があり，非常に重要な文献となっている．そのほか，本シリーズでとくに参考にした著作としては，Wierzbicka（1982）の軽動詞に関するものがある．前置詞をともなう動詞についてはさまざまな先行研究があるが，ここではそのなかでもとりわけ，Bolinger（1971），Cattell（1984），Cowie and Mackin（1993）を参考にした．

■ 名詞

名詞の数と可算性に関する研究として，Reid（1991），Wickens（1992），Allan（1980）などの研究があげられる．性に関して広範に扱った対照言語学的研究としては Corbett（1991）がある．Bauer（1998）は，複合名詞と「修飾語＋主要部名詞」構文の関係について，本シリーズとは異なる見方を提示している．

■限定詞と限定要素

本シリーズでは，限定詞を名詞句構造における主要部としてではなく，ある種の依存要素つまり限定要素として扱っている．これに関して理論的な議論を行っているものとして，Payne (1993) がある．定・不定限定詞の用法については John Hawkins (1991) の研究がある．属格（「所有格」）限定要素については，Roger Hawkins (1981) と Alexiadou and Wilder (1998) に有益な言語資料が収められている．一般的に数量詞（all や some など）として知られている限定詞は，意味論および論理学の分野で極めて重要なテーマとなっており，現代意味論の代表的な研究としては（そうした研究は一般的にとても難解で専門性を要する研究ではあるが），Barwise and Cooper (1981)，Keenan and Stavi (1986)，Bach, Jelinek, Kratzer and Partee (1995) などがあげられる．

■名詞句

名詞句（NP）構造に関する一般的な研究としては，変形生成文法の枠組みだと，Jackendoff (1977) と Selkirk (1977) がある．部分詞構文については，Hoeksema (1996) 編の論文集で広範に論じられている．NP の定性・不定性については，Reuland and ter Meulen (1987) および Christopher Lyons (1999) で詳しく論じられている．意味的に確定記述としての機能をもつ NP については，これまで言語学者だけでなく哲学者によっても精力的に研究が行われてきた．このテーマに関する論集としては Ostertag (1998) がある．Carlson and Pelletier (1995) には総称名詞句に関する論文がいくつかまとめられている．名詞化については，Lees (1960) および Koptevskaya-Tamm (1993) の研究を，同格については Acuña-Fariña (1999) の研究を参照．

■形容詞と副詞

限定用法の形容詞の位置とその複雑な意味的対応関係に関しては，その重要な文献として Ferris (1993) がある．また，形容詞句および副詞句の内部構造を扱った生成文法の研究に Jackendoff (1977) がある．また，Dixon (1982) では，英語よりも形容詞の数が圧倒的に少ない言語が存在するのはなぜかという興味深い問題が論じられている．

■前置詞と前置詞句

本シリーズの前置詞に関する記述および前置詞と副詞との区別に関しては，とくに強く影響を受けた変形生成文法に基づく重要文献として，Emonds (1972)

と Jackendoff（1973）の2つをあげることができる．また前置詞と副詞の違いに関する論考としては，Burton-Roberts（1991）や Lee（1998）なども参照．教育的観点から英語の前置詞の多様な意味と用法を記述した著作としては Hill（1968）が有益である．in front of のような複合前置詞に関する本シリーズの説明に関しては，Seppänen, Bowen and Trotta（1994）からいろいろ影響を受けている．前置詞の意味に関する学際的な研究に関しては Herskovits（1986）を参照．

■ 付加詞

第2巻で付加詞を扱っているが，以下でとりあげる著作以上のものに負うところが大きい．変形生成文法の立場で書かれた入門的なものとしては，Jackendoff（1991）の9章，Jackendoff（1995）の9章，Baker（1995）の11章がある．付加詞の統語論に関するより専門的で理論的な論考としては，Bellert（1977），Cinque（1999），（Cinqueの説明に対する代案を提示している）Ernst（2001）をあげることができる．特定の付加詞を扱った研究としては，とくに Parsons（1990）の（修飾語一般に関する）4章と（時間的修飾語に関する）11章，程度修飾語を扱った Bolinger（1972），頻度修飾語を扱った Lewis（1975），条件節を扱った Traugott（1986）や Dudman（1994）などをあげることができる．

■ 否定

否定に関する古典的な変形生成文法研究としては Klima（1964）が，また幅広いデータを扱った生成文法初期の研究としては Stockwell, Schachter and Partee（1973）がある．また，そのほかの変形文法による研究としては McCawley（1998: 17章）がある．含意の方向性に関する概念および第5巻での極性項目の扱いについては，Ladusaw（1980）に負うところが大きい．第5巻の増加特定性の説明については，否定に関する多くの意味的特徴を詳述している Horn（1989）をとくに参考にした．

■ 節タイプと発話の力

発話の力に関する一般的な問題は，言語哲学分野の研究のなかでも，とくに Austin（1962）に端を発している．Cole and Morgan（1975）には，それに関連する論文が収められているが，そのなかでもとりわけ，間接発話行為に関する Searle の論考が重要である．疑問文についてはかなりの数の文献が存在す

るが，ここであげておきたいものとしては，極性（'yes/no'）疑問文と選択疑問文の区別に関する Bolinger (1978)，多変数疑問文に関する Hirschbühler (1985)，不定詞疑問節に関する Duffley and Enns (1996)，従属疑問節に関する Ohlander (1986)，疑問補文をとる語彙素の意味分類に関する Karttunen (1977)，統語範疇としての疑問文と意味範疇としての疑問の区別をより精密に扱っている Huddleston (1994) がある．また，命令文については，Bolinger (1977: 8-9 章) と Davies (1986) を，感嘆文については Elliott (1974) を参照．

■ 関係詞節の構造

変形文法の枠組みで関係詞節を扱った，包括的かつ重要な研究に McCawley (1981) がある．また，変形を用いない理論的な分析に Sag (1997) がある．Bresnan and Grimshaw (1978) は，融合関係詞（彼らの用語では「自由関係詞」）を扱っている．不定詞目的節と不定詞関係詞節の関係については Green (1992) を参照．関係詞 that の範疇の問題については Auwera (1985) を，（本シリーズの用語でいうところの）統合関係詞節および補足関係詞節の違いについては Jacobsson (1994) を参照．

■ 非局所的依存関係

変形生成文法初期の文献で，非局所的依存構文に課せられる制約を扱っていて重要なものに，1967 年の自身の博士論文に基づく Ross (1986) がある．変形文法理論の立場から非局所的依存を扱った文献は数多く存在するが，ここではそうした先行研究を振り返ることはしていない．第 7 巻では変形を用いない分析がとられているが，同じ路線のものが Gazdar (1981) や Gazdar et al. (1985) でも提案ならびに展開されている．

■ 比較構造

比較構文（第 7 巻）を説明するにあたって本シリーズが参照した文献として，変形生成文法研究の重要な 1 つである Bresnan (1973) および機能主義的な概念を記述に取り入れた Kuno (1981) がある．意味論的な視点を含む研究としては，Allan (1986) および Mitchell (1990) があげられる．

■ 非定形節

不定詞構文の研究では Mair (1990) と Duffley (1992) が重要である．第 1

巻で紹介した連鎖動詞構文の分析は Palmer (1987: 9 章)に多くを負っている．本シリーズで複合連鎖動詞構文とよんでいるものを包括的に扱った研究としては Postal (1974) を，知覚動詞の連鎖動詞補文をとくに扱った研究としては Akmajian (1977) を参照．動詞およびその補文の主部動詞の屈折に課せられる統語的制約に関しては Pullum and Zwicky (1998) を参照．コントロールの研究としては，それがいかに意味的な現象であるかを示した Sag and Pollard (1991) が有益である．

■ 等位接続と補足

等位接続全般に関する有益な研究としては Oirsouw (1987) が，言語間の比較対照研究としては Payne (1985) がある．Gazdar et al. (1985: 8 章) では，第 8 巻で紹介したものと同じくらい詳しい (かつかなり専門的な) 記述がなされている．等位接続の一般的な特徴をいくつか紹介した文献に Ross (1986) がある．等位接続要素間に求められる近似性の問題については Schachter (1977) が，また統語的に異なる範疇間の等位接続については Sag et al. (1985) を参照．本シリーズで「補足」とよぶ現象については Peterson (1998) を参照．

■ 情報のまとめ方

第 9 巻で扱った情報パッケージ構文 (補文前置，後置，主語・依存詞倒置，右方転移，存在・提示節，長距離受動文) に課せられる語用論的制約については Birner and Ward (1998) で詳しく論じられており，本シリーズの説明の基盤となっている．談話的新情報・旧情報の区別と聞き手の新情報・旧情報の区別に関する議論は Prince (1992) をもとにしている．また，存在文の転移主語に適用される聞き手の新情報条件に関する本シリーズの説明は，Prince (1992) を修正したものとなっている．存在文に関する初期の重要な研究については Erdmann (1976) と Lumsden (1988) を参照．本シリーズの命題肯定に関する議論は Horn (1991) によるところが大きい．左方転移に関する議論は Prince (1997) に負っている．受動文に関しては Tomlin (1986) が有益である．分裂文の機能に関しては Prince (1978) および Delin (1995) に重要な考え方が示されている．また，Collins (1991) にはこれらの構文に関する有益なデータが含まれている．英語のトピックとフォーカスの区別に関する総合的な情報源としては Lambrecht (1994) がお勧めである．

■ 直示と照応

直示と照応を扱った理論的な研究で重要なものに John Lyons（1977: 11 章）がある．直示については，ほかに，Anderson and Keenan（1985），Jarvella and Klein（1982），Fillmore（1997）も参照．照応を変形文法の枠組みで説明したものとしては McCawley（1998: 11 章）が有益であり，照応表現の分類を扱った研究としては Hankamer and Sag（1976）が重要である．英語の照応構文について詳細かつ包括的な記述をしているものに Halliday and Hasan（1976）が，代名詞をとくに取り上げたものに Wales（1996）がある．第 9 巻の再帰代名詞の取り扱いについては，Pollard and Sag（1992），Reinhart and Reuland（1993），Zribi-Hertz（1989）に多くを負っている．強調的再帰代名詞の使用範囲を詳細に扱ったものに Edmondson & Plank（1978）がある．相互代名詞だと，Kim & Peters（1998）が近年の重要な成果としてあげられる．本シリーズの予期的照応の議論は，とくに，Carden（1982）および Mittwoch（1983）によるところが大きい．再帰代名詞と予期的照応については Van Hoek（1997）にためになる議論がある．

■ 屈折

屈折を論じる際，発音に注意を向ける必要がある．第 10 巻では主に，発音については，Wells（1990）を参考にした．第 10 巻で紹介したような形態論分析の入門としては Matthews（1991）が，また本シリーズのアプローチとは矛盾せず，しかもより専門的な理論にかかわる議論を行っているものとしては Anderson（1992）がある．動詞の形態（およびそのほかの特徴）は Palmer（1987）で詳しく論じられている．形容詞の比較級と最上級の屈折については Rowicka（1987）を参照．接語的助動詞の発音に課せられる統語条件を詳しく論じた理論的研究には，Selkirk（1980, 1984）や Kaisse（1985）がある．

■ 語彙的語形成

語彙的語形成（第 10 巻）との関連でとくに有益な辞書として，Barnhart et al.（1990）や Knowles（1997）がある．語形成の標準的な研究としては，Jespersen（1909-1949, part vi: Morphology, 1942），Marchand（1969），Adams（1973），Bauer（1983），Szymanek（1989）がある．変形生成文法の枠組みでの研究としては，Lees（1960），Aronoff（1976），Plag（1999）がある．複合語については Ryder（1994）を，その生産性に関するコーパス研究については Baayen and Renouf（1996）を参照．

■ 句読法

英語の句読法（第 8 巻）を包括的に扱っているものとして *Chicago Manual of Style* の 5 章をあげることができる．また，よく参考にされるものとして Partridge (1953) がある．句読法だけを扱った便利な本としては，Sumney (1949) と Meyer (1987) がある．後者には句読法のパターンに関する豊富な統計的な情報が含まれている．句読点の規則についてより理論的な議論を行っているものに Nunberg (1990) がある．句読法の歴史については Parkes (1992) を参照．

参 考 文 献

以下の文献リストは，本シリーズ『英文法大事典（全11巻）』（原著 *The Cambridge Grammar of the English Language*) で触れているものに限定されている．よく知られている辞書やそのほかの主だった参考書籍は，編者名ではなく書名で示してある．出版都市名は出版社の名称から直接わからない場合に限って記してある．アメリカおよびオーストラリアで出版された著作については，はっきりしない場合に限り，郵便で使う州名の略語を付け加えてある．

Acuña-Fariña, J. C. (1999) "On Apposition," *English Language and Linguistics* 3, 59–81.
Adams, Valerie (1973) *An Introduction to Modern English Word-Formation*, Longman, London.
Akmajian, Adrian (1977) "The Complement Structure of Perception Verbs in an Autonomous Syntax Framework," *Formal Syntax*, ed. by Peter W. Culicover, Thomas Wasow and Adrian Akmajian, 427–460, Academic Press, Orlando, FL.
Alexiadou, Artemis and Chris Wilder, eds. (1998), *Possessors, Predicates and Movement in the Determiner Phrase*, Linguistik Aktuell, 22, John Benjamins, Amsterdam.
Allan, Keith (1980) "Nouns and Countability," *Language* 56, 541–567.
Allan, Keith (1986) "Interpreting English Comparatives," *Journal of Semantics* 5, 1–50.
American Heritage Dictionary of the English Language (2000), 4th ed., Houghton Mifflin, Boston, MA.
Anderson, Stephen R. (1992) *A-Morphous Morphology*, Cambridge University Press, Cambridge.
Anderson, Stephen R. and Edward L. Keenan (1985) "Deixis," *Language Typology and Syntactic Description*, Vol. iii, ed. by Timothy Shopen, 259–309, Cambridge University Press, Cambridge.
Aronoff, Mark (1976) *Word Formation in Generative Grammar*, MIT Press, Cambridge, MA.
Austin, J. L. (1962) *How to Do Things with Words*, Clarendon Press, Oxford.
Auwera, Johan van der (1985) "Relative *That*—a Centennial Dispute," *Journal of Linguistics* 21, 149–179.
Baayen, H. and A. Renouf (1996) "Chronicling the *Times*: Productive Lexical Innova-

tions in an English Newspaper," *Language* 72, 69-96.

Bach, Emmon, Eloise Jelinek, Angelika Kratzer and Barbara Partee, eds. (1995) *Quantification in Natural Languages*, Kluwer, Dordrecht.

Baker, C. L. (1995) *English Syntax*, 2nd ed., MIT Press, Cambridge, MA.

Barnhart, R. K., C. Steinmetz and C. L. Barnhart (1990) *Third Barnhart Dictionary of New English*, H. W. Wilson, New York.

Barwise, Jon and Robin Cooper (1981) "Generalized Quantifiers and Natural Language," *Linguistics and Philosophy* 4, 159-219.

Bauer, Laurie (1983) *English Word-formation*, Cambridge University Press, Cambridge.

Bauer, Laurie (1998) "When Is a Sequence of Two Nouns a Compound in English?" *English Language and Linguistics* 2, 65-86.

Bellert, Irena (1977) "On Semantic and Distributional Properties of Sentential Adverbs," *Linguistic Inquiry* 8, 337-351.

Biber, Douglas, Stig Johansson, Geoffrey Leech, Susan Conrad and Edward Finegan (1999) *Longman Grammar of Spoken and Written English*, Longman, Harlow.

Binnick, Robert I. (1991) *Time and the Verb*, Oxford University Press, Oxford.

Birner, Betty and Gregory Ward (1998) *Information Status and Noncanonical Word Order in English*, John Benjamins, Amsterdam.

Bolinger, Dwight (1971) *The Phrasal Verb in English*, Harvard University Press, Cambridge, MA.

Bolinger, Dwight (1972) *Degree Words*, Mouton, The Hague.

Bolinger, Dwight (1977) *Meaning and Form*, Longman, London.

Bolinger, Dwight (1978) "Yes-No Questions Are Not Alternative Questions," *Questions*, ed. by Henry Hiż, 87-105, Reidel, Dordrecht.

Bresnan, Joan (1973) "Syntax of the Comparative Clause Construction in English," *Linguistic Inquiry* 4, 275-343.

Bresnan, Joan and Jane Grimshaw (1978) "The Syntax of Free Relatives in English," *Linguistic Inquiry* 9, 331-391.

Burchfield, R. W. (1996) *The New Fowler's Modern English Usage*, 3rd ed., Clarendon Press, Oxford.

Burton-Roberts, Noel (1991), "Prepositions, Adverbs and Adverbials," *Language Usage and Description*, ed. by Ingrid Tieken-Boon van Ostade and J. Frankis, 159-172, Rodopi, Amsterdam.

Cambridge International Dictionary of English (1995), ed.-in-chief Paul Procter, Cambridge University Press.

Carden, Guy (1982) "Backwards Anaphora in Discourse Context," *Journal of Linguistics* 18, 361-387.

Carlson, Gregory N. and Francis J. Pelletier, eds. (1995) *The Generic Book*, University of Chicago Press, Chicago.

Cattell, Ray (1984) *Syntax and Semantics 17*: *Composite Predicates in English*, Academic Press, Orlando, FL.

Chicago Manual of Style (1993), 14th ed., University of Chicago Press.

Cinque, Guglielmo (1999) *Adverbs and Functional Heads*, Basil Blackwell, Oxford.

Coates, Jennifer (1983) *The Semantics of the Modal Auxiliaries*, Croom Helm, London.

Cole, Peter and Jerry L. Morgan, eds. (1975) *Syntax and Semantics 3*: *Speech Acts*, Academic Press, New York.

Collins, Peter (1991) *Cleft and Pseudo-cleft Constructions in English*, Routledge, London.

Collins, Peter and David Lee (1998) *The Clause in English: In Honour of Rodney Huddleston*, John Benjamins, Amsterdam.

Collins COBUILD English Grammar (1990), Collins, London.

Collins COBUILD English Language Dictionary (1995), ed. John Sinclair, Harper-Collins, New York.

Comrie, Bernard (1976) *Aspect*, Cambridge University Press, Cambridge.

Comrie, Bernard (1985) *Tense*, Cambridge University Press, Cambridge.

Corbett, Greville G. (1991) *Gender*, Cambridge University Press, Cambridge.

Cowie, A. P. and R. Mackin (1993) *Oxford Dictionary of Phrasal Verbs*, Oxford University Press, Oxford.

Crystal, David (1997) *English as a Global Language*, Cambridge University Press, Cambridge.

Culicover, Peter W., Thomas Wasow and Adrian Akmajian, eds. (1977) *Formal Syntax*, Academic Press, Orlando, FL.

Davies, Eirlys E. (1986) *The English Imperative*, Croom Helm, London.

Declerck, Renaat (1988) *Studies on Copular Sentences, Clefts and Pseudo-Clefts*, Louvain University Press, Louvain.

Declerck, Renaat (1991a) *A Comprehensive Descriptive Grammar of English*, Kaitakusha, Tokyo.

Declerck, Renaat (1991b) *Tense in English: Its Structure and Use in Discourse*, Routledge, London.

Delin, Judy (1995) "Presupposition and Shared Knowledge in *It*-Clefts," *Language and Cognitive Processes* 10, 97–120.

Dixon, Robert M. W. (1982) *Where Have All the Adjectives Gone?: And Other Essays in Semantics and Syntax*, Mouton de Gruyter, Berlin.

Dixon, Robert M. W. (1991) *A New Approach to English Grammar, on Semantic Principles*, Clarendon Press, Oxford.

Dowty, David (1991) "Thematic Proto-Roles and Argument Selection," *Language* 67, 547-619.
Dudman, V. H. (1994) "On Conditionals," *Journal of Philosophy* 3, 113-128.
Duffley, Patrick J. (1992) *The English Infinitive*, Longman, London.
Duffley, Patrick J. (1994)" *Need* and *Dare*: The Black Sheep of the Modal Family," *Lingua* 94, 213-243.
Duffley, Patrick J. and Peter J. Enns (1996)" *Wh*-Words and the Infinitive in English," *Lingua* 98, 221-242.
Edmondson, Jerry and Franz Plank (1978) "Great Expectations: An Intensive Self Analysis," *Linguistics and Philosophy* 2, 373-413.
Elliott, Dale (1974) "Toward a Grammar of Exclamations," *Foundations of Language* 11, 231-246.
Emonds, Joseph E. (1972) "Evidence that Indirect Object Movement Is a Structure-Preserving Rule," *Foundations of Language* 8, 546-561.
Erdmann, Peter (1976) *'There' Sentences in English*, Tudov, Munich.
Ernst, Thomas (2001) *The Syntax of Adjuncts*, Cambridge University Press, Cambridge.
Ferris, D. Connor (1993) *The Meaning of Syntax: A Study in the Adjectives of English*, Longman, Harlow.
Fillmore, Charles W. (1997) *Lectures on Deixis*, CSLI Publications, Stanford, CA.
Gazdar, Gerald (1981) "Unbounded Dependencies and Coordinate Structure," *Linguistic Inquiry* 12, 155-184.
Gazdar, Gerald, Ewan Klein, Geoffrey K. Pullum and Ivan A. Sag (1985) *Generalized Phrase Structure Grammar*, Basil Blackwell, Oxford; and Harvard University Press, Cambridge, MA.
Green, Georgia M. (1992) "Purpose Infinitives and Their Relatives," *The Joy of Grammar: A Festschrift in Honor of James D. McCawley*, ed. by Diane Brentari, Gary N. Larson and L. A. Mcleod, 95-127, John Benjamins, Amsterdam.
Halliday, M. A. K. (1967-1968) "Notes on Transitivity and Theme in English," *Journal of Linguistics* 3, 37-81 and 199-244, and 4, 179-215.
Halliday, M. A. K. and Ruqaiya Hasan (1976) *Cohesion in English*, Longman, London.
Hankamer, Jorge and Ivan A. Sag (1976) "Deep and Surface Anaphora," *Linguistic Inquiry* 7, 391-426.
Haspelmath, Martin (1999) "Explaining Article-Possessor Complementarity: Economic Motivation in Noun Phrase Syntax," *Language* 75, 227-243.
Hawkins, John (1991) "On (In)definite Articles," *Journal of Linguistics* 27, 405-442.
Hawkins, Roger (1981) "Towards an Account of the Possessive Constructions: *NP's N* and *the N of NP*," *Journal of Linguistics* 17, 247-269.

Herskovits, Annette H. (1986) *Language and Spatial Cognition: An Interdisciplinary Study of the Prepositions in English*, Cambridge University Press, Cambridge.

Hill, L. A. (1968) *Prepositions and Adverbial Particles: An Interim Classification, Semantic, Structural and Graded*, Oxford University Press, Oxford.

Hirschbühler, Paul (1985) *The Syntax and Semantics of Wh-Constructions*, Garland, New York.

Hoeksema, Jacob, ed. (1996), *Partitives: Studies on the Syntax and Semantics of the Partitive and Related Constructions*, Mouton de Gruyter, Berlin.

Hogg, Richard M., gen. ed. (1992-2002) *The Cambridge History of the English Language* (6 vols.), Cambridge University Press, Cambridge.

Horn, Laurence R. (1989) *A Natural History of Negation*, University of Chicago Press, Chicago.

Horn, Laurence R. (1991) "Given as New: When Redundant Information Isn't," *Journal of Pragmatics* 15, 305-328.

Huddleston, Rodney (1994) "The Contrast between Interrogatives and Questions," *Journal of Linguistics* 30, 411-439.

Huddleston, Rodney (1995a) "The English Perfect as a Secondary Tense," *The Verb in Contemporary English: Theory and Description*, ed. by Bas Aarts and C. F. Meyer, 102-122, Cambridge University Press, Cambridge.

Huddleston, Rodney (1995b) "The Case against a Future Tense in English," *Studies in Language* 19, 399-446.

Jackendoff, Ray (1973) "The Base Rules for Prepositional Phrases," *A Festschrift for Morris Halle*, ed. by Stephen R. Anderson and Paul Kiparsky, Holt, Rinehart and Winston, New York.

Jackendoff, Ray (1977) *$\overline{X}$ Syntax: A Study of Phrase Structure*, MIT Press, Cambridge, MA.

Jackendoff, Ray (1991) *Semantics and Cognition*, MIT Press, Cambridge, MA.

Jackendoff, Ray (1995) *Semantic Structures*, MIT Press, Cambridge, MA.

Jacobsson, Bengt (1975) "How Dead Is the English Subjunctive?" *Moderna Språk* 69, 218-231.

Jacobsson, Bengt (1994) "Non-Restrictive Relative *That*-Clauses Revisited," *Studia Neophilologica* 62, 181-195.

Jarvella, Robert J. and Wolfgang Klein, eds. (1982) *Speech, Place and Action: Studies in Deixis and Related Topics*, John Wiley, Chichester.

Jespersen, Otto (1909-1949) *A Modern English Grammar on Historical Principles* (7 vols.), Munksgaard, Copenhagen. [Republished, Carl Winter, Heidelberg; George Allen and Unwin, London.]

Kaisse, Ellen (1985) *Connected Speech: The Interaction of Syntax and Phonology*, Academic Press, New York.

Karttunen, Lauri (1977) "Syntax and Semantics of Questions," *Linguistics and Philosophy* 1, 3-44.

Keenan, Edward L. and Jonathan Stavi (1986) "A Semantic Characterization of Natural Language Determiners," *Linguistics and Philosophy* 9, 253-326.

Kim, Yookyung and P. Stanley Peters (1998) "Semantic and Pragmatic Context-Dependence: The Case of Reciprocals," *Is the Best Good Enough?*, ed. by Pila Barbosa, Danny Fox, Paul Hagstrom, Martha McGinnis and David Pesetsky, 221-247, MIT Press, Cambridge, MA.

Klima, Edward S. (1964) "Negation in English," *The Structure of Language: Readings in the Philosophy of Language*, ed. by Jerry A. Fodor and Jerrold J. Katz, 246-323, Prentice-Hall, Englewood Cliffs, NJ.

Knowles, Elizabeth (1997), with Julia Elliot, *The Oxford Dictionary of New Words*, Oxford University Press, Oxford.

Koptevskaya-Tamm, Maria (1993) *Nominalizations*, Routledge, London.

Kuno, Susumo (1981) "The Syntax of Comparative Clauses," *Papers from the 17th Regional Meeting, Chicago Linguistic Society*, ed. by Roberta A. Hendrick, Carrie S. Masek and Mary Frances Miller, 136-155, Chicago Linguistic Society.

Ladusaw, William A. (1980) *Polarity Sensitivity as Inherent Scope Relations*, Garland, New York.

Lambrecht, Knud (1994) *Information Structure and Language Form*, Cambridge University Press, Cambridge.

Lee, David (1998) "Intransitive Prepositions: Are They Viable?" *The Clause in English: In Honour of Rodney Huddleston*, ed. by Peter Collins and David Lee, 133-147, John Benjamins, Amsterdam.

Leech, Geoffrey N. (1987) *Meaning and the English Verb*, Longman, London.

Lees, Robert B. (1960) *The Grammar of English Nominalizations*, Mouton, The Hague.

Levin, Beth (1993) *English Verb Classes and Alternations*, University of Chicago Press, Chicago.

Lewis, David K. (1975) "Adverbs of Quantification," *Formal Semantics of Natural Languages*, ed. by Edward L. Keenan, 3-15, Cambridge University Press, Cambridge.

Lumsden, Michael (1988) *Existential Sentences: Their Structure and Meaning*, Croom-Helm, London.

Lyons, Christopher (1999) *Definiteness*, Cambridge University Press, Cambridge.

Lyons, John (1977) *Semantics* (2 vols.), Cambridge University Press, Cambridge.

Macquarie Dictionary (1991), 2nd ed., ed. by Arthur Delbridge et al., McMahon's Point, NSW, Macquarie Library, Australia.

Mair, Christian (1990) *Infinitival Complement Clauses in English: A Study of Syntax*

in Discourse, Cambridge University Press, Cambridge.
Marchand, Hans (1969) *The Categories and Types of Present-Day English Word-Formation*, Beck, Munich.
Matthews, Peter H. (1981) *Syntax*, Cambridge University Press, Cambridge.
Matthews, Peter H. (1991) *Morphology*, 2nd ed., Cambridge University Press, Cambridge.
Matthews, Peter H. (1997) *The Concise Oxford Dictionary of Linguistics*, Oxford University Press, Oxford.
McCawley, James D. (1981) "The Syntax and Semantics of English Relative Clauses," *Lingua* 53, 99–149.
McCawley, James D. (1998) *The Syntactic Phenomena of English*, 2nd ed., University of Chicago Press, Chicago.
McCoard, Robert W. (1978) *The English Perfect: Tense-choice and Pragmatic Inferences*, North-Holland, Amsterdam.
Merriam-Webster's Dictionary of Contemporary English Usage (1994), Merriam-Webster, Springfield, MA.
Meyer, Charles F. (1987) *A Linguistic Study of American Punctuation*, Peter Lang, New York.
Mitchell, Keith (1990) "On Comparisons in a Notional Grammar," *Applied Linguistics* 11, 52–72.
Mittwoch, Anita (1983) "Backward Anaphora and Discourse Structure," *Journal of Pragmatics* 7, 129–139.
Mountford, John D. (1998) *An Insight into English Spelling*, Hodder and Stoughton Educational, London.
Nunberg, Geoffrey (1990) *The Linguistics of Punctuation*, CSLI Publications, Stanford, CA.
Ohlander, S. (1986) "Question-Orientation versus Answer-Orientation in English Interrogative Clauses," *Linguistics across Historical and Geographical Boundaries*, Vol. ii: *Descriptive, Contrastive and Applied Linguistics*, ed. by D. Kastovsky and A. Szwedek, 963–982, Mouton de Gruyter, Berlin.
Oirsouw, Robert R. van (1987) *The Syntax of Coordination*, Croom Helm, London.
Ostertag, Gary, ed. (1998) *Definite Descriptions: A Reader*, MIT Press, Cambridge, MA.
Oxford English Dictionary (1989), 2nd ed. (20 vols.), prepared by J. A. Simpson & E. S. C. Weiner, Oxford University Press, Oxford.
Palmer, F. R. (1987) *The English Verb*, 2nd ed., Longman, London.
Palmer, F. R. (1990) *Modality and the English Modals*, Longman, London.
Palmer, F. R. (1994) *Grammatical Roles and Relations*, Cambridge University Press, Cambridge.

Palmer, F. R. (2001) *Mood and Modality*, 2nd ed., Cambridge University Press, Cambridge.

Parkes, Malcolm (1992) *Pause and Effect: An Introduction to the History of Punctuation in the West*, Scolar Press, Aldershot.

Parsons, Terence (1990) *Events in the Semantics of English*, MIT Press, Cambridge, MA.

Partridge, Eric (1953) *You Have a Point There*, Routledge and Kegan Paul, London.

Payne, John (1993) "The Headedness of Noun Phrases: Slaying the Nominal Hydra," *Heads in Grammatical Theory*, ed. by Greville G. Corbett, Norman M. Fraser and Scott McGlashan, 114–139, Cambridge University Press, Cambridge.

Payne, John (1985) "Complex Phrases and Complex Sentences," *Language Typology and Syntactic Description*, Vol. ii, ed. by Timothy Shopen, 3–41, Cambridge University Press, Cambridge.

Peterson, Peter (1998) "On the Boundaries of Syntax: Non-Syntagmatic Relations," in Collins and Lee (1998), 229–250.

Phythian, B. A. (1979) *A Concise Dictionary of Correct English*, Teach Yourself Books, London; Littlefield, Adams, Totowa, NJ.

Plag, I. (1999) *Morphological Productivity: Structural Constraints in English Derivation*, Mouton de Gruyter, Berlin.

Pollard, Carl and Ivan A. Sag (1992) "Anaphors in English and the Scope of Binding Theory," *Linguistic Inquiry* 23, 261–303.

Postal, Paul M. (1974) *On Raising*, MIT Press, Cambridge, MA.

Poutsma, Hendrik (1926-1929) *A Grammar of Late Modern English*, Noordhoof, Groningen.

Prince, Ellen F. (1978) "A Comparison of *Wh*-Clefts and *It*-Clefts in Discourse," *Language* 54, 883–906.

Prince, Ellen F. (1992) "The ZPG Letter: Subjects, Definites and Information-Status," *Discourse Descriptions: Diverse Analyses of a Fundraising Text*, ed. by William C. Mann and Sandra A. Thompson, 295–325, John Benjamins, Amsterdam.

Prince, Ellen F. (1997) "On the Functions of Left-Dislocation in English Discourse," *Directions in Functional Linguistics*, ed. by Akio Kamio, 117–143, John Benjamins, Amsterdam.

Pullum, Geoffrey K. and William A. Ladusaw (1996) *Phonetic Symbol Guide*, 2nd ed., University of Chicago Press, Chicago.

Pullum, Geoffrey K. and Arnold Zwicky (1998) "Gerund Participles and Head-Complement Inflection Conditions," *The Clause in English: In Honour of Rodney Huddleston*, ed. by Peter Collins and David Lee, 251–271, John Benjamins, Amsterdam.

Quirk, Randolph, Sidney Greenbaum, Geoffrey Leech and Jan Svartvik (1985) *A Comprehensive Grammar of the English Language*, Longman, London.

Reader's Digest (1985) *The Right Word at the Right Time: A Guide to the English Language and How to Use it*, Reader's Digest, London.

Reid, Wallis (1991) *Verb and Noun Number in English: A Functional Explanation*, Longman, London.

Reinhart, Tanya and Eric Reuland (1993) "Reflexivity," *Linguistic Inquiry* 24, 657-720.

Reuland, Eric and Alice ter Meulen, eds. (1987) *The Representation of (In)definiteness*, MIT Press, Cambridge, MA.

Ross, John R. (1986) *Infinite Syntax!*, Erlbaum, Hillsdale, NJ.

Rowicka, G. (1987) "Synthetical Comparison of English Adjectives," *Studia Anglica Posnaniensa* 20, 129-149.

Ryder, M. E. (1994) *Ordered Chaos: The Interpretation of English Noun-Noun Compounds*, University of California Press, Berkeley.

Sag, Ivan A. (1997) "English Relative Clause Constructions," *Journal of Linguistics* 33, 431-483.

Sag, Ivan A., Gerald Gazdar, Thomas Wasow and Steven Weisler (1985) "Coordination and How to Distinguish Categories," *Natural Language and Linguistic Theory* 3, 117-171.

Sag, Ivan A. and Carl Pollard (1991) "An Integrated Theory of Complement Control," *Language* 67, 63-113.

Schachter, Paul (1977) "Constraints on Coordination," *Language* 53, 86-103.

Searle, John R. (1975) "Indirect Speech Acts," in Cole and Morgan (1998), 59-82.

Selkirk, Elisabeth O. (1977) "Some Remarks on Noun Phrase Structure," in Culicover, Wasow and Akmajian (1977), 285-316.

Selkirk, Elisabeth O. (1980) *The Phrase Phonology of English and French*, Garland, New York.

Selkirk, Elisabeth O. (1984) *Phonology and Syntax: The Relation between Sound and Structure*, MIT Press, Cambridge, MA.

Seppänen, Aimo, Rhonwen Bowen and Joe Trotta (1994) "On the So-Called Complex Prepositions," *Studia Anglica Posnaniensia* 29, 3-29.

Seppänen, Aimo, Solveig Granath and Jennifer Herriman (1995) "On So-Called "Formal" Subjects/Objects and "Real" Subjects/Objects," *Studia Neophilologica* 67, 11-19.

Seppänen, Aimo and J. Herriman (1997) "The Object/Predicative Contrast and the Analysis of "She Made Him a Good Wife"," *Neuphilologische Mitteilungen* 98, 135-146.

Stockwell, Robert P., Paul Schachter and Barbara Hall Partee (1973) *The Major Syn-

tactic Structures of English, Holt, Rinehart and Winston, New York.

Sumney, G. (1949) *Modern Punctuation*, Ronald Press, New York.

Szymanek, B. (1989) *Introduction to Morphological Analysis*, Panstwowe Wydawnictwo Naukowe, Warsaw.

Tobin, Yishai (1993) *Aspect in the English Verb*, Longman, London.

Tomlin, Russell S. (1986) *Basic Word Order: Functional Principles*, Croom Helm, London.

Trask, R. L. (1993) *A Dictionary of Grammatical Terms in Linguistics*, Routledge, London.

Traugott, Elizabeth C., ed. (1986) *On Conditionals*, Cambridge University Press, Cambridge.

Trudgill, Peter and Jean Hannah (1985) *International English: A Guide to Varieties of Standard English*, 2nd ed., Edward Arnold, London.

Van Hoek, Karen (1997) *Anaphora and Conceptual Structure*, University of Chicago Press, Chicago.

Visser, F. T. (1963-1973) *An Historical Syntax of the English Language* (4 vols.), E. J. Brill, Leiden.

Wales, Katie (1996) *Personal Pronouns in Present-day English*, Cambridge University Press, Cambridge.

Wells, John C. (1990) *Longman Pronunciation Dictionary*, Longman, London.

Wickens, Mark A. (1992) *Grammatical Number in English Nouns: An Empirical and Theoretical Account*, John Benjamins, Amsterdam.

Wierzbicka, Anna (1982) "Why Can You *Have a Drink* When You Can't **Have an Eat?*" *Language* 58, 753-799.

Wilkins, Wendy, ed. (1988) *Syntax and Semantics 21: Thematic Relations*, Academic Press, New York.

Zribi-Hertz, Anna (1989) "Anaphor Binding and Narrative Point of View: English Reflexive Pronouns in Sentence and Discourse," *Language* 65, 695-727.

索　引

1. 日本語は五十音順に並べてある．英語（などで始まるもの）はアルファベット順で，最後に一括してある．
2. 〜は直前の見出し語を代用する．
3. 数字はページ数を示す．... はそれ以降多くのページに頻出することを表す．

[あ行]

依存関係（dependency）　97
依存要素　53, 59, 84, 97, 102, 106, 124, 141, 143, 149, 212, 228, 230, 239, 246, 255-256, 276-277
入れ子状の依存関係　125
埋め込み　29-31, 78, 151
埋め込み節の主語（embedded subject）　104
埋め込み節の省略　151
音調　5, 52-53, 56, 66
音調曲線（intonation contour）　52-53, 56, 64
音調句　249

[か行]

外置　75, 80-81, 112, 114, 152
外置主語（extraposed subject）　29
格　85, 156
拡充節分析　164
拡充比較補部（expanded comparative complement）　138
可算名詞　186, 188, 267-268
仮定法　242-243

仮定法過去　241-243
仮定法過去完了　243
関係詞（relatives）　2-8, 13-16, 19-20, 22-24, 26, 28, 30, 35-36, 38, 41 ...
関係詞化　9-10, 12-14, 23-31, 33, 44-49, 59, 71, 76, 84-85, 127, 207
　〜された要素（relativized element）　9-10, 12, 14, 24, 29, 33, 44-46, 48-49, 71, 76, 84, 85
関係詞句（relative phrase）　14
関係詞語　14, 36
関係詞構文（relative construction）　2-3, 5, 7-8, 10, 13, 50, 214, 232, 237
関係詞節　2-14, 16, 21, 25, 30-31, 33, 45-49, 51, 53, 55-56, 58 ...
　〜の後置　67
関係詞素性の拡がり　23, 25, 35, 41, 54-55
関係詞に似た非定形の構造　8
関係上のタイプ（relational types）　3-4
関係節（relative clause）　2
関係代名詞　4, 10-11, 31, 34, 76, 100, 141, 165, 214
間接命令（indirect directive）　62
間接目的語　25, 30-31, 76, 103-104
感嘆文　98-99

擬似分裂文　92-93, 111
寄生的空所（parasitic gap）　126-128
疑問前置詞（interrogative preposition）　5, 56-57
強意語　112
　〜の most　269
強勢　18-19
空所（gap）　3, 9-14, 27, 29-31, 50, 102-103, 106, 108, 120-128, 147, 149-150 ...
　〜付き不定詞構文　100, 102, 105
　〜の位置　113
　〜の統語構造　102
屈折形　176, 178-181, 269
屈折接辞　264-265
屈折的最上級　266-267
屈折比較　179
屈折比較級　179
句読点　52
形式上のタイプ（formal types）　3, 31, 54
継続用法（continuative）　63
軽動詞　122
形容詞の least　268
原級　178, 180, 185-186, 189, 193, 261-262, 264, 267
限定修飾語　220
限定修飾用法　149, 170, 185-186, 193, 211, 218, 224, 226-228, 257-259, 264, 268
語彙的比較級　264
語彙動詞　150
後置　5, 21, 48, 57, 67-68, 141-143, 146, 171-172, 219-220, 224-225, 227-228, 234, 259 ...
　〜された形容詞句　171-173, 275
後置用法　218-220, 224-225, 227-228, 259
肯定への指向性（positive orientation）　181
項比較（term comparison）　134-136, 210, 212, 217, 224
固有名　56, 60, 68
コロケーション　122, 275

[さ行]

再帰代名詞　126, 165-166, 169
最上位節の主語（immedeate subject）　104-105
最上級（superlative form）　130, 137, 178, 261-263, 267-269, 272, 276
　〜でない most　268
　〜の修飾要素をともなう名詞　44
最上級句　273-274
再叙代名詞（resumptive pronoun）　119
再分析　199-200, 203, 229, 257
残置（stranded）　16, 76, 120
指定の be　33, 91-92
島（island）　115
尺度的同等　133, 136, 144
尺度的同等比較　215, 218, 245
尺度的比較（scalar comparison）　131, 133, 244
尺度的非同等　144, 189, 215, 218, 245
尺度的非同等比較　189
自由関係詞（free relatives）　8
集合比較（set comparison）　134, 136, 217, 220, 226, 258, 263
修飾要素　5, 61, 199, 252, 255-257
自由選択構文（free choice construction）　87
従属関係　161
従属接続　142
従属接続詞　50-51
従属節を導入する that　4, 10, 45, 49-50
縮約　83, 90, 144, 146, 149, 151, 155, 208,

234-235, 271
縮約節　159, 224, 247, 255, 262
縮約節分析（reduced clause analysis）　158-164
主語・助動詞倒置　75, 80-81, 92, 146
主要部のない関係詞節（headless relative clause）　8
照応関係　9-10, 108
照応的要素　3, 9
照応的用法　217, 265
冗語的用法　191
乗数　196
譲歩　102, 112
情報のまとめ方（information packaging）　18, 21, 66, 217
小名詞句　10, 58, 60-61
叙実動詞　153
叙述補部　19-20, 26, 33, 44, 46, 71, 77, 90, 112, 116-117, 156, 230, 232, 234, 237, 239 ...
叙述用法　170, 193, 208, 211, 218-219, 224, 226-229, 237, 259
序数詞　72, 266, 277-278
数量化　56, 60
数量詞　270
制限的関係詞（restrictive relative）　3, 5, 64
節　55
節従属（clause subordination）　4
接触節（contact clause）　4
絶対最上級　271, 277
絶対比較級　263
接尾辞　139, 186, 189, 264-265, 269
節補部　121, 226, 245
ゼロ関係詞　4, 10, 25, 30-31, 43, 45-51, 54, 65, 276
ゼロ内容節　104
ゼロ比較補部（bare comparative complement）　138
ゼロ補部　140
先行詞が動物を表している who　32
先行詞が人間を表している which　33
前置　11, 16-18, 21, 26, 76, 99, 102, 104, 108-109, 112, 116, 122, 142, 165 ...
前置構文　99, 106
前置された要素　99
前置詞句補部　16-17, 104, 121, 254
相関比較構文（correlative comparative construction）　205, 208-209
相互代名詞　211
相対最上級　271, 277
属格決定詞　35-37
属格代名詞　126
属性記述　33, 44
束縛　79
素性の拡がり　14-15, 19, 140, 173
存在文　47

［た行］

第一項（primary term）　135, 143, 145, 150, 167, 190, 192, 217, 219, 224-226, 246-248, 250-251, 260
第二項（secondary term）　135-138, 140, 143-145, 147, 153, 167, 170, 192, 194, 198, 204, 210-211, 217, 219, 230, 246, 248, 258, 262
　～の省略　135
段階性　131, 176, 268
　～をもつ形容詞　131, 220
　～をもつ名詞　215
単純関係詞句　14, 17, 42, 55
単純形　73, 85-87, 90
中核部より前（prenuclear）　11-12, 14, 19, 84, 97-101, 105-107, 111, 141, 165
直接補部分析（immediate complement

analysis) 158-160, 165
直接目的語 25, 30, 71, 76, 103-104, 116
陳述（statement） 62
積み重ね 57, 60
定記述 61
定項 144, 215
等位構造 90, 103, 124-125, 127-128, 217, 240, 259
等位接続 9, 34, 68, 89, 94, 124, 142, 150, 154-155, 161, 228, 250
等位接続詞 161, 190, 204, 259
同格（appositive） 64
等級付け 130-131, 139, 188, 262
統合（integrated） 52
統合関係詞（integrated relative） 5, 52-55, 57, 63, 70
統合関係詞節 5, 7, 33, 38, 52, 56, 61, 63, 66, 78, 276, 285
動詞のない補部 243-244
倒置 75, 145-146, 202, 214, 222
同等（equal） 131, 136
同等性（equality） 132-133
同等比較 139, 187, 189-190, 196-197, 200, 230, 233, 237, 241, 245-246, 252
動名詞 55, 119, 192, 215, 256
独立節 9-13, 21-23, 29, 59, 126, 231

[な行]

内容節 12-13
内容節構文 13
二重比較級（double compatarive） 186
二重変項 23

[は行]

派生接辞 264-265
発話内の力（illocutionray force） 62

非 wh 関係詞 4, 9-11, 13, 15, 29, 31, 34, 42-43, 45, 99, 102, 106, 109-110
非 wh 構文 40
比較 130
　〜のイディオム 199
　〜の作用域 169
　〜の付加詞 230-233, 236-237, 239
比較級（comparative form） 130, 137, 178, 186, 261-263, 267
比較句（comparative phrase） 138, 140, 148, 170
比較構文 130
比較節（comparative clause） 100, 130, 144, 167, 200
比較導入要素（comparative governor） 139-140, 146-149
比較補部 138, 141-143, 148, 227, 230
非局所的依存関係 82, 104
非局所的依存関係構文（unbounded dependency construction） 30, 96, 100-102, 112-113
非局所的依存関係構文の組み合わせ 112
非局所的依存関係を合図する語（unbounded dependency words） 98
非尺度的同等 144, 215
非尺度的同等比較 215
非尺度的比較（non-scalar comparison） 131, 210
非尺度的非同等 134, 144, 189
非照応的用法 265
非叙実動詞 153
非叙述的付加詞（non-predicative adjunct） 247
非制限的関係詞（non-restrictive relative） 3, 64
非対称的等位構造（asymmetric coordination） 125
非断定的項目（non-affirmative item） 134

ピッチ曲線　53
非定形節　119, 127, 257
否定の作用域　231, 249, 251
否定への指向性（negative orientation）　181
非同等性　132
非同等比較　147, 178, 196
　〜に用いられる修飾要素　196
非平叙節　57, 59
非融合関係詞（non-fused relatives）　40
付加疑問　57-58
不可算名詞　186-188
付加詞　21, 28, 37-38, 47, 94, 102, 116, 120, 125, 128, 156, 188 ...
複合関係詞句　14-15, 26, 41, 50, 55
複合決定詞　44, 230
複合自動詞　246
複合前置詞　239, 245
不定詞 wh 関係詞節　102
不定詞 wh 疑問　101
不定詞 wh 疑問節　102
不定詞関係詞　3, 51, 70-72, 101
不定詞補部　88, 122, 243
部分詞　18, 55
分析的最上級　266
分析的比較　175
分離先行詞（split antecedent）　68
分裂関係詞（cleft relative）　6, 8, 28
分裂関係詞節（cleft relative clause）　6
分裂文　6, 48, 50
平叙内容節　4, 160
変項　10-11, 13, 37, 61, 78-79, 93, 98, 144-145, 147, 167-168, 214
　〜を含む疑問　78
「変項」対「定項」の比較　145, 163, 175, 202, 247
「変項」対「変項」の比較　145, 163
変項比較　162

編入された最上級　273, 275, 277
編入されていない最上級　273
補足（supplementary）　52
補足関係詞節（supplementary relative clause）　5, 38, 52, 64, 66-68
補足構文　53
補足要素　238, 246, 252-253, 275

[ま行]

右枝節点繰上げ　141-142
名詞関係詞節（nominal relative clause）　8
名詞句補部　111-112, 203, 214, 225, 256
命題　61, 74, 78, 93, 114, 134, 201, 235, 241, 248
命令（directive）　62
メタ言語比較（metalinguistic comparison）　175-176
メタ言語否定　133
網羅的条件付加詞（exhaustive conditional adjuncts）　82

[や行]

融合（fused）　7, 60
融合関係詞（fused relative）　7-8, 74-75, 77-82, 84-89
優等性（superiority）　132-133, 266
優等比較　181-183, 186
　〜の最上級　266
様態の付加詞　71, 239

[ら行]

ラテン語の比較級　192
　〜から派生した形容詞　193
劣等性（inferiority）　132-133, 266

劣等比較　181, 183-184, 278
　〜の最上級　266

[英語]

age　215
alike　258
all who　43
almost　220, 271
anterior　193
any more than　200
as　157, 194-195, 216, 230, 233
as best　205
as far as　203, 232
as good as　199-200
as if　239-245
as it happens　238
as it is　238
as long as　203
as soon as　201-202
as things stand　238
as though　239-240, 242-244, 254
as well　204-205
as well as　161, 204-205
best　204, 263
better　204
but　227, 229
different　224, 226-227
different + from　224
different + than　225-226
different + to　225
differently　226-227
dissimilar　221
do　149-151
double　200
else　224, 229
-ever 形　73, 82, 85-90, 92, 94
fewer　187-188

fewest　267
former　265-266
height　215
how　82, 85, 98
however　86
inferior　192
inner　264
innermost　265
it 分裂文　6, 47, 109, 231
junior　193
know better than to　205
latter　265-266
least　266
length　215
less　180, 187-188, 266
less than　199-200, 229
lesser　186
like　216, 245-246, 257-258
like + 定形節　253
like + 名詞句補部　245
little　180-181, 184
major　193
many　178-179, 188
may as well　204
minor　193
more　179, 188, 266
more than　199-200, 229
most　263, 266, 269-270, 272
much　181, 184
no more than　200
no sooner　201-202
other　224, 227-229
other + than　227-229
outer　264
outermost　265
posterior　193
prefer　189, 191
prior　193

rather   189, 220
rather than   128, 139, 176, 190-192, 204
same   211-212, 218, 222
same as   214
senior   193
similar   218, 220, 227
size   215
so   194
so far as   203
so long as   203
so much as   199
such   194, 221-223
such … as   222-223
superior   189, 192
than   157, 191
than what …   166
than + 数詞   187
that   49, 51
that which   43
that 関係詞   4, 25, 41, 45-46, 50, 54, 57
that の省略   46, 48
the   197-198, 275-276
the same as   216
unlike   259-260
upper   264
uppermost   265
well   204
what   85, 91, 98
whatever   86, 222
whatsoever   85
when   36-37, 42, 85, 93
whence   28, 36, 39

whenever   86
where   36, 42-43, 85, 93
where + 前置詞の複合語   39
whereat   39
whereby   28, 39-40
wherefrom   39
wherein   28, 39-40
whereof   39
whereon   39
whereto   39
whereupon   39-40
wherever   86
which   32, 51, 82, 85, 233
whichever   86
while   36, 38, 85, 93
whither   28
who   32, 82, 85
whoever   85-86
whoever's   88
whom   82
whose   34, 36, 82
whosever   88
who と which の区別   32
why   36, 38, 42, 82
wh 関係詞   4, 9-11, 14-15, 25-26, 29-31,
    41, 43, 50, 71, 100-101, 109-110, 276
wh 疑問   78-79, 83, 97-99, 101
wh 疑問節   58, 78, 83, 116-118
wh 疑問文   102, 112, 142
wh 構文   40-41
would rather   189-190, 192, 201
yes-no 疑問節   58, 117, 207

原著者・編集委員長・監訳者・訳者紹介

【原著者】
Rodney Huddleston　クイーンズランド大学　名誉教授
Geoffrey K. Pullum　エジンバラ大学　教授

【編集委員長】
畠山雄二　東京農工大学　准教授

【監訳者】
藤田耕司　京都大学　教授
長谷川信子　神田外語大学　教授
竹沢幸一　筑波大学　教授

【責任訳者】
岩田彩志　関西大学　教授

【共訳者】
田中秀毅　横浜国立大学　准教授
藤川勝也　富山大学　准教授
辻早代加　大阪市立大学　非常勤講師

「英文法大事典」シリーズ　第 7 巻
関係詞と比較構文

著　者	Rodney Huddleston・Geoffrey K. Pullum
編集委員長	畠山雄二
監訳者	藤田耕司・長谷川信子・竹沢幸一
訳　者	岩田彩志・田中秀毅・藤川勝也・辻早代加
発行者	武村哲司
印刷所	日之出印刷株式会社

2018 年 5 月 22 日　第 1 版第 1 刷発行©

発行所　株式会社　開拓社

〒 113-0023　東京都文京区向丘 1-5-2
電話　(03) 5842-8900（代表）
振替　00160-8-39587
http://www.kaitakusha.co.jp

JCOPY ＜出版者著作権管理機構　委託出版物＞

本書の無断複製は，著作権法上での例外を除き禁じられています．複製される場合は，そのつど事前に，出版者著作権管理機構（電話 03-3513-6969, FAX 03-3513-6979, e-mail: info@jcopy.or.jp）の許諾を得てください．

ISBN978-4-7589-1367-6　C3382